U0152750

国家哲学社会科学基金重大招标项目

"张载学术文献集成与理学研究"（10&ZD061）结项成果

眉县横渠书院《横渠书院书系》出版资助项目成果

张载文献整理与关学研究丛书

王政军 策划　　林乐昌 主编

张载与二程的学术交往

张金兰　著

為天地立心
為生民立命
為往聖繼絕學
為萬世開太平

中华书局

图书在版编目（CIP）数据

张载与二程的学术交往/张金兰著. —北京:中华书局,2022.7
（横渠书院书系.张载文献整理与关学研究丛书）
ISBN 978-7-101-15594-5

Ⅰ.张… Ⅱ.张… Ⅲ.①关学-研究②理学-研究
Ⅳ.①B244.45②B244.05

中国版本图书馆 CIP 数据核字（2022）第 009790 号

书　　　名	张载与二程的学术交往	
著　　　者	张金兰	
丛 书 名	横渠书院书系/张载文献整理与关学研究丛书	
责任编辑	朱立峰　王　璇	
责任印制	陈丽娜	
出版发行	中华书局	
	（北京市丰台区太平桥西里 38 号　100073）	
	http://www.zhbc.com.cn	
	E-mail:zhbc@zhbc.com.cn	
印　　　刷	三河市宏盛印务有限公司	
版　　　次	2022 年 7 月第 1 版	
	2022 年 7 月第 1 次印刷	
规　　　格	开本/880×1230 毫米　1/32	
	印张 9⅝　插页 2　字数 188 千字	
印　　　数	1-1000 册	
国际书号	ISBN 978-7-101-15594-5	
定　　　价	38.00 元	

总　序

　　这套"张载文献整理与关学研究"丛书,是由我主持的国家哲学社会科学基金重大招标项目"张载学术文献集成与理学研究"(批准号:10＆ZD061)的最后一批成果。该项目于2010年12月立项,2017年4月结项,结项成果合计二十部书稿。在这二十部书稿中,有六部书稿于结项前已先行出版,包括:林乐昌著《正蒙合校集释》上下册(北京:中华书局2012年版),张金兰著《关洛学派思想关系研究——以张载、二程为主》(台湾:花木兰文化出版社2013年版),邸利平著《吕大临道学阐释——在工夫论的视域中》(台湾:花木兰文化出版社2014年版),林乐昌编校《张子全书》(西安:西北大学出版社2015年版),张波著《张载年谱》(西安:西北大学出版社2015年版),林乐昌著《张载理学与文献探研》(北京:人民出版社2016年版)。此外,还有一部题为《张载理学思想及其历史影响研究》的论文集书稿,收入课题组成员的论文四十五篇。因篇幅大,未能如愿出版。2019年,得到我所在的哲学与政府管理学院领导同意,这部书稿被列入由袁祖社院长主编的"观念会通与理论创新"丛书计划中。此次出版,压缩了原书稿的篇幅,从四十五篇论文中选出二十篇,由我主编,题目改为《张载理学论集:思想·著作·影响》（北京：中国社会科学出版社 2019 年版）。除以上七部已经出版的书稿之外，其余书稿在由作者修改之后，于 2019 年内陆续交付中华书局。

"张载文献整理与关学研究"丛书，其内容分为两类。第一类，是张载著作《正蒙》宋明清注本的点校本、张载佚著《礼记说》的辑注本和张载著作《横渠易说》的校注本，合计十一部书稿，在把其中篇幅较小的几部点校本书稿加以组合之后，作为七部书稿出版。第二类，是与张载思想研究、关学与洛学两大学派关系研究、张载门人思想研究有关的四部书稿。

本丛书第一类的七部书稿，属于张载基本文献、辑注文献和附载文献类的研究成果。这些成果的整理者都是年轻学者，先后随我读博士学位，已毕业多年，目前都在高校任教。他们承担的文献整理任务，几乎都与各自读博期间的论文选题有关。近二十年来，我每年都给硕士生和博士生讲授"中国古典哲学文献学"课程，与我合作的这些年轻学者，读博时先后听过我的课。他们所掌握的古籍整理知识，起初源自我的授课，后来则依靠自学。这七部书稿作为文献辑编和文献校注的成果，都是作者边学习边实践的产物，初稿完成后又都经过好多次打磨。但是，他们毕竟不是古文献学专业出身的学者，也缺乏古籍整理的经验，这些成果存在种种不足甚至错误恐在所难免，希望读者不吝批评指正。

本丛书第二类的四部书稿，都属于旧书新刊，都于很多年前陆续出过繁体字版，这次是另出简体字版。在这四部书稿当中，有两部是台湾学者的作品，一部是朱建民教授所著的《张载思想研究》，另一部是陈政扬教授所著的《张载思想的哲学诠释》。台湾学者的这两部书稿并不像本丛书其他书稿那样，属于我主持的项目研究成果；这两位台湾学者是基于对本丛书主题的认同，应邀加盟本丛书的。这是需要特别说明的。以下，按繁体字版的出版时序，略述这四部书稿的出版缘起。

第一部书稿是朱建民教授所著的《张载思想研究》。1974 年，他考进台湾大学哲学研究所读硕士班。从 1975 年开始，在海外现代新儒家的著名代表牟宗三先生指导下，重点研究宋明理学。1979 年，他撰写完成了以"论张载弘儒道以反佛的理论根据"为题的硕士论文，直至十年后的 1989 年，因朋友催促，建民教授才把经过修订增补的文稿送交台北文津出版社出版，并定名为《张载思想研究》。他所著的这部《张载思想研究》，是台湾学术界研究张载哲学思想的第一部专著。多年来，海峡两岸的学者凡涉足张载思想研究，都很难绕过建民教授的这部著作。这部著作，也一直是我给研究生指定的学习参考书。对于建民教授，我先知其书，后识其人。2013 年 7 月，我受黄俊杰院长聘请，赴台湾大学人文社会高等研究院任访问学者，在一次学术活动中，结识了建民教授。2018 年夏天，我与陕西横渠书院、中华书局达成了本丛书的出版意向。同年 8 月，我赴上海复旦大学参加"宋明理学国际论坛"，与建民教授再次会面。一次会议休息时，我向建民教授谈起这套丛书的出版计划，希望他把早年在台湾出版的《张载思想研究》繁体字版放入这套丛书，改为简体字版在大陆出版。对于我的邀请，建民教授立即爽快地答应了。他所著的《张载思想研究》虽然早在三十多年前就已问世，但书中展现的学术独立精神和哲学研究方法,尤其是对张载天道论一系列基本概念所做的精微分析,今天读来仍然深受启发。此次简体字的出版,希望更多的大陆读者也能够从中获益。

第二部书稿是陈政扬教授所著的《张载思想的哲学诠释》。2015 年 10 月,我应邀赴台湾嘉义大学参加该校中国文学系举办的"第四届宋代学术国际研讨会"。政扬教授与我被分在同一组向大会报告论文。论文报告结束后,我们相互赠书,他赠送给我的就是《张载思想的哲学诠释》,而我则送给他新编校出版的《张子全书》。其实,我早就读过政扬教授此书的复印本,并推荐给研究生作为参考书。后来得知,政扬教授于 2003 年获得博士学位后,任教于台湾南华大学哲学所,在授课之余,他以博士论文为基础,经过多年修改和充实,完成了《张载思想的哲学诠释》这部书稿,并于 2007 年交由台北文史哲出版社出版。台湾嘉义大学的会议结束之后,我与政扬教授一直有联系。有好几次,因为先后在海峡两岸的几个刊物上主持张载关学研究专栏,我向他约稿,他每次都出手相助,及时提供精心撰写的新作。2017 年,政扬教授的新书《明清〈正蒙〉思想诠释研究:以理气心性论为中心》在台北学生书局出版后,很快就寄给了我。由于该书与我以及我的合作者们关注的议题高度契合,所以我收到书后复印了十多册,送给青年同道,分享政扬教授的最新成果。当本丛书的出版计划确定之后,我通过邮件提出在大陆出版《张载思想的哲学诠释》简体字版的请求,政扬教授很快就同意了。据我所知,政扬教授这部出版于十多年前的著作,在台湾学术界的同类出版物中是有一定代表性的。希望这部书的简体字版出版之后,有更多大陆学者得以一睹其书，了解其学术研究的成果。

　　第三部书稿是张金兰教授所著的《张载与二程的学术交往》。这部书稿原题《关洛学派思想关系研究——以张载、二程为主》，是其 2007 年随我读博士学位的论文。多年来，学术界不少学者对张载关学与二程洛学这两大学派关系的研究，都是在研究张载或二程的专题著作中以很少的篇幅顺带论及的。就国内的研究成果看，先后有徐远和教授所著的《洛学源流》（济南：齐鲁书社 1987 年版），庞万里教授所著的《二程哲学体系》（北京：北京航空航天大学出版社 1992 年版）。就国外的研究成果看，主要有［英］葛瑞汉（A. C. Graham）教授所著的《中国的两位哲学家：二程兄弟的新儒学》（郑州：大象出版社 1999 年版），［美］葛艾儒（Ira E. Kasoff）博士所著的《张载的思想（1020—1077）》（上海：上海古籍出版社）。与国内外的这些成果有所不同，金兰的这部书稿是学术界较早对张载关学与二程洛学两大学派关系展开专题研究的成果。2010 年，她的博士论文通过答辩之后，入选台湾林庆彰教授主编的《中国学术思想研究辑刊》，于 2013 年由台湾花木兰文化出版社出版。出版合同约定，出版社拥有金兰著作的版权有效期为三年，而这使其书简体字版的版权问题解决得很顺利。这次出版之前，金兰对书稿的思路做了比较大的调整，将书名改作《张载与二程的学术交往》，以突显北宋理学的学派交往史研究。这是未来关学思想史研究的一个新面向。

　　第四部书稿是邸利平副教授所著的《道由中出——吕大临的道学阐释》。利平与金兰的情况很接近，他也是 2007 年随我读博士学位的。这部书稿，也是读博三年所形成的论文。而且，2010 年博士论文通过答辩之后，也入选了台湾林庆彰教授主编的《中国学术思想研究辑刊》，但出版晚了一年，是 2014 年由台湾花木兰文化出版社出版的。利平的论文原题为《吕大临的道学阐释——在工夫论的视域中》，这次收入本丛书进行修订时，把题目改为《道由中出——吕大临的道学阐释》。从题目的改动可以看出，该书稿的思路有所调整，从原先侧重于吕大临的工夫论研究，到现在侧重于吕大临的中和及中道思想研究。吕大临是一位才华横溢的学者，在张门弟子中传世著作最多。张载辞世后，吕大临转而投在二程门下，很受器重，经常与程颐讨论中和或中道问题，在对话中碰撞出了不少思想火花。后来，这也对朱熹中和学说的演变产生了重要影响。近年，学术界出现了多部吕大临思想研究专著。利平这部著作的优点在于其独特的切入角度和思考脉络，当然也包括书中提出的诸多新见。

我们组织编订这套丛书的学术理念是：尊重、开放、多元。衷心感谢所有作者本着共同的理念，齐心协力，认真完成了这次出版前将近一年的书稿修改工作。特别感谢台湾学者朱建民教授和陈政扬教授加盟本丛书。

中华书局张继海副总编对本丛书出版的落实，做了大量工作。哲学编辑室朱立峰主任在接手这套丛书之后，对十多部书稿的统筹安排细致周到，并在提高丛书质量方面提出了很多宝贵的意见，包括对丛书名称的调整等。各书稿的责任编辑，以他们高度的责任心和专业眼光，为书稿质量把关。在这里，我谨代表各位作者向张继海副总编、朱立峰主任和各位责任编辑表示诚挚的谢意！

　　最后，要特别感谢本丛书的出版资助方陕西横渠书院和王政军院长。位于陕西眉县的横渠书院，历史悠久。2015 年，陕西太白旅游有限公司与眉县政府合作，出资成立了陕西横渠书院文化产业有限公司（简称陕西横渠书院），以新的形式使古老的横渠书院焕发生机。五年多来，在王院长的领导下，书院开展了以张载关学为主的传统文化推广讲习等丰富多彩的活动，并先后与陕西省内外二十多所大学签约，共建优秀传统文化教育基地。由王院长策划，书院还制定了"横渠书院书系"出版计划。该计划包括出版关学文化普及、关学学术研究等不同类型的丛书，以及其他相关图书。我主编的"张载文献整理与关学研究"丛书，属于"横渠书院书系"的关学学术研究类丛书。2019 年夏，王政军院长与我就这套丛书的出版达成了共识，努力于 2020 年完成这套丛书的出版，以纪念宋代理学的共同创建者和关学宗师张载诞辰 1000 周年。此后，王院长还参与了本丛书的后续推动工作。本丛书的所有作者不会忘记陕西横渠书院和王政军院长对张载关学研究所做的这一重要贡献。

林乐昌　谨识

2020 年 3 月 15 日

陕西师范大学关学研究院

目　录

绪　论

一　研究现状与存在问题

（一）研究综述

张载在关中创立的道学学派称为关学，[①] 程颢、程颐在洛阳创立的道学学派称为洛学。关学与洛学是理学创立时期的两大重要学派，[②] 是研究北宋理学思想的重要内容之一。就目前研究成果来看，张载与二程作为理学的开创者和关、洛学派的创始

[①] 对关学的界定，学界存在不同看法，张岱年的观点比较具有代表性，他认为：所谓关学，有两层意义，一指张载学说的继承和发展，二指关中地区的学术思想。参见陈俊民：《张载哲学思想及关学学派》，人民出版社，1986年，张岱年序。概括起来，可以将关学分成广义与狭义两种，广义的关学不仅包括由张载创立的道学学派，而且包括宋元明清时期今陕西关中地区的理学；狭义的关学仅指北宋时期张载在关中地区创立的道学学派。本文从狭义的角度使用关学一词。

[②] 朱熹说："濂溪在当时……无有知其学者，唯程太中知之。"张栻说："濂溪之学，举世不知，为南安狱掾日，惟程太中始知之。"全祖望也认为："元公弟子甚少。"[《宋元学案·濂溪学案》，《黄宗羲全集》（第三册），第634页、第600页、第642页]由此可知，后世所谓的濂、洛、关、闽四学派中，与关学、洛学相比，濂学在当时确实没有形成规模。

人,在中国哲学史的研究中受到学者的普遍关注,但是他们之间的思想互动却一直是理学研究中的薄弱环节。

如果以时间为界,二十世纪五十年代以前,关于张载、二程的关系(简称张、程关系)和关洛学派关系的研究很少。在仅有的几部哲学史与理学史的专著中,只是对他们的思想作分别论述,基本没有涉及张载与二程的思想关系。[①]五十年代以后,涉及张、程(关洛学派)关系的论著开始出现,尤其是近二十年来,随着对宋明理学研究的不断深入,张、程之间的思想关系愈来愈受到学者们的重视,涉及张、程(关洛学派)关系的研究成果不断问世,主要是集中在研究张载与二程的专著中。另外,在哲学史、儒学史、易学史、理学史中或多或少、或深或浅对张、程(关洛学派)关系也有所涉及。但是总体而言,研究成果的论述并不全面。以下罗列对张、程(关洛学派)关系与论说有独到之处的论著作简要叙述。

在研究张载的专著中,张岱年的《张载——十一世纪中国唯物主义哲学家》是最早介绍张载生平及思想的小册子,[②]写成于1955年。此书有两点值得注意:一是提到张载与二程的学说

---

① 谢无量的《中国哲学史》(1915年版),冯友兰的《中国哲学史》二卷本(1930年版),吕思勉的《理学纲要》(1927年版),陈钟凡的《两宋思想述评》(1933年版),都没有涉及关洛关系。日本渡边秀方的《中国哲学史概论》(1924年出版),在横渠一节的结论中简单涉及张、程关系,认为张、程"互相推重,互相启发"。

② 此书收录在《张岱年全集》(第三卷),河北人民出版社,1996年。

渊源关系时，认为"程颐的说法比较公平"。[1] 二是涉及张、程的思想关系时，认为二程反对张载的唯物论学说，对"清虚一大"进行批评；二程同意张载的伦理学，对《西铭》很赞许。[2] 此著以"唯物论"定位张载思想，对后来学界产生很大影响。姜国柱《张载的哲学思想》是改革开放以来最早涉及关洛关系问题的论著。其中"关学与洛学"一节，从宇宙论、认识论、人性说和道德学说等方面对张、程思想进行比较与论述。此著认为：在宇宙观方面二程反对张载以"清虚一大为天道"，在人性论与道德说方面张、程基本是一致的，在认识论方面张、程是大同小异，其结论是"张、程之间互相启发、互相学习，当然又不尽相同"。就张载与二程的学说渊源关系而言，此著认为"不能说关学'发之'洛学"，明确反对以往的成见。[3] 此著的不足是偏重于简单地陈述，没有进行论证。陈俊民《张载哲学思想及关学学派》是研究关学思想的一部专著。其中专门论述关学思想源流、关学的洛学化。此著对张、程的学说渊源关系进行了详细论证，得出的结论是：张载之学不出于二程，张载之学既无直接师承，也无间接私淑，是通过对儒经的"苦心力索"，独立创造的。在张、程思想互动方面认为二者"互相影响、互相吸收"。[4] 此著的不足之处在于论证分析不够详细。丁为祥《虚气相即——张载哲学体系及其定位》中，有"张载与二程——关洛学旨之异"一章，主要

---

① 张岱年：《张岱年全集》（第三卷），第 237 页。

② 张岱年：《张岱年全集》（第三卷），第 274—275 页。

③ 姜国柱：《张载的哲学思想》，辽宁人民出版社，1982 年，第 170—184 页。

④ 陈俊民：《张载哲学思想及关学学派》，第 4—10 页。

从地域差别、思想传承、思想的不同架构、二程对《西铭》的表彰与对《正蒙》的批评等方面对张、程关系进行了分析。具体内容包括对"识仁"与"定性"的讨论，对"穷理尽性以至于命"的解析，二程对《西铭》的表彰与对《正蒙》的批评。主要观点认为张、程之间"表现为一种颇为复杂的关系。就精神指向上说，张载与大程更为接近；……从理论规模上看，张载与小程又颇为一致"。[①] 此著优点在于：并未简单地对比张、程的异同，而是从学理本身出发，对张、程之间的相同、相异进行深入分析，以揭示他们各自的特点与关怀面向。尤其是对张、程在学理上的关系分析较为透彻，使得张、程思想关系研究进一步深化。此著是目前关于张、程（关洛）关系论述最为具体细致且极具哲理思辨的著作。其不足之处在于这些内容的论述并未完全展开，可谓点到为止。另外，有一部英文专著，即葛艾儒《张载的思想（1020—1077）》，其中有一小节涉及张、程关系，内容比较简单，主要陈述了二程对张载气论的批评以及对《西铭》的表彰。[②]

在研究二程的专著中，最早涉及张、程（关洛学派）关系的是徐远和《洛学源流》。此书的独到之处，一是将洛学与关学的关系分为两个时期：张载生前是程、张切磋学问的时期；张载去世后，则是洛学批判吸收关学和关学洛学化的时期；二是认为，张载写成《正蒙》等著作，标志着关学已经最终形成，二程除《定

---

① 丁为祥：《虚气相即——张载哲学体系及其定位》，人民出版社，2000年，第203—245页。

② 葛艾儒：《张载的思想（1020—1077）》，罗立刚译，上海古籍出版社，2010年，第160—164页。

性书》以外，都不是这个时期写成，洛学尚在形成过程中，并未最终确立。[①] 这些论断，较为符合历史事实。其不足在于涉及到"定性"、"识仁"、"清虚一大"等具体内容时，论述却非常简单。

卢连章《二程学谱》在"二程与周敦颐、张载的关系"一节中，除了简单介绍二程与张载的生平交往之外，在思想关系方面认为：在宇宙论方面二程反对张载的气本论，坚持"理本论"；在认识论方面，二程与张载基本观点一致，但在"穷理尽性以至于命"的问题上有分歧。[②] 卢连章《程颢程颐评传》有"二程理学与张载关学"一节，其观点与《二程学谱》同。[③] 潘富恩、徐余庆《程颢程颐理学思想研究》有一节"宋代理学的形成及二程与其他学派的关系"，他们认为：张载的思想对二程深有影响，张载提出的许多命题，经二程扩充与发展后，成为宋代理学思想体系最基本、最重要的命题。[④] 庞万里《二程哲学体系》有一节"与关学的关系"，其中的观点有：关学的创立早于洛学，关学形成之时，洛学处在形成的过程中；《西铭》中的民胞物与思想就是"仁者，浑然与物同体"；张载的天地之性、气质之性、天理、人欲、民胞物与等理论和命题，经过二程的改造，成为二程理学体系中的重要理论和命题。[⑤] 程鹰《伊洛学派及其教育思想》在二程思想渊源的问题上认为，张载关于人性论的论述直接影响了二程的人

---

① 徐远和：《洛学源流》，齐鲁书社，1987年，第20—23页。
② 卢连章：《二程学谱》，中州古籍出版社，1988年，第171—176页。
③ 卢连章：《程颢程颐评传》，南京大学出版社，2001年，第45—52页。
④ 潘富恩、徐余庆：《程颢程颐理学思想研究》，复旦大学出版社，1988年，第84页。
⑤ 庞万里：《二程哲学体系》，北京航空航天大学出版社，1992年，第37—43页。

性论;在认识论方面,闻见之知与德性之知也被二程所吸收。[1]
蔡方鹿《程颢程颐与中国文化》有"二程洛学与张载关学"一节,
指出除气本论哲学外,二程基本上对张载持肯定态度,并从中加
以吸取。二程在吸取借鉴关学思想的基础上,也丰富和发展了
洛学。[2] 徐洪兴《旷世大儒——二程》中有"论衡关学"一节,主
要观点认为"'关学'的形成略早于'洛学',而'洛学'的影响则
大于'关学'"。[3] 以上论著中的这些观点都较为中肯,但不足在
于对张、程思想关系论述很简单。温伟耀《成圣之道——北宋二
程修养功夫论研究》与郭晓东《识仁与定性》从工夫论的视角对
程颢哲学思想进行了深入研究。前者在论述程颢"一本"境界时,
涉及"识仁"与"定性"的问题;[4] 后者有"识仁与定性"一章涉
及张载与程颢的哲学关系。[5] 他们的优点在于将张、程关系引入
更为哲学化的研究进程,其不足在于偏重从程颢的角度看问题,
而忽略了张载一方,有时甚至以程解张。葛瑞汉《中国的两位哲
学家——二程兄弟的新儒学》是一部研究二程思想的英文专著,
该书在附录三介绍了"张载与二程的关系",认为张载的著作几
乎没有提到二程,而二程的著作却常常提到张载,如果以一方倚
重另一方来解释两者的关系,我们几乎不能不给张载以较为优

---

① 程鹰:《伊洛学派及其教育思想》,教育科学出版社,1993 年,第 6—7 页。

② 蔡方鹿:《程颢程颐与中国文化》,贵州人民出版社,1996 年,第 254—256 页。

③ 徐洪兴:《旷世大儒——二程》,河北人民出版社,2000 年,第 211 页。

④ 温伟耀:《成圣之道——北宋二程修养功夫论研究》,河南大学出版社,2004 年,
第 21—51 页。

⑤ 郭晓东:《识仁与定性》,复旦大学出版社,2006 年,第 109—146 页。

先的地位；事实上，更为可能的是他们之间相互影响。[1]这些说法，都较为客观。

在思想史、哲学史、儒学史、易学史、理学史的研究专著中，侯外庐等著《中国思想通史》是1949年后最早涉及关学与洛学关系的论著。在"关学学风与张载的哲学思想"中有一节"关洛学术异同的争辩"，其中包括张、程的学术联系，对"太虚"的批评，对《西铭》的肯定，对"穷理尽性以至于命"的不同解释等；并指出按照道学的正统观念，关学是洛学的一个分支，但这和历史实际不尽相符。[2]此观点明确反对了长期以来在关、洛地位的认定问题上存在的不合理现象，即以洛学为前、关学为后的时序倒错的现象，这是在客观研究张、程（关洛学派）关系时必须正确解决的问题。侯外庐等主编的《宋明理学史》有"张载与二程关系"一节，主要观点认为，张载的思想对二程深有影响，二程从张载那里吸取了不少东西，如理一分殊、天地之性与气质之性的理论；张载提出的一些命题，经二程的扩充、发展，成为理学思想体系的最基本的、最重要的命题。[3]此著还认为，综观张、程的思想，很难看出张载对二程的因袭之处。[4]以上这些论断很具启发性，其不足之处在于没有展开论述。唐君毅的《中国哲学原论·原教篇》可谓研究宋明理学的专著，在"程明道之无内外、

① 葛瑞汉：《中国的两位哲学家——二程兄弟的新儒学》，程德祥译，大象出版社，2000年，第251页。
② 侯外庐等著：《中国思想通史》，人民出版社，1959年，第562—570页。
③ 侯外庐等编：《宋明理学史》，人民出版社，1984年，第125—126页。
④ 侯外庐等编：《宋明理学史》，第92页。

彻上下之天人不二之道"一章中有"二程之学与横渠之学之异同
问题"、"横渠之言知心之所从来与二程之学之言心具天德"、"横
渠学中之定性问题与明道定性书之核心义"三节，对张、程在天
人、心性等问题上的异同进行了极富哲学思辨地分析。此著有
论说："程子之学无论其自觉不自觉，吾人皆可说之为乃以横渠
之学之所终，为其学之所始，而转以疑横渠之学之所自始者。此
即由横渠之学至程子之学之一历史发展，足见程张之学之同而
异，异而未尝不通，而程亦更有进于张者。"① 此著从公平客观的
角度论说，结论极具说服力。向世陵《理气性心之间——宋明理
学的分系与四系》有一节"'生之谓性'与张、程之间"，对张、程
的性论作了很透彻的论述。②

　　最后，再对涉及张、程（关洛）关系时有独到观点的论著作
简单陈述。蒙培元《理学范畴体系》在每个范畴中几乎都涉及张、
程在学理上的关系，其中多有精辟观点。陈来《宋明理学》在论
述程颢的识仁与定性的问题中提出"程颢的仁学受到《西铭》
的影响"。③ 余敦康《内圣与外王的贯通——北宋易学的现代阐
释》从易学的角度对张、程思想（尤其是本体论方面所进行的建
构）给予深入分析。④ 崔大华《儒学引论》在"性理之学"一章

① 唐君毅：《中国哲学原论·原教篇》，中国社会科学出版社，2005年，第82页。
② 向世陵：《理气性心之间——宋明理学的分系与四系》，人民出版社，2008年，
　第40—64页。
③ 陈来：《宋明理学》，华东师范大学出版社，2004年，第64页。
④ 余敦康：《内圣与外王的贯通——北宋易学的现代阐释》，学林出版社，1997年，
　第七、八章。

中对张、程思想关系（包括本体论、心性论方面）多有论及，其论证精细而深入。[①] 牟宗三《心体与性体》是研究宋明理学的专著，他将宋明理学分为三系，张载与程颢被归为一系。在论述程颢思想中涉及到"识仁"、"定性"、"穷理尽性以至于命"的解析，极富哲学思辨。[②] 韦政通在《中国思想史》中对"定性"问题有比较独特的看法，他认为程颢对张载的提问"是从境界上说，可谓答非所问"。[③] 劳思光《新编中国哲学史》对"定性"的问题也有论述，他认为对定性问题的讨论反映了张载与程颢在圣人境界上的讲法不同，一个是"穷神知化"，一个是"立大公心"。[④] 以上这些论著的重要特点是将张、程思想关系的研究向纵深方向推进，对于哲学史研究而言，最值得借鉴。另外，有大量的论文（包括博士、硕士论文），在研究宋明理学或者张载、二程、吕大临、朱熹等人物思想时，涉及张、程（关洛学派）关系，其中也有很多值得借鉴之处。我们将随文引注，此处不再赘述。

（二）存在问题

从以上研究成果中可以看到，过往的研究不仅从多方面为我们提供了重要的参考与借鉴，而且也愈来愈重视张、程之间在思想上的承接与转进。但是，在张、程（关洛学派）思想关系的

---

① 崔大华：《儒学引论》，人民出版社，2001 年。

② 牟宗三：《心体与性体》（中），上海古籍出版社，1999 年，第 178—205 页。

③ 韦政通：《中国思想史》，上海书店出版社，2003 年，第 783 页。

④ 劳思光：《新编中国哲学史》（卷三上），广西师范大学出版社，2004 年，第 161—162 页。

研究上仍然存在问题。第一，多数论著对张、程关系只作平面叙述或仅仅对比异同，使得研究不够开阔深入，不足以展示张、程（关洛学派）关系的范围与深度。第二，目前的研究比较零散，大多散落在相关论著中，而没有作专题研究，这就使得问题不够集中，无法系统地呈现张、程（关洛学派）关系的全貌。第三，多数论著只提出了观点，而缺乏对论点的细致分析、详细论证，可以说是论断多于论证。第四，论著多偏重人物思想本身的研究，而缺乏从人物思想关系的角度去研究问题。思想关系的研究反映的是人物与学派思想的交点，从交点出发看问题，将会产生新的视角，得出与单纯人物研究所不尽相同的结论。第五，目前的研究大都抽离掉了具体的时代语境，以至于不能使张、程之间的论题尽可能还原，难以有效地说明张、程（关洛学派）关系的全貌。所以，全面、系统、深入地对关洛学派关系进行研究，不仅需要解决老问题，而且需要关注新问题。

　　一方面，张、程（关洛学派）关系作为宋明理学的主要内容之一是个老问题，但其中经常涉及的问题并没有被完全解决。最典型的例子就是关洛学派思想渊源问题，最早对这一问题评说的是二程弟子。他们的主张是"关学出于洛学"，[①]南宋朱熹认

---

① 吕大临写《横渠先生行状》有张载"见二程尽弃其学"之语（程颢、程颐：《二程集》，中华书局，2004年，第414页）。二程弟子杨时直接说："横渠之学，其源出于程氏，而关中诸生尊其书，欲自为一家。"（王梓材、冯云豪：《宋元学案补遗》，中华书局，2012年，第1374页）游酢也说："张子厚友而师之。"（《二程集》，第334页）二程弟子认为张载学于甚至师于二程。

为"横渠之学,是苦心得之,乃是'致曲',与伊川异"。[①] 朱熹虽肯定"横渠之学,实亦自成一家",但仍认为"其源则自二先生发之耳"。[②] 这几乎成为定论。二程弟子之所以认为张载"学于"二程,可能是为了维护学派的门户;朱熹将这种不符合历史事实的观点作为定论加以维护,则可能是出于建立"道统"的需要。虽然程颐在当时就反对弟子们的这种说法,以及后世一些学者对这一观点也持否定态度,[③] 但张、程之间这种不符合历史事实的学术渊源关系仍然被传延下来。直到现在,因为受这种成见的影响,使得张、程关系研究仍不能回复正常状态,因此有必要对这一老问题彻底给予澄清。另外,张载与二程对"穷理尽性以至于命"的讨论,二程对张载"清虚一大"的批评等等都需要重新论证,以便使问题更加明晰化。

---

① 黄宗羲、全祖望:《宋元学案·横渠学案》,此据《黄宗羲全集》,浙江古籍出版社,2006年,第926页(以下所引《宋元学案》,都是《黄宗羲全集》版,不再标注版本)。

② 朱熹:《伊洛渊源录》,《朱子全书》(第十二册),上海古籍出版社、安徽教育出版社,2002年,第1002页(以下所引朱熹著作,都是《朱子全书》版,不再标注版本)。

③ 程颐说:"表叔(指张载)平生议论,谓颐兄弟有同处则可,若谓学于颐兄弟则无是事。"(《二程集》,第414—415页)程颐的观点很明确,张载之学虽与他们兄弟有相同的地方,但张载之学不出于二程。南宋陈亮则说:"横渠张先生崛起关西,究心于龙德正中之地,深思力行而自得之;视二程为外兄弟之子,而相与讲切,无所不尽。"(《陈亮集》,中华书局,1987年,第252页)明清之际的黄宗羲认为横渠之学并非转手于二程(《宋元学案》序,第37页)。这些观点则更接近历史事实。

　　另一方面，张、程（关洛学派）关系也有很多新问题，虽然学术界关于宋明理学的研究在不断拓展与深化，但是对张、程（关洛学派）关系却没有进行全面系统研究，以至于仍有很多问题没有引起关注，例如张载、二程"京师论《易》"，张载、程颐对"勿忘勿助"的讨论，二程对张载心性思想的继承与发展等等，这些则需要予以重视并进行深入分析，以便扩大张、程（关洛学派）关系研究的范围与深度。所以，张、程（关洛学派）关系是一个经常被涉及但"值得专门研究的课题"。[①]

　　总之，宋明理学是当今中国哲学史研究的热点与难点之一，虽然研究成果不断问世，但有待进一步研究的问题仍然很多。随着研究的不断深化与细化，从新的角度、新的视域，用新的方法、新的理论从事研究，已经成为中国哲学史所面临的重要任务。正是基于这一研究趋势，对张、程（关洛学派）思想关系的研究可从一个新的角度对理学创立时期两大重要学派的学术互动、思想脉络予以梳理、分析、论证，使人们对这一领域有更为系统而又清晰的把握。

（三）研究脉络

　　张载与二程在学派创立的过程中，相互交往，彼此论学，这些交往对两派思想体系的形成产生了重要影响，而目前学界偏重于对比张、程思想之异同，没有对其思想关系展开认真梳理与深入论证。这其中的缘由，一方面固然是对张、程关系本身的研

[①] 林乐昌：《20 世纪张载哲学研究的主要趋向反思》，《哲学研究》，2004 年，第 12 期。

究不够重视，另一方面则是由于涉及张、程关系的文献比较分散，文献的分散，无疑会影响到全面系统的研究。从梳理张、程关系的文献入手，以时间为主线，将张、程关系分为两个阶段，以便构筑起一个全方位的研究视域。张、程思想关系至少涉及两个阶段：一是张载与二程的交往论学阶段；二是张载去世后，二程批评与借鉴张载思想的阶段。① 如果具体化，这两阶段包括四种关系，即所谓的关学与洛学的"学术渊源"关系；张载与二程的生平交往关系；张载与二程的思想交流，二程对张载思想的借鉴。这些方面互相联系，共同构成张、程思想研究的多维度关系。

　　首先需要解决研究所依据的文献来源问题。若要全面把握张、程（关洛学派）关系，所要做的第一项工作就是文献的来源。任何论点的成立都必须依托于文献的支持，否则将是空论。张、程（关洛学派）关系的建构与分析也必须建立在文献收集的基础上。《二程集》中涉及关学的材料较多，《程氏遗书》中有三大卷都是关学弟子所记录。《洛阳议论》（1077）为苏昞所记，是最早的二程语录，朱熹将其编在《遗书》卷十。《东见录》（1079）是吕大临所记，被牟宗三称为最有价值的语录，② 编在

————————

① 在第二阶段中，关学弟子吕大临与苏昞等人在学派思想的互动中扮演重要角色，他们就工夫等问题求教于二程，甚至进行过专题讨论，为关洛学派思想关系的发展做出贡献。但本文将集中论述张载与二程的思想关系，二程与张载弟子的关系不在论述范围之内。

② 牟宗三认为，吕大临所记语录"既重要而分量又最多"[《心体与性体》（中），第1页]。

《遗书》卷二,分成上下两卷。《入关语录》(1080)是程颐在关中讲学时关学弟子们集体记录的,编在《遗书》卷十五。这三大卷语录加起来约有 500 条,[①] 在《遗书》与《外书》其它卷中也散落有涉及关学的内容。以上这些语录,直接与张载及其弟子相关的内容,《遗书》与《外书》合计大约有 150 多条。《程氏文集》中涉及关学的内容有九篇,其中有著名的《答横渠先生书》(《定性书》)等。另外,从《张载集》中摘录出涉及二程的内容,大约有十条。将这些文献汇录起来,就成为研究张、程(关洛学派)关系的基础文献。

其次,在文献的基础上,构筑问题框架。依据以上文献,大体可以将张载、二程关注的问题划归为以下几类,一是宇宙论哲学,具体涉及道体论、天人关系、气化论、自然现象等。二是心性论思想,具体涉及心性关系、知论、命遇问题等。三是工夫论思想,具体涉及定性问题的讨论、勿忘勿助的讨论、穷理尽性以至于命的讨论、识仁工夫,以及人物品评、圣贤气象等。另外还有人物交往、对佛教的批评、《西铭》等;"政术"方面则包括论政、论礼、论井田,最后将不好归类的合并为"杂说"。如果将这几类问题再以时间为序,划归在两个阶段中,即张载与二程学术交往阶段以及张载去世后,二程对张载思想批评借鉴阶段,这样,张、程(关洛学派)关系包含的具体内容就从纵横两方面全方位地呈现出来。

再次,框架形成之后,需要运用恰当的方法进行充分地论

---

① 《洛阳议论》35 条,《东见录》(上下)260 多条,《入关语录》190 多条。

证。第一,本书运用历史与逻辑结合的方法。既要把张载与二程置于特定的历史环境中进行考察,以理清历史渊源和发展脉络;又要从他们各自独立的理论体系中,探寻他们哲学思想发展的独特性。运用历史的方法有助于清晰地理顺两学派的来龙去脉,运用逻辑的方法有助于深入分析两学派的特点与相互关系。第二,诠释的方法。研究张、程思想关系,所遇到的概念、范畴、命题等,不能一概而论,而应尽量将其放在具体的时间段与具体的语境中进行分析考察,以免误解。关于二程对张载评说的内容,本着"从其不同,求其会通"的原则,本书尽力做到将其放在思想家各自的思想体系中进行分析,不以程解张,避免诠释中产生误读。第三,比较的方法。运用比较的方法可以清晰地看出张、程思想的异同,这一方面呈现出两学派各自的独特性,另一方面有助于分析两学派之间的继承与发展关系。

　　最后,论证过程需要贯穿以下三个原则。第一,注重思想家思想发展的阶段性。每个思想家的思想都带有阶段性,张载、二程也不例外。在研究三者思想关系时,如果忽视这种阶段性,将造成诸多不完全正确的论断。以时间为序进行分析,不但会使问题的分析更为客观,而且一些不必要的争执会迎刃而解。第二,对程颢、程颐思想差异采取"大同小异论"。① 基本的主张

---

① 黄宗羲认为:"大程德性宽宏,规模阔广,以光风霁月为怀;二程气质刚方,文理密察,以峭壁孤峰为体。其道虽同,而造德自各有殊也。"(《宋元学案·明道学案》,第656页)陈钟凡概括出二程思想的四大不同(《两宋思想述评》,东方出版社,1996年,第129—130页)。冯友兰也较早论说到二程之间的差异[《中国哲学史新编》(五),人民出版社,1988年,第124页]。(转下页)

是：程颢在世时，承担着主要的学派创立任务，而程颐只起辅助作用；程颢去世后，程颐承担起继续发展道学的任务。[1]程颐异于其兄的地方，与其说是差异，毋宁说是对程颢思想的进一步发展。所以，我们依据文献本身的需要，该分论则分论，该合论则合论。第三，集中于"关系"的研究。本书不对张、程思想作面面俱到的研究，只以收集到的文献为依据，梳理张载与二程思想的交点内容，为了集中于"关系"的论述，不属于关系的内容，基本不予涉及。

二 关洛学派产生的文化背景

每一种思想的孕育都与特定的社会背景与文化趋势息息相关。介绍关洛学派产生的背景，旨在为理解张、程思想提供一个语境。马克思引爱尔维修所说："每一个社会时代都需要有自己的大人物，如果没有这样的人物，它就要把他们创造出来。"[2]张载与二程创立学派正是主动承担时代使命的表征。关洛学派产生的文化背景可从内外两方面概括：就儒学外围而言，主

（接上页）彭耀光将二程哲学思想差异的研究分为："主流观点：二程哲学思想分属两个思想系统；另一个极端：二程哲学思想可以不做区分；中间立场：二程哲学思想倾向不同。"（《近百年来二程哲学思想异同研究述评》，《哲学动态》，2007年，第6期）

① 温伟耀认为，在此期间（1072—1085），明道作为兄长，于讲学授徒始终居于领导地位（此期间伊川语录较少）；明道去世后的二十年间，伊川确定并开展出其本人的哲学见解（《成圣之道——北宋二程修养功夫论研究》，第132—133页）。

② 马克思：《马克思恩格斯选集》（第一卷），人民出版社，1995年，第432页。

要是佛、道二教对儒家思想的冲击；就儒学内部而言，一方面儒学自身理论上的粗糙与缺失使其远远落后于佛、道二教，另一方面，儒学自身的觉醒与复兴正在不断地弥补理论上的不足。由于这些因素的共同激荡，在北宋中期，以关洛学派为代表的理学产生了。

（一）佛道二教对儒学之冲击

首先简要叙述北宋之前佛教的发展。佛教于东汉时期传入中国，魏晋期间有很大发展。魏晋时期，天下大乱，给佛教提供了迅速发展的机会。由于社会动荡，人们的生活没有着落和保障，而佛教理论有对于人生苦难处境的深切体验和对人生归宿的强烈关怀，对于不同层次的人都很有吸引力。佛教之所以鼓动人心，不仅在于高度抽象的思辨方法与理论上的精致与深奥，更重要的还在于，面对世俗社会，它能提供足以抚慰心灵的彼岸世界；面对精英社会，它能提供足以满足终极关怀的超越哲学。于是，佛教不但征服了上层思想界，而且也开始逐渐在民间文化中发挥重要作用。佛教发展到隋唐，出现鼎盛局面，才华出众的中国僧人创立宗派，依据佛典建立起自己的佛教理论体系，走上独立发展的道路。诸多宗派的产生（如天台宗，华严宗、禅宗等），意味着佛教中国化的完成。禅宗是中国化特色最浓的一个宗派，从六祖慧能起，已经提出"砍柴挑水，皆是妙道"的思想，开始向人间佛学转化。禅宗直指心性、见性成佛的修行方法，有极大的魅力，对后世产生了深远的影响。

佛教对儒学的冲击（仅从理论层面而言）归结起来大体有

三方面：首先，在三教的相互冲突中，佛教依据自身雄厚的理论实力，对于儒家理论的粗糙给予深刻的批评。如宗密在《原人论》中说："万灵蠢蠢，皆有其本；万物芸芸，各归其根。未有无根本而有枝末者也。况三才中之最灵，而无本源乎？且知人者智，自知者明。今我禀得人身，而不自知所从来，曷能知他世所趣乎？曷能知天下古今之人事乎？……然今习儒道者，只知近则乃祖乃父，传体相续，受得此身；远则混沌一气，剖为阴阳之二，二生天地人三，三生万物，万物与人，皆气为本。"① 在宗密看来，世界万物都有其最根本的来源，人作为万物之灵当然也有其本源，但是，这个本源人们却不知其所从来。在儒家与道家看来，人受此身，只是阴阳气化的结果。而宗密认为气属于生成变化之物，不足以为万物之根本，所以不能为人提供安身立命的根据。宗密的批评，实际是站在本体论高度对儒道两家的宇宙生化论提出了一种超越的评判，以揭示其理论根底的不稳固性与不彻底性。再如宋初的高僧契嵩在《非韩生》中说："韩子何其未知夫善有本而事有要也，规规滞迹不究乎圣人之道奥耶？韩氏其说数端，大率推乎人伦天常与儒治世之法，而欲必破佛乘道教。嗟夫！韩子徒守人伦之近事，而不见乎人生之远理，岂暗内而循外欤？"② 契嵩对韩愈的批判说明，在佛教高僧看来，当时的儒家重迹不重本，守近事而不见远理，循外事而不明内理。这意味着，韩愈之后的儒学理论建构必须以展现人生之远理为务，必

---

① 宗密：《华严原人论》，参见弘学选编：《中国佛教高僧名著精选》，巴蜀书社，2006年，第422页。

② 契嵩：《镡津文集》，上海古籍出版社，2016年，第299页。

须为儒家的人伦近理提供一个形而上的本体依据。其次,佛教形成的完备理论体系(包括本体论、心性论、工夫论),在形上领域据主导地位。事实上,佛教对儒学的挑战,主要不是针对经世之学,而是集中在心性之学的领域,换句话说,佛教的注意力主要集中在修证佛法方面,所以其对心性工夫有极其精微细致的阐述。于是,儒学没能发展出的这片形上空间,自然被佛教占据。而曾经主导人们精神世界、处于独尊地位的儒家,其功用仅限于实际政治与贵族礼法的具体领域。第三,佛教给人们提供了修成正果(登堂入室)的具体途径。不管是对慧根高的人或是对慧根低的人,佛教都提供了具体的修行方法,使人有所凭借,可以具体操作,以便精进。相反,儒学却很少给人提供成贤成圣的具体途径。所以,就人生的最后归宿而言,这一时期,人们往往归于佛教,这就使得儒家道德哲学受到了前所未有的挑战。

　　再来看北宋之前道教的发展。道教产生于东汉末年,在魏晋时期有较大发展,在发展的过程中,道教不断吸收借鉴儒学与佛教的思想资源来丰富和完善自身。道教依照佛教的教义、戒律、仪式,建立了自己的宗教体系。这一时期,为道教的发展做出重要贡献的有以下人物:葛洪系统地总结了道教炼丹术,建立了神仙谱系;寇谦之对天师道进行改革,使之建立规范;陆静修建立了具体的道教斋仪制度;陶弘景开创了茅山宗等,由以前的民间宗教,走向官方承认的正统宗教。到隋唐,尤其是在李唐王朝的支持下,道教又得到长足发展。在唐代,道教的主要经典都已形成,道教不仅逐渐由外丹学转入内丹学,而且基本形成包括宇宙论、心性论、工夫论在内的完整体系。最有代表性的人物就是成玄英，从他的"重玄"思想中，我们可以对道教的理论水平有一个大概了解。重玄的思想是运用佛教的"中观"思想对《老子》"玄之又玄"的理论作出重新诠释，成玄英在"重玄"的命题中注入了新的理论内容，他说："玄者，深远之义，亦是不滞之名。有欲之人，唯滞于有；无欲之士，又滞于无，故说一玄，以遣双执。又恐学者滞于此玄，今说又玄，更祛后病。既而非但不滞，亦乃不滞于不滞，此则遣之又遣，故曰玄之又玄。"这一诠释，将"玄"说成是破无与有之执，而达到"不滞"的程度；"又玄"是破"不滞"之执。① 显然，这是一种极高的中道智慧，其中不但包含着深刻的哲理，而且也是一种修为方式。道教不但在理论上日趋成熟，而且其玄远深邃的意境以及自由逍遥的追求为士大夫提供了摆脱尘世烦恼的世外桃源。

　　另外，魏晋时期兴起的玄学思潮也为关洛学派的产生提供了思想资源。与汉代相比，魏晋玄学是一种宇宙本体论的思想理论。宇宙本体论是玄学的主题，其中正始玄学中，王弼"贵无论"最具形而上的理论色彩。玄学的有无之辨，一方面以高度的形上思辨对儒家的繁琐经学提出了挑战，另一方面玄学在处理名教与自然的关系中为儒家的道德伦理作了形而上的论证，这显示出儒道的进一步融合。这样，玄学为儒家道德哲学提供了一种思辨的方法论，到了宋明理学时期，就发展为儒学的体用论。总之，佛道的思想理论在不同程度上开启了宋代新儒学先驱者们的思路。

---

① 崔大华：《儒学引论》，第 385 页。

（二）儒学之觉醒与复兴

儒学之觉醒始于唐中后期。自汉唐以来,儒学自身的理论在传承中过分注重功用层面,而丧失了本有的形上层面,于是日渐变得粗浅与缺失,其典型代表是董仲舒以天人感应学说重建的儒家纲常伦理和汉唐儒学的章句训诂之学。这两种学说突出了一种外向型的现实主义的追求,而缺乏高水平的理论思辨和超越的形而上学,其结果就是使儒者丧失了坚定而有力的精神支撑。就实际的历史情况看,儒学在政治领域的地位,始终没有中断。余敦康认为,在政治伦理、典章制度、行为规范等领域,儒学一直支配着人们的生活,"只是在心性之学与经世之学的贯通协调上处理不当……破坏了统一的内圣外王之道,造成了不应有的缺陷。人们为了从事礼法名教社会的建设,太忙碌于现实,关注外在的事功,而无暇转向内心,回复到自身,去从事心性之学的研究,以致在这个领域毫无建树,被佛道二教所占领"。[①] 正是由于儒学重于向外追求,佛道二教乘虚而入,占据了人们的精神领域。所以从唐中期开始,以韩愈为代表的儒者开始觉醒,力主"排佛树儒",他们从外围不断深入佛教内部展开对佛教的批判。韩愈的排佛理论集中表现在他的《原道》《原人》和《原性》三篇文章中。韩愈建立的"道统说"、"性三品说",以及对儒家伦理的论证、推尊孟子、重视《大学》、倡导古文运动等都是儒学觉醒的表现,为儒学的复兴开了先河。继韩愈之后,对佛教理论作进一步批判的是李翱,他在《复性书》中认为:"人之所以为圣

---

① 余敦康:《内圣外王的贯通——北宋易学的现代阐释》,第 269 页。

人者，性也；人之所以惑其性者，情也。喜、怒、哀、惧、爱、恶、欲七者，皆情之所为也。情既昏，性斯匿矣，非性之过也。"李翱认为普通人与圣人的"性"是没有差别的，圣人只是"人之先觉者"，不被七情所蔽，所以圣人明其"性"。而普通人之所以不能"复其性"，是因为喜怒哀惧爱恶欲七情交相循环，蒙蔽了人的本性，所以他提出要"灭情复性"。李翱认为"性"是成圣的内在根据，复性说显然受到佛教思想的影响。但他的贡献在于，第一，他提出的"性情不离说"颇有暗合孔孟仁学之处。第二，他在《复性书》中援引了《中庸》、《易传》及《孟子》，这和韩愈的《原道》援引《大学》一样，表明了他们试图重返先秦儒学以回应佛学理论的宏愿。从这个意义上来说，他们是上承先秦儒学，而下启宋明理学。

儒学的复兴是指儒家学者以佛道的理论为参照，对儒学的各个方面进行全方位的重新诠释、提升、补充、整合，以使儒学形成可以与佛老相抗衡的完整的理论体系。

入宋以来，儒学复兴有以下两个外部条件。首先，大唐之后出现的五代十国，可谓中国历史上最黑暗的时期，这使得有识之士重新审视儒家的优势。唐末五代长期混战，造成社会动乱和分裂，正常的社会秩序被破坏，致使伦常衰败，道德沦丧，理想失落，精神迷惑。欧阳修说："五代之际，君君臣臣父父子子之道乖，而宗庙、朝廷、人鬼皆失其序，斯可谓乱世者欤！自古未之有也。"[①] 出现这种局面的原因之一在于，唐朝社会充斥着诗人和

---

① 欧阳修：《新五代史》（卷十六），中华书局，1974 年，第 173 页。

佛教徒。"佛教信徒终不免带有出世性,诗人则终不免带有浪漫性,于是光明灿烂、盛极一时之大唐时代终不免于没落,而且没落到一个不可收拾的地步"。[①] 北宋建国承接的是五代十国这样的乱世,而自身又充满了内忧外患。宋代虽是统一王朝,但宋代自开国以来,北有辽,西有夏,并不曾有真正的统一,当时儒者心中所怀抱的似乎还是一番拨乱世的心情。面对这种境遇,儒者们(甚至包括佛道人士在内)重新审视儒、佛、道各自的弊端与优势,他们认识到儒学虽然在理论方面不及佛、道,但儒家对现世的重视与治理却是佛、道所不及。佛教以此岸世界的修炼,追求彼岸世界;道教在追求精神玄远的同时,隐遁避世,其消极作用非常明显;三者中,最关注治理国家、投身社会的,则非儒家莫属。五代十国时期,儒学社会功能的失落造成严重社会后果,所以北宋立国之初有一共识:追求太平盛世,必须复兴儒学。其次,宋代王权采取的各项措施为儒学的复兴提供了条件。一是北宋最初的三个皇帝,为了建立文官政治,都大力推行崇儒奖学政策。他们除了自己带头读书之外,多次亲临太学视察,表示对教育事业的支持与关怀。他们提倡儒学,重用儒士,兴办学校和书院,印行儒家经典,都为儒学的复兴创造了条件。三次兴学热潮,[②] 不仅普及了官办学校,而且也推动了私立学校的发展,城

---

① 钱穆:《朱子新学案》,九州出版社,2016年,第8页。

② 第一次兴学热潮在仁宗明道、景祐(1032—1038)前后兴起,范仲淹主持的庆历新政进一步推动了这次兴学运动;第二次兴学热潮在神宗元丰年间(1068—1085),王安石主持;第三次兴学热潮在徽宗崇宁年间(1102—1106)掀起。

镇、乡村的私立小学大量涌现。^① 书院式学校也在两宋时期兴起，^② 书院的教育方式比官学更为灵活多样。二是科举考试大幅度向社会开放。太宗时期大幅度增加了进士数量，经诸科的录取名额的增加既拓宽了儒生由科举入仕的途径，同时也向儒学提出了更新学理的历史要求。三是科学技术的进步促进了文化事业的繁荣。唐末印刷术的发展对于文化事业发展起了很大的推动作用。儒家经典大量刻印，广泛传播，读者增多，注者增加。《宋史·邢昺传》记载，儒家经书"国初不及四千，今十余万，经、传、正义皆具。臣少从师业儒时，经具有疏者百无一二，盖力不能传写。今板本大备，士庶家皆有之，斯乃儒者逢辰之幸也"。^③可见在技术的推动下，宋代文化事业呈现前所未有的发展，这为理学的产生创造了良好的外部条件。

　　唐宋三教融合的进一步加强也促进了儒学的复兴。隋唐是儒佛道三教融合的重要时期，儒、佛、道三家融合趋势已经很明显。佛教吸收儒家心性思想，形成最中国化的禅宗；道教吸收儒、佛思想形成重玄学；它们的重心都落在心性上。其核心内容就是如何通过修养工夫达到超越，这为儒学进一步融合佛、道提供重要参照系。宋初，三教归一已是大势所趋，这首先突出表现在三家使用的哲学范畴、概念大致相同，如心、性、理、气、道、阴

---

① 仁宗时期，前后兴起的州学达 67 所。参见郭宝林：《北宋的州县学》，《历史研究》，1988 年第 2 期。

② 北宋六大书院分别是江西庐山白鹿洞书院、潭州岳麓书院、河南应天府淮阳书院、河南登封嵩阳书院、湖南衡州石鼓书院、江宁茅山书院。

③ 脱脱等修撰：《宋史·邢昺传》，中华书局，1985 年，第 12798 页。

阳等,在这一系列范畴的解释上,表现出三教相互影响、相互融合的倾向。其实不少范畴在先秦儒家经典中已提出,后被佛道吸取并加以发挥,赋予它们新的内涵和哲学思辨,至宋代重新被儒者接受并进行了新的诠释,这样就形成了新儒学的义理体系。汤用彤说:"没有南北朝的文化特点,恐怕隋唐佛学也不会有这样情形;没有隋唐佛学的特点及其演化,恐怕宋代的学术也不会那个样子。"① 所以理学的产生是宋儒吸收佛、道,重整儒学思想,重构儒学体系的结果,也是文化传承递进的结果。

　　士林的崛起承担了理学建构的任务。北宋前期良好的文化环境,为士这一阶层的崛起提供了条件,所以出现了"庆历之际,学统四起"② 这样儒学蓬勃发展的局面。如果说,新儒学所需完成的主要任务是两个层面——第一层是要排斥佛道二教,承接先秦儒家的"道统",站在理论的高度论证儒家仁义礼乐存在的合理性,建立一个取代佛道的新儒家哲学形态,使儒家思想重新成为人们的精神归宿,进而能重新全面指导人们的社会生活;第二层是从事宇宙本体和价值本体的建构,以此为儒家思想作出论证,并将儒家的伦理道德和礼乐刑政等学说,提到"天道性命"的哲学高度来思考,这样才能从根本上回应与解决佛道对儒学所造成的挑战——那么,第一层任务则是由宋初儒者来完成的。

　　在儒林代表范仲淹、欧阳修等人大力呼吁下,胡瑗、孙复、

---

① 汤用彤:《隋唐佛教史稿》《汤用彤全集·卷二》,河北人民出版社,2000年,第332—333页。

② 黄宗羲、全祖望:《宋元学案·士刘诸儒学案》,第316页。

石介等儒者率先响应,相继解决第一层面的任务。^① 当时,儒者所面临的要务就是反对佛教,确立儒家正统。例如,欧阳修提出了"莫若修其而胜之"的主张,可以说"修本胜之"的观点确实点到了辟佛道的要害。又如宋初三先生胡瑗、孙复、石介,极力反对佛道二教,他们力斥其逃君臣之礼,去父子之情,绝夫妇之义,尝试着重建仁义道统。他们推尊儒家的仁义、礼乐、王政,这样就从价值层面对儒学的复兴起到积极作用。这里需要特别强调的是,胡瑗在新儒学两层任务之间的转变中起到了关键作用。他在创立其教育宗旨时,提出"明体用之学",这样就把佛道的"体用"范畴引入儒家思想中,标志着儒学从功用层面真正开始向哲学本体论方向的发展。至此,儒学不再仅限于人伦道德的实践及宇宙始源生化的解释,而是首先努力确立起人伦道德之所以存在的最终根据,之后再引申出各种践履工夫,以及齐家治国平天下之政治方略。胡瑗"明体达用"之学,已经成为当时儒学的基本共识,开创了儒学本体论的先声。到了新儒学思潮的第二阶段,对本体的探讨开始受到学者的重视,他们基本多从事于宇宙本体和价值本体的建构,以此为儒家思想作出论证。儒家的伦理道德和礼乐刑政等学说,开始被提到了"天道性命"的哲学高度来思考。这就是以关洛学派为代表的道学产生的时期。

　　文化背景展示出,北宋道学面临的时代课题就是如何弥补

---

① "初期宋学气派之开阔,如胡瑗之道德,欧阳修之文章,范仲淹之气节",堪称三足鼎立,给当时人以很大影响。参见钱穆:《中国学术思想史论丛》(五),安徽教育出版社,2004年,第4页。

儒家本体论的欠缺并重构儒家心性论。如果将时代课题转化成理学家的问题意识，就是如何建立儒家本体论，与佛道抗衡；如何重构儒家心性论，为世道人心确立道德的根据；如何在此岸世界安身立命，为人们确立一个终极的关怀。面对佛道的冲击，不入室操戈，就不能领悟佛道的精华与不足，则儒学无法与其抗衡，更无法以坚实的理论基础立足于现实社会。关洛学派正是在这样的背景下产生，并承担起重构儒学体系的使命。

上编

张载与二程四次论学（1056—1077）

　　张载与二程一生中有过密切交往,他们之间重要且有记载的学术交往大致有四次:第一次论学是在仁宗嘉祐初年至二年(1056—1057)。嘉祐初年,张载与二程在京师初次见面,后来一起论《易》,并"共语道学之要"。第二次论学是在嘉祐四年(1059)前后。这期间,张载与程颢书信往来讨论定性工夫,共同探讨修养工夫中最为棘手的问题。第三次论学是在神宗熙宁二年至三年(1069—1070)。这期间,程颢任监察御史里行,而张载应召入京,二人再度京师相会,共同论学。因有议而未合之处,张载又致信程颐,此时程颐随父在汉州任所,与张载互致书信,共同讨论学问。第四次论学是在熙宁九年至十年(1076—1077)。熙宁九年,张载再度应召入京,途径洛阳与二程、司马光等聚会,论学;第二年,张载辞官归陕,经洛阳,再次与二程会晤,再次论学。这次交流是他们最后一次论学。

第一章 第一次论学：京师论学
（1056—1057）

第一节 张载、程颢、程颐生平

一、张载生平

张载，字子厚，生于宋真宗天禧四年（1020），卒于宋神宗熙宁十年（1077），世称横渠先生。张载祖籍大梁（今河南开封），出生于长安。祖父张复仕真宗朝，担任过给事中、集贤院学士等职，后赠司空。父张迪仕仁宗朝，担任过殿中丞，后知涪州，赠尚书都官郎中。张迪病逝涪州任上，张载和他的弟弟张戬均尚年幼，[1] 无力返回汴京（今河南开封），在护送灵柩的归途中将父亲安葬在凤翔郿县（今陕西眉县）横渠镇大镇峪口，于是他们一家在横渠镇定居下来。张载从小"志气不群……涪州器之"，[2] 父亲去世后，张载一边守墓耕读，奉母教弟，敝衣粗食，一边立志求学。长在关西的张载，深受边关环境的熏陶，"少喜谈兵"。[3] 宋仁宗康定元年（1040）初，宋军与西夏交战连连失利，这对年轻气盛

---

① 于浩编：《宋明理学家年谱》（一），北京图书馆出版社，2005 年，第 36 页。

② 张载：《张载集》，中华书局，1978 年，第 381 页。

③ 张载：《张载集》，第 385 页。

的张载来说是极大的刺激,他想抗击侵略,夺回失地,为国家建功立业。于是,二十一岁的张载和自己的伙伴们骑着快马亲赴延州前线,拜谒范仲淹(时任陕西经略安抚招讨副使,掌管边境防务),上书陈述御寇守边的策略。"先生负才气,弱冠游穷边。麻衣揖巨公,决策期万全。谓言叛羌辈,坐可执而鞭。"[1] 说的就是张载这一时期的事迹。见到张载后,范仲淹识其可成大器,认为让张载当一名将领,是大材小用,便责告说:"儒者自有名教,何事于兵!"[2] 范仲淹引导张载寻儒家名教之乐,勉励张载读《中庸》。自此张载由"建功立业"之志转向探索儒家"名教之乐"。张载认真研读了《中庸》,虽然喜欢,但却感到未足,又主动访求释老之书研读,结果仍然感觉不满足,于是又返归六经,重新研读儒家经典,从中找到了精神寄托与终极目标。

　　宋仁宗嘉祐初年(1056),张载赴京赶考,在京师期间,张载在当时非常有名的相国寺讲《周易》,并与来访的二程兄弟讨论《周易》,张载与二程之间初次有了学术交往。二年(1057),张载中进士第,先是被派往祁州担任司法参军,后又调到丹州云岩县当县令。张载治理社会大抵以敦本善俗为先。这期间,张载与程颢书信往来讨论"定性"问题。之后张载又迁著作佐郎,又任渭州军事判官公事,截止熙宁二年再次入京之前,张载一直在地方任职。宋英宗治平二年(1065),张载应文彦博之聘,在长安当了

---

① 张载:《张载集》,第388页。

② 张载:《张载集》,第381页。

一年学官。^①次年（1066），京兆府"王公乐道"，将张载请到郡学讲学，张载多以儒家道德教人。四年（1067）在渭州，张载到西部前线任签署渭州（今甘肃平凉）军事，环庆经略使蔡挺（字子正）特别尊重张载，军府中的大小事务都要向他咨询。张载在治理军务给予了蔡挺很大帮助，曾说服蔡挺在大灾之年取军用物资数十万救济灾民，提出罢除戍兵换防，招募当地土人取代等多项军事建议，写有《与蔡帅边事画一策》、《经略司画》、《泾原路经略司论边事状》等。熙宁元年（1068），张载从边关返回关中，讲学于绿野亭。^②二年（1069），神宗启用王安石准备变法，广招天下贤士，在御史中丞吕公著的举荐下，张载被召入朝。神宗召见，问以治道，张载以"回复三代之治"为答，神宗很满意，准备重用张载，但张载认为自己刚从地方到中央，对朝中的情况不熟悉，希望了解一段时间再做计议，神宗应允。由于和王安石所倡导的改革方式存在很大分歧，张载在朝中并没有被重用，而是被任命为崇文院校书。此时程颢也在京师，两人再次会面并论学，后又与程颐书信论学。由于受朝中改革派排挤，张载被派到浙东去解决狱案。张载办完狱案还朝，正赶上其弟张戬（时任监察御史）因反对王安石新法获罪被贬，张载便谒告西归。

　　熙宁三年（1070），张载回到横渠镇，自此过着耕读与讲学的生活。他依靠家中的数百亩土地，过着虽不富裕，但却安然自得的

---

① 吕大临在《行状》中说，张载在长安学宫讲学是"未弟时"（即 1057 年之前，张载 37 岁），武澄认为此条记载有误，文彦博在治平二年（1065）判长安，此时张载已是 46 岁。参见于浩编：《宋明理学家年谱》（一），第 48 页。

② 绿野亭在陕西路武功县。参见于浩编：《宋明理学家年谱》（一），第 51 页。

生活。这段时间是他一生中思想最为精进的阶段,对道学的探索在这几年形成周全完备的体系。九年(1076),张载"感异梦,忽以书属门人",[①]将自己一生精思所得,择其精要合为一书,命名为《正蒙》。十年(1077),由吕大防举荐,张载再次入京。此次出行,张载已是身有重疾,但因为感念皇上曾经的知遇之恩,还是带病入朝。入朝之后,张载并没有被适得其用,只是知太常礼院,负责一些制定龙女衣冠之类的小事,并且与礼官议礼总是不合,于是"引疾而归"。在途经洛阳时与二程讨论道学与政事,后在归途中病逝于临潼驿馆。张载临终时,只有一个外甥在身边,清贫无资,无以为殓,直到在长安的学生闻讯赶来,才得以买棺成殓,并将灵柩运回横渠镇,享年58岁。张载的著作主要收在《张载集》中。

二、程颢生平

程颢,字伯淳,生于宋仁宗明道元年(1032),卒于宋神宗元丰八年(1085),世称明道先生。程颢祖籍是安徽徽县,高祖程羽"赐第京师,始居开封"。[②]父亲程珦将先人之墓迁到河南伊川,并在洛阳定居。高祖程羽受到宋太祖提拔并为宋太宗重用,官至兵部侍郎,赠太子少师。以后,程家累代推恩为官。曾祖程希振,官至尚书虞部员外郎。祖父程遹,赠开府仪三司吏部尚书。父亲程珦又因荫庇获官,历任黄陂、庐陵二县县尉,润州观察支使;后任大理寺丞,知虔州兴国县、龚州、徐州沛县;又任监在京西染院,知凤、磁、汉三州事;宋神宗熙宁中,管勾西京嵩山崇福

---

① 张载:《张载集》,第 384 页。
② 程颢、程颐:《二程集》,中华书局,2004 年,第 656 页。

宫，七十岁乞致仕。

　　程颢生于黄陂，父程珦在县尉任内。他自小聪慧过人，十岁能为诗赋，十二三岁时"如老成人，见者无不爱重"。[1] 十五时在父亲程珦的引导下，与汝州周敦颐从学，"逐厌科举之业，慨然有求道之志"，确立了求道的志向。[2] 周敦颐引导程颢致力于寻

──────────

[1] 程颢、程颐：《二程集》，第 630 页。

[2] 关于周敦颐与二程的关系，一直存在争议，并未有定论。早在南宋，朱熹在《伊洛渊源录》中认为，周敦颐与二程有师弟子关系。对于这一说法朱熹的好友汪应辰表示异议。全祖望在《宋元学案·濂溪学案》的序录中，对周敦颐与二程兄弟的师生关系有一段总的概括："濂溪之门，二程子少尝游焉。其后，伊洛所得，实不由于濂溪。是在高弟荥阳吕公已明言之，其孙紫微又申言之，汪玉山亦云然。今观二程子终身不甚推濂溪，并未得与马、邵之列，可以见二吕之言不诬也。晦翁、南轩始确然以为二程子所自出。自是后世宗之，而疑者亦踵相接焉。然虽疑之，而皆未尝考及二吕之言以为证，则终无据。予谓濂溪诚入圣人之室，而二程子未尝传其学，则必欲沟而合之，良无庸矣！"他承认二程少年时代曾跟随周敦颐学习过，但是不承认二程的学术思想出于周敦颐。全祖望的观点也并非定论。徐远和的《洛学源流》有一节"濂洛师承"，认为二程与周敦颐在学术思想上有师承关系；二程不守师说而有自己的发展。梁绍辉主编的《濂溪学研究》对于周敦颐与二程的关系论述比较详细，包括受学时间、地点的问题，学术上所受影响的主要方面、影响的程度等。王兴国在《周敦颐与程颢程颐兄弟》（《湖南科技学院学报》，2005 年第 1 期）中认为，二程受周敦颐的影响除表现在人生境界方面，如寻找颜子乐处、吟风弄月等，在"主敬"思想上也受到周的"主静"思想的影响；另外程颢的仁学思想也受到周的影响。此文的观点未必正确，但从思想的继承问题上拓宽了进一步研究的思路。就港台、国外来看，钱穆的《朱子新学案》对周、程之关系作了历史的考察，认为"二程得统于濂溪，此皆自朱子之主张始"。劳思光的《新编中国哲学史》（卷三上）将周、程关系分为"'早年之影响'与'成熟期之学说'"，并指出"濂溪理论（转下页）

找"孔颜乐处",其实是将其引入"向上一路",即探究儒家的内圣之学。但是程颢并没有找到进入圣门的途径,于是"泛滥于诸家,出入于老、释者几十年",① 广泛涉猎各家学说,研究佛道二教之学近十年之久,但是他在佛道中并没有找到真正的依托,所以又返归六经,最终,找到了精神归宿和终极目标。宋仁宗嘉祐元年(1056),程珦升任国子博士,二程兄弟随父来到京师,程颢准备参加应试,他在儒生中声望很高。在京师,二程兄弟与张载有了第一次学术交往。

宋仁宗嘉祐二年(1057),程颢中进士第,与张载等人同第。次年(1058),他请调到风景秀丽的京兆府,担任鄠县主簿,② 在此期间,张载、程颢保持书信来往,有《定性书》传世。在任期间,程颢的行政能力初步显示出来,他不但断案英明,治役有方,

---

（接上页）之得失是一事,与二程之关系是另一事",这些都有助于拓宽周、程关系的研究视阈。

① 程颢、程颐:《二程集》,第 638 页。

② 鄠县(户县)属于陕西路京兆府。参见《宋明理学家年谱》(一),第 108 页。关于程颢是哪一年任鄠县主簿,学界存在争议。传统的说法认为,他在中进士第的第二年(1058)到任鄠县主簿。《宋明理学家年谱》中程颢年谱都认为程颢是在 1058 年到鄠县任主簿。从《游鄠县山诗十二首序》中,程颢亲自说:"嘉祐二年,始应举得官,遂请于天官氏,愿主簿书于是邑。"(《二程集》,第 472 页)也说明程颢在 1058 年到鄠县任主簿。而谢寒枫认为:《程颢与大程书院》一书据程颢在鄠县主簿任上为周公姬旦后人所作《姬宗世谱序》中的'嘉祐庚子冬,调主鄠县簿'之语,考定程颢是于嘉祐庚子年始任鄠县主簿的,庚子年即嘉祐五年(1060)(《程颢哲学研究》,中国社会科学院研究生院博士论文,2002 年)。此说所引为孤证,不足以推翻传统说法,本文采用传统说法。

而且破除迷信，整顿风俗。五年（1060），程颢调任江宁府上元县主簿，在任期间，他抑制土地兼并，整顿讼事，率领百姓防洪堵坝，救助船卒，破除迷信等等。宋英宗治平元年（1064），程颢迁任泽州晋城令，过磁州探望父亲（母侯氏已卒于 1052 年），此时，邢恕以师礼"初见先生于磁州"。[1] 在晋城，他施仁政，重教育，民风为之大振。

在地方任官期间的政绩大大提高了程颢在政界的声望。宋英宗治平四年（1067），程颢改任著作佐郎，由地方调到中央。熙宁二年（1069）二月，在神宗的支持下，王安石变法开始，程颢等被调任三司条例司属官，四月，王安石派程颢等八人到各地去视察新政实施之后农田、水利、赋役等方面的情况。八月，由御史中丞吕公著推荐，程颢授太子中允，权监察御史里行（即见习御史）。神宗对程颢的名声早有所闻，所以对程颢很器重，频频召见他。程颢对神宗进说甚多，"大要以正心窒欲，求贤育材为先"。[2] 王安石在变法的过程中，没能广泛征求意见，尤其是青苗法的实施更是引起各界强烈反对。程颢与王安石的分歧愈来愈大，他不断上书批评王安石新政的种种弊端。此时，张载因与王安石意见不同，被神宗派往明州办理狱案，程颢上《乞留张载状》。三年（1070），由于反对变法，程颢离开朝廷到澶州任职。五年（1072），程颢罢归洛阳，以便养亲，并开始在洛阳讲学。七年（1074），司马光、吕公著、文彦博罢官，都闲居洛阳，与程氏父子交往甚密。九年（1076），王安石罢相，春，张载由吕大防推

---

① 程颢、程颐：《二程集》，第 332 页。

② 程颢、程颐：《二程集》，第 633 页。

荐,招同知太常礼院,过洛阳与二程等会晤。十年(1077),张载罢归,经洛阳与二程兄弟论学,此次论学被弟子记录为《洛阳议论》,这是对二程语录的最早记载。十二月,张载在归途中病逝,得闻此事,程颢作《哭张子厚先生》。

神宗元丰元年(1078)冬,程颢知扶沟县事。是年,谢良佐始受学于程颢。游酢也应召来扶沟任学职,并从学于程颢,同年,周纯明从学于二程。在扶沟期间,程颢治盗有方,解决百姓的粮食问题,为官清正,不怕权贵,"视民如伤"是他的座右铭。二年(1079),蓝田"三吕"及苏昞、范育等张载门人从学于二程。三年(1080),程颢改任奉议郎,到颖昌侍奉老父。四年(1081),程颢在颖昌,杨时、李吁见二程于颖昌,与游酢、谢良佐同学于二程(杨时师事于程颢)。这时韩维、王彦霖与二程交往密切。五年(1082),程颢居洛阳讲学,冬,刘绚来洛阳以师礼见程颢。六年(1083),程颢"监汝州酒税",刘绚、朱光庭先后去汝州见程颢。同年,程颐也来到汝州。八年(1085),神宗病逝,哲宗即位,程颢被召为宗正寺丞,没来得及上任,因病去世,享年54岁。程颢的著作收入《二程集》中。

三、程颐生平

程颐,字正叔,生于宋仁宗明道二年(1033),卒于宋徽宗大观元年(1107),世称伊川先生。程颐生于黄陂,时父程珦在县尉任内。程颐"幼有高识,非礼不动"。[①]十四岁从学于周敦颐,

---

① 程颢、程颐:《二程集》,第338页。

寻找"孔颜乐处"，受周敦颐影响，有了求道之志。宋仁宗皇祐二年（1050），18岁的程颐表现出极大的政治热情，他上书仁宗，指出社会中存在的时弊，表现出忧国忧民之心以及想有作为的抱负。宋仁宗嘉祐元年（1056），程颐随父兄到京师，进太学读书。当时，胡瑗主持太学，以"颜子所好何学"试诸生，程颐的答卷让胡瑗很赏识，授以学职。在京师二程与张载开始了学术交流。四年（1059），程颐参加进士考试，廷试不过。程颐本来对科举及做官不感兴趣，从此程颐不再参加科举考试，靠父亲荫庇得来的官位，也都让给了同族的人，这样程颐便成了一位有名望的处士。治平二年到熙宁四年（1065—1071），程颐一直随父在各任所，协助父亲草拟文书，掌管州学事务等。在汉州其间，与张载书信讨论学问，有《答横渠先生书》、《再答》传世。

熙宁五年（1072），随父至京师，后回洛阳，与兄程颢在洛阳开始授徒讲学。七年（1074），吕公著、司马光罢官归洛阳，二程兄弟与他们经常聚会，评论时政。十年（1077）张载罢官归陕，途径洛阳与二程论学。元丰元年（1078），周纯明在扶沟从学于程颐。二年（1079），吕大临来扶沟从学于二程。三年（1080），程颐入关中讲学，洛学的影响扩大到关中地区，关中弟子记有《雍行录》、《入关语录》。四年（1081），在颖昌，杨时、李吁来从学。五年（1082），程颐居洛阳讲学，朱光庭来从学。八年（1085），程颢病逝，程颐撰写《明道先生行状》，对程颢的一生作了总结。

哲宗元祐元年（1086），朱光庭推荐程颐为讲官，闰二月，程颐至京师，接受西京国子监教授之职。三月，任崇政殿说书，他竭尽全力，忠心耿耿辅养哲宗的德性。是年，与吕大临讨论未发与已发的心性问题，有《与吕大临论中书》。任侍讲官期间，一方面程颐态度极其认真，作为帝师名望很高，一时间，归其门下的人数很多；另一方面程颐颇为自负，议论褒贬无所顾忌，激起与他不合之人的反感。当时在朝廷中有影响的是以程颐为首的洛党和以苏轼为首的蜀党，二年（1087），在蜀党的弹劾下，程颐罢崇政殿说书，差管勾京西国子监。程颐受命就职，后乞致仕，但没有得到批准。是年，刘绚、李吁先后病卒，程颐写了祭文。四年（1089），吕公著病卒，程颐写了祭文。五年（1090），父亲程珦病卒，因父丧，程颐辞官，并葬父于伊川先茔。是年，尹焞以师礼见程颐。七年（1092），程颐服除，判京西国子监，程颐因病暂不能赴职，此时，其《易传》初稿已成。是年，吕大临、杨国宝、范育病卒。八年（1093），杨时、游酢以师礼见程颐于洛阳，留下"程门立雪"一段佳话。绍圣元年（1094），哲宗亲政，重申判京西国子监之命，程颐再辞不受。三年（1096），朱光庭病卒。七八年间，同志共学之人相继而逝，这对程门倡明道学事业带来沉重打击，程颐独自一人在洛阳继续授徒讲学。是年，写《答杨时论〈西铭〉书》。四年（1097），党论起，元祐旧党人物被判为奸党，程颐被累及，下诏追毁出身以来文字，并遣涪州编管。元符元年（1098），在困境中，程颐修改《易传》，并计划写《春秋传》、《论语解》、《孟子解》，并注解《礼记》。二年（1099），《易传》修改完成，作《易传序》。三年（1100），徽宗继位，四月，程颐被赦，复宣德郎，可以自由居住，后归洛阳。回洛阳后，张绎、孟厚先后以师礼来见；罗从彦从福建来洛阳向程颐学《易》；谢良佐也来洛阳见程颐，这时在弟子们的请求下，《易传》始出示人。徽宗建中靖国元年（1101），周孚先来从学。宋徽宗崇宁元年（1102），徽宗复行新法，立元祐奸党碑，程颐被隶入党籍，回复的官职被撤销。是年，吕舜以师礼见。二年（1103）蔡京任右相，程颐被人弹劾，追毁所有文字，不得教授弟子，被迫与弟子分别，程颐嘱咐四方弟子不必及门。其子程端彦受牵连被罢官。三年（1104），马伸辞官来从学。程颐离开龙门山到伊川鸣皋讲学，尹焞、张绎一直跟从。五年（1105），彗星出现在西方，徽宗以星变下诏毁掉元祐党人碑，蔡京除相，除去党禁。程颐恢复宣义郎，致仕。徽宗大观元年（1107），蔡京再度为相，元祐党禁依然持续。程颐患麻痹症卧床不起，将《易传》授门人，九月病逝，享年75岁。程颐的著作收入《二程集》中。

第二节 "京师论《易》"

"京师论《易》"是张载与二程第一次论学的主要事件，是他们讨论学问，建立学术交往的开始。张载、程颢、程颐既是亲戚，[①]又是讲友，在探索与创立道学的过程中，他们不断讲论、切磋，收授弟子于关、洛两地，成为关学、洛学的创立者。以往学界认为"京师论《易》"没有学理意义，不予重视，都是一笔带过，事实上，"京师论《易》"不但关乎张载与二程的学说渊源问题，而且隐含着张、程早年一些重要的学术志趣，有很重要的学理意义。

---

① 二程祖母张氏是张载的姑母，张载是二程之父程珦的表弟，二程称张载为表叔。

作为理学的创立者,他们的这些交往内容都有必要细致论述。

一、"京师论《易》"之经过

宋仁宗嘉祐初年(1056),正值全国大考,各地考生齐聚京师,准备应试。是年,程珦升任国子博士,二程兄弟随父来到京师,程颢准备参加应试。张载在这一年也上京赶考。这样,他们都来到京师。考试结束之后,在京城等候发榜的日子里,在文彦博丞相的鼓励下,张载在相国寺开坛讲《易》。① 此时张载对《周易》已有深入研究,因此,前来听他讲《易》的人很多。有一日,二程前来拜望张载,三人在一起讨论易学,他们之间相互欣赏,并结下深厚情谊。这就是所谓的"京师论《易》"。

对这件事情有记录的文献有两则,第一则是《宋史·张载传》,记载张载"尝坐虎皮讲《易》京师,听从者甚众。一夕,二程至,与论《易》,次日与人曰:'比见二程,深明《易》道,吾所弗及,汝辈可师之。'撤坐辍讲"。② 第二则《程氏外书》记载:"横渠昔在京师,坐虎皮,说《周易》,听从甚众。一夕,二程先生至,论《易》。次日,横渠撤去虎皮,曰:'吾平日为诸公说者,皆乱道。有二程近到,深明《易》道,吾所弗及,汝辈可师之。'(逐日虎皮出,是日更不出虎皮也。)横渠乃归陕西。"③

虽然记载的是同一件事,但相较于第二则,第一则文献更

---

① 相国寺是京师开封最有名的佛教寺院,号称"皇家寺院",距离皇宫很近,属于禅宗胜地。

② 元脱脱等撰:《宋史·张载传》,中华书局, 1985 年,第 12723 页。

③ 程颢、程颐:《二程集》,第 436—437 页。

为客观。① 两则材料至少给我们提供了以下信息：一、张载"坐虎皮讲《易》京师，听从者甚众"，反映张载对易学的造诣已达到较高程度，否则不可能在众人面前讲学。二、二程拜望张载，说明张载当时的声望比较高。三、二程与张载论《易》以及张载对二程易学水平的高度评价说明二程易学水平也相当高。四、张载"撤坐辍讲"，显示出张载具有自知知人、谦虚包容、心胸宽广的品质。总之，这次论《易》，他们之间谈得愉悦而默契。由于论《易》并未尽兴，于是，他们又另约了时间，在兴国寺继续论学。据吕大临记载："伯淳尝与子厚在兴国寺曾讲论终日，而曰：'不知旧日曾有甚人于此处讲此事。'"② "终日"一词，一方面意味着讲论持续的时间很长，另一方面意味着时间是在不知不觉中流逝。从这则记载我们可以推测出，张载与二程深感志同道合，当时的讨论一定很尽兴、很热烈、很深入，以至于感觉不到时间流逝。从程颢的话中可见，彼此的谈论定是有一致的目标，而且对这一目标他们都充满信心。他们讲论所达至的境界，正如唐君毅先生所说："尤见其相讲论，已至无古今人我之境。"③ 这样的讨论就更加促使他们坚定了道学的志向，为道学的创立笃定地去努力。难怪程颢满怀豪情地说"不知旧日曾有甚人于此处讲此事"，张载也"涣然自信曰'吾道自足，何事旁

---

① 第二条有溢美之词，带有浓厚的门户之见。参见余敦康：《内圣外王的贯通——北宋易学的现代阐释》，学林出版社，1997年，第365页。

② 程颢、程颐：《二程集》，第26页。

③ 唐君毅：《中国哲学原论·原教篇》，中国社会科学出版社，2006年，第79页。

求'"。^① 从此张、程积极致力于道学的探索与建立,逐渐形成关学与洛学。

二、"京师论《易》"隐含之问题

"京师论《易》"时,张载与二程的思想都尚未成熟,但对易学研究的程度都已达到相当高的水平。由于文献缺乏,我们无从深入考索其义理,但其中隐含的几个重要问题需要陈述。

一、易学在张、二程三人思想中占据重要地位。北宋时,道学的建立是围绕对《周易》的诠释和发挥而展开的。思想家大都是通过对《周易》的创造性解读与诠释,构建起高度哲学化的儒学形态。^② 因此,几乎所有的理学家,都堪称易学家,张、程也不例外。黄宗羲认为张载思想"以《易》为宗",^③ 王夫之也说: "张子之学,无非《易》也。"^④ 韦政通概括得更为全面,他说:"横渠和邵、周一样,都曾以《周易》为其思想的出发点,早期的《易说》不必说,即晚期的《正蒙》依旧笼罩在易学的氛围之中",并认为"《易传》以后,没有人能像他那样,用极富哲思而又简洁的文字,表达形上义理、组织形上系统的"。^⑤ 张载整个哲学思想体

---

① 张载:《张载集》,第 382 页。

② 例如:胡瑗有《周易口义》,欧阳修有《易童子问》,周敦颐有《太极图说》、《通书》,王安石有《易说》,苏轼有《东坡易说》,程颐的主要著作是《周易程氏传》,张载的主要著作是《正蒙》、《易说》。程颢不注重著书,没有易学著作,但他和其弟程颐同样以善于说《易》而在京师闻名。

③ 黄宗羲、全祖望:《宋元学案·横渠学案》,第 797 页。

④ 王夫之:《张子正蒙注》,中华书局,1975 年,序论。

⑤ 韦政通:《中国思想史》,上海书店出版社,2003 年,第 752 页。

系是建立在易学基础之上的，如果以《横渠易说》为其易学的代表，以《正蒙》为其道学的代表，那么张载《正蒙》中有四分之一的内容来自于《横渠易说》。^①这说明张载易学对其道学的形成与发展起了重要作用，张载的思想是从易学发展为道学。可见易学在其思想当中的重要地位。程颢不重著书，没有易学著作，但其思想受易学的影响也相当深。有学者认为程颢的学术根底在易学，^②此言不无道理。举几例以示说明：其一，在京师，程颢与张载论《易》，得到张载的认可与赞扬，说明程颢易学造诣很深。其二，《遗书》记载，程颢任鄠县主簿时，与人讨论《易》与《春秋》。^③其三，程颢最早的《定性书》引《易》中之语："贞吉悔亡。憧憧往来，朋从尔思"、"艮其背，不获其身，行其庭，不见其人"，来阐释自己的思想。另外，现存语录中也有讨论《周易》的大量内容，其语录关于"理"的论说亦多发挥《周易》思想。^④这些都显示易学在程颢思想中的重要地位。程颐一生都致力于易学研究，为此他付出了不懈的努力，晚年成书的《周易程氏传》是其一生学术的结晶。嘉祐二年（1057），20多岁在

---

① 胡元玲：《张载易学及道学研究》（北京大学 2004 年博士论文），"《横渠易说》的文献问题"一节。

② 王新春认为：程颢的理学，质而言之，其学术根柢在易学。透过对易学的创造性论释与转化，他建构起仁与天理通而为一视域下的崭新易学天人之学，推出了他的理学体系（《仁与天理通而为一视域的程颢易学》，《周易研究》，2006 年第 6 期）。

③ "谢师直为长安漕，明道为鄠县薄，论《易》及《春秋》。"（《二程集》，第249页）

④ 金春峰：《宋明理学若干特性的再认识》，《陕西师范大学学报》（哲社版），2008 年第 4 期。

京师与兄程颢和张载论《易》时，其易学造诣已相当深厚，这时可能已开始写《易传》，以后的岁月里，他随写随改，直到元符二年（1099），六十多岁时《易传》成书，书成之后又过了七年，才出以示人。程颐自己说："某于《易传》，煞曾下工夫。"[1] 确是肺腑之言。《周易程氏传》是程颐学术体系的代表作，"他的理学就是他的易学"。[2] 由此可见易学在其思想中的重要地位。

二、张、二程三人受王弼易学思想的影响很深。张、程的易学思想都反对章句训诂，而以义理为重。这是对王弼义理派解《易》思想的继承。张载在《横渠易说》中多次提到王弼易学，[3]可知他在解《易》时，将王弼易学著作作为重要参考文献。程颢所受的王弼影响可以从《定性书》略知，他说："天地之常，以其心普万物而无心；圣人之常，以其情顺万事而无情。"这句话正出于王弼所说的"圣人茂于人者神明也，同于人者五情也。神明茂，故能体冲和以通无；五情同，故不能无哀乐以应物。然则圣人之情，应物而无累于物者也。今以其无累，便谓不复应物，失之多矣。"程颢"圣人有情无累"的思想与王弼是一致的，因此可知《定性书》受到王弼的影响。程颐曾说："《易》有百余家，难

---

① 程颢、程颐：《二程集》，第374页。

② 余敦康：《内圣外王的贯通——北宋易学的现代阐释》，第373页。

③ 《横渠易说》中涉及王弼的内容有："王弼谓'命吕者律'，语声之变，非此之谓也。"（《张载集，》第75页）"王弼于此无咎又别立一例，只旧例亦可推行，但能嗟其不节有过之心则亦无咎也。若武帝下罪己之诏而天下悦，大人过既改，则复何咎之有！"（《张载集》，第170页）"形聚为物，形溃反原，反原者，其游魂为变乎！所谓变者，对聚散存亡为文，非如萤雀之化，指前后身而为说。辅嗣所解，似未失其归也。"（《张载集》，第184页）

为遍观。如素未读，不晓文义，且须看王弼、胡先生、荆公三家。理会得文义，且要熟读，然后却有用心处。"① 由此可见，他们都推重王弼易学。

三、张、二程三人从理论到实践都在践行《易》道。因为他们秉承"《易》本天道而归于人事"。张载曾说："《易》之为书与天地准。《易》即天道，独入于爻位系之以辞者，此则归于人事。"② 又说："《易》言天道，则与人事一滚论之。"③ 可见张载强调天道与人事的统一。程颢教导弟子说："易又不只是这一部书，是易之道也。不要将易又是一个事，即事尽天理，便是易也。"④《遗书》记载："谢师直为长安漕，明道为鄠县薄，论《易》及《春秋》。明道云：'运使，《春秋》犹有所长，《易》则全理会不得。'师直一日说于先生。先生答曰：'据某所见，二公皆深知《易》者。'师直曰：'何故？'先生曰：'以运使能屈节问一主簿，以一主簿敢言运使不知《易》，非深知《易》道者不能。'"⑤ 这一段文字是弟子记录程颐与谢师直的对话，大体是说程颢在担任鄠县主簿时与任长安漕的谢师直论《易》的情况。⑥ 在程颐看来，谢师直作为上级愿意屈尊与作为下级的程颢讨论易学，而程

---

① 程颢、程颐：《二程集》，第 248 页。
② 张载：《张载集》，第 181 页。
③ 张载：《张载集》，第 232 页。
④ 程颢、程颐：《二程集》，第 31 页。
⑤ 程颢、程颐：《二程集》，第 249 页。
⑥ 转运司，简称"漕司"，宋初只负责转运物资事务，开宝九年，刚即位的宋太宗诏转运使举察本地区知州、通判等官员的政绩。最初转运司长官的名称不一，宋太宗时通称为转运使。

颢敢直言谢师直不知《易》,这说明程颢和谢师直两人都是深明
《易》道之人,他们已经把《易》理内化为自身的道德实践。而
程颐以是否能运用《易》理为评判是否知《易》,也可见其是以行
《易》理为贵。有关程颐的事例,《遗书》记载:"先生践履尽
《易》,其作《传》只是因而写成。"① 这说明程颐一生都在身体
力行地实践着易学的义理,其《易传》只是其实践易学的心得
而已,他的易学就是其人格的写照。由此可知,张、程都是深明
《易》道之人,他们在生活中自觉地去践履《易》理。学《易》
之人不在于抠索文字,而在于通过文意,掌握《易》理。邵雍尝
言"知《易》者不必引用讲解,是为知《易》。孟子之言,未尝及
《易》,其间《易》道存焉,但人见之鲜耳。人能用《易》,是为知
《易》。如孟子,所谓善用《易》者也。"② 真正懂《易》之人是能
将《易》理运用在生活实践当中的人。南怀瑾将学《易》之人
分为三等,第一等人领导变化,第二等人掌握变化,末等人则是
跟着变化走。③ 以此作为评判标准,张、程至少已属于把握变化
之人。

　　四、张载、二程出入佛老,返归六经的缘由。张载、程颢出
入佛老多年,这在前文生平中已经介绍;程颐没有出入佛老的记
载,但从他对佛教的批评以及借鉴,说明他对佛教经典也有过深

---

① 程颢、程颐:《二程集》,第 345 页。

② 黄宗羲、全祖望:《宋元学案·百源学案》,第 457 页。

③ 南怀瑾:《易经系传别讲》,复旦大学出版社, 2002 年,第 26 页。

入研究。① 于是对于他们出入佛老，返归六经，我们会有这样两个疑问：第一疑问是，为什么张、程立志求道之后需要访诸释老，他们访求佛老的目的是什么？ 我们可以试着从两方面解答这个问题。首先，从佛老方面而言，佛老思想代表当时最高的思想学说水平，可以说是那个时代最前端、最重要的话语语境，具有很大影响。唐代的儒者普遍地出入佛老，视为当然，蔚为成风。经过五代十国，进入宋代，儒者对佛老热衷的程度依然很深。② 孙复说："佛老之徒，横于中国……天下之人……莫不争奉而竞趋之。"③ 张载说："自其说炽传中国，儒者未容窥圣学门墙，已为引取，沦胥其间，指为大道。"④ 二程说："浮屠之术，最善化诱，故人多向之。"⑤ 范育说："以为大道精微之理，儒家之所不能谈。"⑥ 这表明佛教的盛行与善化诱人是当时学者有目共睹的事实。佛老

---

① 程颐的生平中虽然没有出入佛老的记载，但是其对佛老之学的研究也相当深入，仅《遗书》卷十五—《入关语录》就有多处对佛老的评判，例如"释氏之学，又不可道他不知，亦尽极乎高深"（《二程集》，第 152 页）、"《老子》言甚杂，如《阴符经》却不杂，然皆窥测天道之未尽者也"（《二程集》，第 152 页）、"释氏之说，若欲穷其说而去取之，则其说未能穷，固已化而为佛矣"（《二程集》，第 155 页）、"佛、庄之说，大抵略见道体"（《二程集》，第 156 页）。如果对佛老没有深入研究，很难做出这样的评判。

② 在宋代儒士中，几乎找不到一位与佛禅绝缘的。例如：周敦颐曾从学于润州（江苏镇江）鹤林寺僧寿涯，又参禅于临济宗禅师黄龙慧南；欧阳修受教于东林寺祖印禅师，号"六一居士"；苏东坡主儒释道"三教合一"，自称东坡居士。

③ 黄宗羲、全祖望：《宋元学案·泰山学案》，第 140 页。

④ 张载：《张载集》，第 64 页。

⑤ 程颢、程颐：《二程集》，第 50 页。

⑥ 张载：《张载集》，第 4 页。

不但在理论形态上具有领先地位，而且是当时最重要的文化语境，想脱离这样的语境来重构儒学体系，几乎是不可能的。所以，张载"求诸释老，累年究其说"，程颢"出入老、释氏者几十年"，就是主动吸取佛道之善诱人处。既需要借鉴又必须批判，就不能不"入室操戈"，出入佛老也就是正常不过的事了。其次，从儒学方面而言，儒家经典中虽然树立了一个"圣人"的理想，但是却没有指出具体的进入圣门的途径。这样，圣人目标就变得高不可攀，难以企及。所以，道学建构者必须提供入德之途、入圣之门，也就是必须提供证悟圣人境界的具体途径。如果不解决这个问题，生活在名教社会的人们就无法体会到名教之乐。而在心性工夫方面，正是佛老所长，他们有完备细密的工夫论，从佛老那里学习心性工夫的理论与方法，以弥补儒家在这方面的欠缺，这也是势所必然。所以，张、程通过亲身经历，专研佛老思想，从中汲取精华，寻求借鉴，为儒学弥补工夫论的不足，并探寻实现圣人目标的具体途径与方法。第二个疑问是，为什么张、程在佛老中沉浸多年之后，最终返归六经，以儒家为归依？具体原因分析起来大致有四：一、从家庭环境或个人气质来看，张、程都属于"儒家型"。张载的家庭背景属于儒家型，他年青时的"建功立业"之举是典型的儒家型，只不过是儒家所谓的"末"而已。二程的家庭背景属于儒家型，从小就接受严格的礼教。母亲侯氏"仁恕宽厚"，"事舅姑以孝谨称"，"抚爱诸庶，不异己出"，[①]而对二程的教育却非常严格。程颐回忆说："夫人男子六人，所

---

① 程颢、程颐：《二程集》，第653页。

存惟二，其爱慈可谓至矣，然于教之之道，不少假也。才数岁，行而或踣，家人走前扶抱，恐其惊啼，夫人未尝不呵责曰：'汝若安徐，宁至踣乎？'饮食常置之坐侧，尝食絮羹，皆叱止之，曰：'幼求称欲，长当如何？'虽使令辈，不得以恶言骂之。故颐兄弟平生于饮食衣服无所择，不能恶言骂人，非性然也，教之使然也。与人争忿，虽直不右，曰：'患其不能屈，不患其不能伸。'及稍长，常使从善师友游；虽居贫，或欲延客，则喜而为之具。"①这样的家庭环境培养了他们的儒者气质。二、从小立志求道的志向没有改变。张载的思想任务从青年时期就被范仲淹提到了"向上一路"，方向明确。范仲淹的引导使张载树立了伟大的抱负和强烈的责任感与使命感。二程则在周敦颐的教导下寻找"孔颜乐处"，立志求道，从少年时代起就自觉地致力于直承孔孟。程颢甚至打算放弃科举，以便潜心于对"道"的探求。"志者，教之大伦而言也"，②因此，志向一旦确立，是不会轻易改变的。三、从佛老思想中没有找到"安泊处"，即安身立命之处。张、程"泛滥"于佛老，徘徊其间多年却仍然没有解决"名教之乐"的问题。在这期间，他们经历了怎样的努力与艰辛、苦闷与彷徨，由于史料缺乏，我们不得而知。不过，朱熹类似的经历或多或少可以给我们一些参考。《朱子大传》中详细记叙了朱熹早年出入佛老的心理历程，无路的彷徨，在困学中的艰难跋涉，思想的交战与搏斗等等。③这些经历表明，在求索精神归宿的过程中，佛老思想

---

① 程颢、程颐：《二程集》，第 654 页。

② 张载：《张载集》，第 32 页。

③ 束景南：《朱子大传》，华东师范大学出版社，2003 年，第 81—198 页。

最终仍无法让他们有"安身立命"之感。四、张载、二程生活的时代，正是儒学复兴的时代，历史给这一代人提出的使命就是重振儒学。因此，在徘徊多年之后，他们重新回归儒学，并以此作为自己生命与精神的归宿。

概言之，张、程之所以"返归六经"，最重要的是因为他们具有深厚的儒家情怀，儒家情怀的核心就是对现世的责任感和使命感。在张、程看来，如果儒者只为追求个人的心性修养而不具备对现实世界的肯定以及对社会的高度责任感，那么他与佛老追求的成佛成仙就没有什么区别。对于张、程来说，儒家情怀赋予他们对社会的担当精神，在当时重新建构儒学的使命面前，他们自觉地承担起时代的任务。① 最后需要强调，"京师论《易》"之重要意义在于：它标志着张、程相互引为同道，开始共同致力于道学的建构。

第三节　"关学不出于洛学"之考论

一、从"京师论《易》"论"关学不出于洛学"

"关学出于洛学"是二程弟子对关洛"渊源关系"的定位。

----

① 以往研究者认为，张、程由佛老返归六经是其人生的转折，这种看法值得商榷。笔者认为，张，程访诸释老，应该理解为在探究名教之乐的过程中主动寻求一种借鉴或新的解读方式，以便在儒学体系重构中有所超越。张、程返归六经尤其说是"转变"，不如说是"重新回归"，或许从一开始他们就没打算以佛老为依归。出入佛老的经历不但为他们建立道学体系提供了参考，而且也为他们后来批评佛老提供了依据。

从宋代到明清，对这一问题的争论在前文绪论中已经详细说明，此处不再赘述。当代学者中，陈俊民对"关学不出与洛学"也有很细致的论述。① 总之，从事实上判断，关洛的"渊源关系"根本就是一个不存在的问题。但是由于受到"关学出于洛学"观点的影响，当代学者仍有人将"京师论《易》"认为是程颢启发张载"尽弃异学"的契机。② 所以，在此还须花费笔墨为这个问题提供一些佐证。

首先，"京师论《易》"时，张、程都已经返归儒家正统，只有志同道合的问题，不存在程颢启发张载"尽弃异学"的问题；即便有"启发"，那么也是"相互启发"的可能性较大。从张载来看，他在拜见范仲淹之后，开始走上学术探索的道路。经历了"访诸释老"未得之后，又返求于六经，之后有了精神归依，这表明张载赴京赶考之前已经返归儒家正统。之后，他才赴京赶考以及在京师讲《易》。从程颢来看，他"自十五六时，闻汝南周茂叔论道，遂厌科举之业，慨然有求道之志。未知其要，泛滥于诸家，出入于老、释者几十年，返求诸《六经》而后得之"。③ 程颢见周敦颐于宋仁宗庆历六年（1046），当时十五岁。后来曾"出入于

① 陈俊民：《张载哲学思想及关学学派》，人民出版社，1986年，第4—10页。
② 郭晓东认为，嘉祐元年张载也经历了一个从释老返归六经的思想历程，而这一转变的契机即在于与二程兄弟"共语道学之要"，从这一则史料中我们可以看出，明道在这个时候已经先行实现了从释老到六经的思想转变，否则的话，又何以启发横渠"尽弃异学"（《识仁与定性》，复旦大学出版社，2006年，第142页）？
③ 程颢、程颐：《二程集》，第638页。

老释者几十年"，就是说有将近十年的时间研究释老思想，这就可以推断，他返归六经的时间大约在二十五岁，即仁宗嘉祐元年（1056）前后。从"厌科举"到"返归六经"，在去京师参加科举考试之前，程颢也已回归儒家正统。京师论《易》时，如果不能说张载的思想框架已经初步形成，但至少可以说是学有根底。张载是二程的长辈，年长二程十多岁，对二程易学思想给予极大认可，不仅说明张载人品的可贵之处，而且说明他的易学造诣深厚，因为有真工夫的人才有能力去评判他人。因此，程颢启发张载"尽弃异学"的说法立不住脚，张、程彼此欣赏、互相启发应该是事实。

其次，张载在去京师之前已经以复兴儒道为己任，而并非受二程启发才"尽弃异学"。嘉祐二年（1057）三月，程颢二十六岁，与张载、朱光庭、苏轼、苏辙、曾巩同第。宋仁宗御殿亲试，程颢作《南庙试策五道》，在第二道结尾处说："圣门之学，吾不得而见焉，幸得见其几者矣。则子厚之愿扫其门，宜乎！"① 程颢认为从事圣门事业的人很少，而张载已是难得的以儒道为己任的人物。从这则史料可以看出，程颢对张载的评价很高。程颢之所以敬重张载就在于张载在京师论《易》之前，就已经以儒道为己任，而并非受二程的启发才确立这样的人生目标。所以，最多只能说张载与程颢之间是互相推重，而不能说二程启发张载。

不难想象，在佛老思想占据人们心灵世界的大背景下，张载与二程相遇相知，他们的志向都在振兴儒家事业，而且有足够

---

① 程颢、程颐：《二程集》，第467页。

的储备与积累可以共同讨论道学的核心问题，他们之间定有遇到知音的感觉。程颢在张载去世后的诗文中写到"叹息斯文约共修"，[①] 说的就是他们共同致力于道学的探索。"共修"说明他们是志同道合的"同调"，不存在渊源的问题。他们之间的讨论更多的是相互激励，从而在儒学重构的道路上变得更自信、更坚定。张载对《周易》"君子之道，或出或处，或默或语。二人同心，其利断金。同心之言，其臭如兰"的诠释说："君子自知自信，了然不惑。又于出处语默之际获与人同，则其志决然，利可断金。"又进一步解释说："惟仁者能听尽言，己不欲为善则已，苟欲为善，惟恐人之不言。'二人同心，其利断金'，夫一人固自明矣，又有一人言而同心，其为利也如金铁之可断。"[②] 这样的解释或许可以再次证明张、程共同致力道学建构的坚定信心。

二、从学派创立先后再论"关学不出于洛学"

"关学不出于洛学"还可从学派创立的角度再次作出论证。为了论述清晰，我们有必要对学派的形成先作一了解。学派的形成至少应该具备三个条件：一、有创立者，二、有成熟的理论形态，三、有众多的弟子从学。具备了这三个条件，才可称其为"学派"。以下从这三个方面分析关洛学派创立的先后，进而得出"关学不出于洛学"的结论。

[①]《哭张子厚先生》："叹息斯文约共修，如何夫子便长休！东山无复苍生望，西土谁共后学求？千古声名联棣萼，二年零落去山丘。寝门恸哭知何限，岂独交亲念旧游？"（《二程集》，第485页）

[②] 张载：《张载集》，第194页。

　　首先,张、程创立学派的起步时间大致同期。从嘉祐初年"京师论《易》"之后,张载与二程共同承担起振兴儒学的重任,一起致力于道学的建构,可以说作为道学学派的领袖人物,他们的起步大致是同期。

　　第二,张载成熟的理论体系形成早于二程。成熟著作的形成应该是理论体系成熟的标志。即便不以《横渠易说》、《经学理窟》、《文集》、《语录》等为准,仅以《正蒙》为代表,张载的思想体系在1076年业已成熟。此年,张载集毕生立言汇成《正蒙》,交与弟子苏昞,编为十七篇。同期,二程仅有《定性书》与《颜子所好何学论》两文;最早的语录是1077年的《洛阳议论》,是由张载的弟子苏昞记录的关于张载与二程的谈话;而二程哲学中的核心范畴"天理"观,[①] 则是在1079年吕大临《东见录》中第一次完整地体现出来,而这已是张载去世之后的事情。

　　第三,张载有众多弟子从学的时间早于二程。张载有众多弟子从学的时期在1070—1076年间,二程弟子集中从学的时期则在1078—1085年。

　　北宋五子中,张载的年谱最为简单,什么时候开始授徒以及从学弟子有多少都没有清晰的记录。现只能从《行状》、《宋元学案》、《张子年谱》、《关学编》中将零散记录综合起来,以了解张载讲学情况及弟子从学情况。

　　张载的为学之路大体可分三个阶段。第一阶段是康定元年到嘉祐初年（1040—1056）。康定元年,张载受范仲淹的启发,

---

① "天理"观的形成应该是二程哲学思想成熟的标志。《定性书》只能反映程颢早期的修养工夫论,而不能作为思想成熟的标志。

走上学术探索的道路。此前的理想在于"建功立业"，此后的努力却落在儒家名教之乐的探索中。张载曾说"范文正才气老成"，[①] 可见张载对范仲淹很是尊重。范氏的引导以及与范氏的交往对张载的自我定位产生重要影响。"建功立业"只是儒家之末，"名教之乐"才是儒家之本。在范仲淹看来，《中庸》可以引导张载探讨"圣人之德"、"名教之乐"，而范仲淹对"先天下之忧而忧，后天下之乐而乐"的追求，为儒家名教之乐提供了最好的诠释，这正是深深打动张载、使他听从范氏劝告的关键所在。范仲淹从一开始引导张载进入的就是学术探索的"向上一路"，[②]张载由追求外王事功转向追求内在修养，由经世之学转向对心性之学的探求。嘉祐初年，张载入京参加科举考试并在京师讲学，已经学有根底；与二程探讨道学之要，更加坚定了重建道学的信心，之后积极致力于对道学的建构。第二阶段是嘉祐二年至熙宁二年（1057—1069）。张载一边从政，将儒家的义理付诸实践；一边从事讲学，教导弟子。主要的讲学经历有：宋英宗治平二年（1065），张载应文彦博之聘，在长安当了一年学官，次年，京兆府"王公乐道"，将张载请到郡学讲学，张载多以儒家道德教人，他说："孰能少置意科举，相从于尧舜之域否？"[③] 学者听了他的话，"多有从之者"。据"多有从之者"判断，此时师从张载问学的弟子应该较多。第三阶段是熙宁三年至十年（1070—

[①] 程颢、程颐：《二程集》，第 67 页。

[②] 所谓"向上一路"的任务就是全面建构儒家的工夫论、本体论、心性论。参见余敦康：《汉宋易学解读》，华夏出版社，2006 年，第 323 页。

[③] 张载：《张载集》，第 382 页。

1077）。这是张载学术理论创作的精进阶段，也是关学形成规模的阶段。他在学术、教学、社会实践等方面不断地充实着对道学的探索。在学术方面，他精思力索，勇于造道，将一生精思所得合为一书，命名为《正蒙》，取"以正养蒙"的意思。在教学方面，他在横渠镇建立学馆进行讲学，每以"知礼成性"、"变化气质"之道教导弟子，有众多弟子从学。据明代冯从吾《关学编》记载，北宋关学人物依次是张载、张戬、吕大忠（附吕大防）、吕大钧、吕大临、苏昞、范育、侯仲良。①《宋元学案·吕范诸儒学案》记载有吕大忠、吕大钧、吕大临、苏昞、范育、游师雄、种师道、潘拯、李复、田腴、邵清、张舜民、薛昌朝。② 将这些综合起来，张载弟子合计十四人：吕大忠（字晋伯）、吕大钧（字和叔，学者称京兆先生），吕大临（字与叔，张载弟张戬之婿），此三人合称"蓝田三吕"；苏昞（字季明），③ 范育（字巽之）、游师雄（字景叔）、种师道（字彝叔）、潘拯（字康仲）、李复（字履中，学者称潏水先生）、田腴（字诚伯）、邵清（字彦明）、张舜民（字芸叟）、薛昌朝（字景庸）。加之张载弟张戬（字天祺）也是关学代表人物，在社会实践方面，他带领弟子与乡里进行恢复古礼与井田制的

---

① 冯从吾：《关学编》，中华书局，1987年，第1—15页。

② 黄宗羲、全祖望：《宋元学案·吕范诸儒学案》，第362页。

③ 苏昞，字季明，京兆武功人，世称武功先生。《关学编》记载，他与游师雄"师横渠张子最久"。苏昞可能是最早从学于张载的弟子之一。《横渠先生行状》记载，治平三年（1066），京兆王公乐道尝延致郡学，先生多教人以德，多有从之者。苏昞作为京兆人可能是此时从学。熙宁元年（1068），张载讲学于武功绿野亭，这次讲学可能与苏昞（京兆武功人）有关，苏昞从学应该不晚于这一年。

实践。这一阶段，关学学派已经形成规模。

　　程颢的为学之路大致也可分为三个阶段。第一阶段是庆历六年至嘉祐元年（1046—1056）。庆历六年，在周敦颐的影响下，程颢确立了求道之志。周敦颐对程颢的影响，是将他引入"道学领域"，直接进入"向上一路"，追求的"孔颜乐处"，就是儒家安身立命之所。但是由于年龄尚小，对儒家经典存在诸多困惑，于是出入释老以求解决困惑的途径，十年之后，返归于六经，找到了安身立命之所。嘉祐初年，与张载在京师会面，共语道学之要，更加坚定致力于道学建构的信心。第二阶段是嘉祐二年至熙宁五年（1057—1072）。程颢中进士后，一边担任地方及中央的行政事务，一边继续从事儒学的建构。期间有个别弟子从学。第三阶段是熙宁六年至元丰八年（1073—1085）。这一阶段主要在洛阳授徒讲学，创立学派。其中元丰年间（1078—1085）是程门弟子从学最为集中的时期，有名的学者多是在此期间从学，二程语录大量记录下来，洛学学派形成规模。

　　程颐的为学之路可以分为四个阶段。第一阶段是庆历六年到嘉祐四年（1046—1059）。程颐十四岁从学周敦颐，周敦颐对他的影响，是将其引入"道学领域"，直接进入"向上一路"，追求"孔颜乐处"，开始确立求道之志。之后，科考不中，放弃科举，专心于学问。第二阶段是嘉祐五年到熙宁四年（1060—1071）。随父事亲，一边辅助父亲处理日常事务，一边继续专研学问。第三阶段是熙宁五年到元丰八年（1072—1085），与兄程颢开始授徒讲学，创立学派。第四阶段是元祐元年到大观元年（1086—1107）。兄长程颢去世后，程颐独立承担道学的发展使命，继续思考探索，在理论上有更进一步的发展，并且呈现出自身的特点。

　　关于二程弟子从学的情况，卢连璋在《二程学谱》中有详细记载。这里择要介绍。程颢弟子大量从学的年代在元丰年间（1078—1085），有名的学者多是在此期间从学。元丰元年（1078）冬，程颢知扶沟县事，谢良佐始受学于程颢；游酢也应召来扶沟任学职，并从学于程颢；同年周纯明从学于二程。元丰二年（1079），"蓝田三吕"及苏昞、范育等张载门人从学于二程，出现了"时明道门，皆西北士"的局面，这说明张载去世后，弟子们转师二程，已是程门早期弟子。这时二程语录大量记录下来。四年（1081），二程兄弟在颍昌，杨时、李吁见二程于颍昌，与游酢、谢良佐同学于二程。杨时师事于程颢，李吁从学二程。[①]五年（1082）冬，刘绚来洛阳以师礼见程颢。六年（1083）程颢"监汝州酒税"，刘绚、朱光庭先后去汝州见程颢。元丰八年（1085），程颢病逝。之后，程颐继续授徒讲学。元祐五年（1090），尹焞以师礼见程颐。八年（1093），杨时、游酢以师礼见程颐于洛阳。元符三年（1100），张绎、孟厚先后以师礼见程颐于洛阳，罗从彦从福建来洛阳向程颐学《易》。徽宗建中靖国元年（1101），周孚先来从学。崇宁三年（1104），马伸辞官来从学。

　　从以上史料可以看出，二程弟子集中从学，洛学出现盛况，已是张载去世以后的事情了。这就进一步证明"关学不出于洛

---

① 杨时二十九岁从学明道于颍昌。参见于浩编：《宋明理学家年谱》（二），第14页。

学"。方东美认为宋代形成几个重要的学派，"第一个就是所谓'关学'"；[①] 劳思光认为"程门之学盛于横渠身后"。[②] 确实是正确的判断。所谓"关学之盛，不下洛学"，[③] 正确的理解应该是：关学当时的盛况不亚于后来洛学的盛况。事实上，在关学思想已经完全成熟的时候，洛学尚在形成之中。关学的创立早于洛学若干年，这才使洛学观摩、批评、继承关学成为可能。后来，二程在自身学说成熟的过程中，将张载思想作为最重要的参照系统，吸收了张载的很多重要命题和观点。只有承认了这个事实，才可以有效地说明，我们现在从张载与二程的思想材料中，为什么看不到张载因袭二程的地方，反而可以看到很多二程批评借鉴张载的地方。

综上所述，我们可以作出这样的判断：张载学术最精进的阶段是 1070—1077 年，程颢学术最精进的阶段是 1078—1085 年（元丰年间），程颐学术最精进的阶段则是在程颢去世以后的 1086—1107 这二十年间。也就是说，张载、程颢、程颐三人在学术发展的过程中，其实有着层层相继的关系。

---

① 方东美：《新儒家哲学十八讲》，中华书局，2012 年，第 185 页。
② 劳思光：《新编中国哲学史》（卷三上），第 148 页。
③ 黄宗羲、全祖望：《宋元学案·序录》，第 33 页。

第二章　第二次论学：
定性工夫（1058—1060）

嘉祐二年（1058）张载与程颢同登进士第，次年，程颢主动请调到风景秀丽的鄠县担任主簿；张载也被派往地方任职，先是担任祁州司法参军，后又被调到丹州当云岩县令。[①] 在此期间，张载与程颢通过书信方式继续论学，《答横渠张子厚先生书》（又名《答横渠先生定性书》，后世称为《定性书》）就是完成于程颢任鄠县主簿期间，这是张、程第二次论学留下来的重要文献。由于《定性书》涉深于"造道之精微处"，受到后世学者们的普遍重视。[②] 近人研究程颢思想，也都重视对《定性书》的分析。随

---

① 鄠县与云岩县都属于当时的陕西路。参见王存等撰：《元丰九域志·陕西路》，中华书局，2005 年。

② 《宋元学案》摘引了明代讲说《定性书》的例子：刘蕺山给《定性书》很高评价，说"此伯子发明主静立极之说，最为详尽而无遗也"，并将《定性书》分解为六段予以解释。罗整庵认为"性无内外"是"内外只是一理也"。明嘉靖中，胡柏泉松为太宰，疏解《定性书》，会讲于京师，分作四层："一者天地之常心，普物而无心，此是天地之定；二者圣人之常情，顺物而无情，此是圣人之定；三者君子之学，廓然大公，物来顺应，此是君子之定；四者吾人第于怒时，遽忘其怒，观理是非，此是吾人之定。吾人希君子，君子希圣人，圣人希天地。"（《宋元学案·明道学案》，第 665—666 页）这些解说未必完全符合程颢思想本意，但却可以反映出《定性书》所受到的重视。

着对程颢思想研究不断深入,对《定性书》的论证也逐渐深入。[①]
总体而言,对定性工夫的研究大多集中于程颢思想研究中。

　　作为程颢的哲学著作,《定性书》被独立研究当然是必要的,
也是必需的。但是作为张、程学术思想互动的结果,从二者关系
的角度对定性工夫进行的研究却是欠缺的,所以从整体来看,定
性工夫的研究仍然不完整。

　　从关系角度对定性工夫进行研究,需要搭建张、程在这一
阶段学术交流的具体情境,而这确实存在困难,原因在于张载书
信已遗失,张载到底是怎么具体讲"定性"问题,我们根本无从
直接说明。[②] 那么,为了展示张载、程颢在工夫论方面的互动与
探求,有必要从张载同一时期的其他文献中,寻找一种凭借或依
据,以构建他们交流的语境和框架,从而对张、程"定性"工夫作
一个相对全面的探析,以便解决张、程第二次论学的核心问题。

第一节　《定性书》释义

　　为了便于分析,《定性书》全文摘引如下:

　　　　承教,谕以定性未能不动,犹累于外物,此贤者虑之熟

---

① 温伟耀的《成圣之道——北宋二程修养功夫论研究》与郭晓东的《识仁与定
　性》是研究程颢工夫论的专著。尤其是《识仁与定性》对《定性书》的分析与
　梳理细致详实、极富哲学深度。
② 牟宗三说:"此《定性书》是答横渠先生者。横渠原书未有留存,其言'定性
　未能不动,犹累于外物',究是何意,颇不易说。"[《心体与性体》(中),第
　192页]

矣，尚何俟小子之言！然尝思之矣，敢贡其说于左右。

所谓定者，动亦定，静亦定，无将迎，无内外。苟以外物为外，牵己而从之，是以己性为有内外也。且以性为随物于外，则当其在外时，何者为在内？是有意于绝外诱，而不知性之无内外也。既以内外为二本，则又乌可遽语定哉？

夫天地之常，以其心普万物而无心；圣人之常，以其情顺万事而无情。故君子之学，莫若廓然而大公，物来而顺应。《易》曰："贞吉悔亡。憧憧往来，朋从尔思。"苟规规于外诱之除，将见灭于东而生于西也。非惟日之不足，顾其端无穷，不可得而除也。

人之情各有所蔽，故不能适道，大率患在于自私而用智。自私则不能以有为为应迹，用智则不能以明觉为自然。今以恶外物之心，而求照无物之地，是反鉴而索照也。《易》曰："艮其背，不获其身，行其庭，不见其人。"孟氏亦曰："所恶于智者，为其凿也。"与其非外而是内，不若内外之两忘也。两忘则澄然无事矣。无事则定，定则明，明则尚何应物之为累哉？

圣人之喜，以物之当喜；圣人之怒，以物之当怒。是圣人之喜怒，不系于心而系于物也。是则圣人岂不应于物哉？乌得以从外者为非，而更求在内者为是也？今以自私用智之喜怒，而视圣人喜怒之正为如何哉？夫人之情，易发而难制者，惟怒为甚。第能于怒时遽忘其怒，而观理之是非，亦可见外诱之不足恶，而于道亦思过半矣。

心之精微，口不能宣；加之素拙于文辞，又吏事匆匆，未能精虑，当否伫报，然举大要，亦当近之矣。道近求远，古人

所非,惟聪明裁之! ①

如果将第一段与最后一段的谦虚之语暂时略而不论,那么信的主题内容只有四段。第一段首先是针对张载"定性未能不动,犹累于外物"之语,程颢明确地给出自己对"定"的理解,即"动亦定,静亦定,无将迎,无内外",这就是说程颢所谓的"定"涵盖动与静、内与外。其次,程颢认为如果以外物为外,以人屈从于物,就是将性分为内外两截,这样,人随物扰,当然定不下来。在程颢看来,这种杜绝外物的做法,其实是人自己预设了性有内外之别,这是人为地将性分为内外,是"二本";而事实上,只有一个性。分性为内外的定性之法,当然无法做到真正的定。

第二段以圣人为例,说明君子应物的方法应该是廓然大公,物来顺应。② 为了说明廓然大公之意,程颢引用了《周易》之《咸》卦:"贞吉悔亡。憧憧往来,朋从尔思",此语见《咸》卦之九四。"憧憧"可理解为心思急切的样子,"往来"从卦义上讲是指"九四与初六相交感",此句的大意是:"当去知与故,自然而然;今心念憧憧,思虑营营,有失'天下何思何虑'的感应之道。"③ 程颢引此句意在说明心能廓然大公,则无感不通,如圣人喜则当喜,怒则当怒,无需杜绝一切情感,亦无时不定;相反,如果心有所系,则以私心感物,那就做不到"定"。在程颢看来,仅仅将心思放在驱逐外诱之上,除一件又长另一件,根本无法解决

---

① 程颢、程颐:《二程集》,第460—461页。

② 朱熹认为"《定性书》之大纲,只在此两句"(《朱子语类》,第3213页)。

③ 陈鼓应:《周易今注今译》,商务印书馆,2005年,第291页。

问题。

　　第三段指出人不能"适道"的原因有二，即自私与用智。这是说如果想"适道"，所做的工夫应该是内功，即去除自私与用智，而不是做外功，即"恶外物"。如果以"恶外物"为"适道"之方法，那就相当于拿着镜子的反面来求照，是选错了方向，不得其法。在程颢看来，"规规于外诱之除"是做外功，不可能达至定性的内功，正确的方法是做内功，去除"自私而用智"，这说明程颢换了一种思路解决"定"的问题。程颢引《周易》与《孟子》之语以说明自私与用智的涵义。《周易》之《艮》卦："艮其背，不获其身，行其庭，不见其人"，此句大意为："谨慎其背后，人不得伤害其身；行于庭中，人不得见其踪迹。"[1] 实质是告诫处困之人谨慎行事，则动静皆能顺时。在此程颢对《艮》卦作了进一步引申，意在表达"无物我之分，则不自私"之意，[2] 这样在接物之时就能做到物各付物，随顺自然。程颢引《孟子》的"所恶于智者，为其凿也"语见于《离娄下》，其文曰："如智者若禹之行水也，则无恶于智矣。禹之行水也，行其所无事也。如智者亦行其所无事，则智亦大矣。"程颢这里所谓的"智"，是指穿凿附会之"小智"、"私智"，朱熹解释此句说："天下之理，本皆顺利。小智之人，务为穿凿，所以失之。禹之行水，则因其自然之势而导

---

[1] 陈鼓应：《周易今注今译》，第 465 页。

[2] 通过程颐的《周易程氏传》，对程颢的这一思想可以略知一二。程颐对《艮》卦的诠释是："人之所以不能安其止者，动于欲也。……止于所不见，则无欲以乱其心，……无我则止矣。不能无我，无可止之道。"（《二程集》，第 968 页）

之，未尝以私智穿凿而有所事。"① 大致是主张去除刻意之人为，因势利导，随顺自然。程颢引此句在于说明"用智"就是刻意而为，不能顺其自然。人因为自私与用智，而"不能以有为为应迹，以明觉为自然"。所谓"明觉"，指的是心之本然的能知能觉的潜质，如果有刻意（用智）的因素，则不能使人的行为作为"应迹"之举，也不能使明觉自然而然地发挥。程颢的整体思路就是通过去除"自私而用智"，达到"内外两忘"，从而做到"定"，这样，自然就不为外物所累。

第四段又以圣人为例说明人之情系于物而不系于心，这样便能得情之正，而不以外物为累。以"制怒"为例再次说明外物不足恶，而应该"观理之是非"。

总的来说，程颢围绕着"定性未能不动，犹累于外物"这一核心问题，从两个方面阐述了自己的观点。第一，不为物累是要"应物"，而不是"恶外物"。程颢对定的解释，举圣人的"物来顺应"之例，以及说明恶外物是内外之分的表现等等都是在阐明自己的这一观点。第二，定性的具体方法不是"规规于外诱之除"，而是去除人为的自私与用智。程颢引用《周易》、《孟子》中的内容也是为说明这一点。人生活在现实世界中，不与外物接触是不可能的，因而，要定性不在于是否为外物所牵累，而是要做到"无内外"，取消心物对立关系，进入与物无对的无分别境界，性就不会被外物所迁，这就是定性。

程颢主张本心超越内外的区分，这样就能够"廓然而大公，

————————
① 朱熹：《四书章句集注》，《朱子全书》（第六册），第 362 页。

物来而顺应"。圣人的"无情"只是情感顺应于事物的自由发展，而不夹杂私我与计度；喜怒符合事物之理，也就保持了本心的自然呈现。这样，虽然酬酢万变，应物无穷，而心实未尝有动，只是"心普万物而无心"、"情顺万物而无情"。天地之为天地，圣人之为圣人，就在于能以大公之心随顺自然，从而能做到真正的定。由此看来，程颢所谓的"定""是说已成处"，[①]而并非从"下工夫处"而言。温伟耀认为，《定性书》中之"内外两忘"，必须理解为境界性的说法。在此最崇高境界中，道德生命的"实然"与"应然"融合为一，这种境界的描述，并不能作为实践工夫过程的指点。[②]这一观点对于解决张载与程颢的差异与会通很有帮助。

第二节　《横渠易说》成书考证

　　过往论著之所以没有从张、程关系的角度对《定性书》作研究，最重要的因素在于张载本人的信件已佚，无法对照。从关系角度进行研究难度确实大，但并不意味着不可能。要搭建张载与程颢对定性工夫讨论的大致语境与各自的思维路径，需要解决两个问题：一、确定张载写信的年代；二、确定张载在这一时期有没有著作，并从中获取相关信息。有幸的是这两点都可以做到，因此我们就可以大致建立一个张、程对话的语境。第一，张载给程颢写信的大体时间可以从程颢写《定性书》的时间做出

---

① 黎靖德编：《朱子语类》，第3210页。

② 温伟耀：《成圣之道——北宋二程修养功夫论研究》，第40页。

推断。①《定性书》大约写于 1059 年前后，程颢任鄠县主簿期间，那么张载的原信应该就写在这一时段内。第二，与这一时期对应，张载的著作有《横渠易说》传世。从《横渠易说》中我们可以考察张载所谓的"定性未能不动，犹累于外物"到底何所指，从而揭示张、程这次思想交流所引发的若干重要问题。为了便于张载和程颢思想的同期对比，不以张载后期成熟思想替代早年的思想，需要先确定《横渠易说》的版本和成书时间。

　　现今大陆通用的《张载集》（中华书局，1978 年版）中的《横渠易说》是点校者据《周易系辞精义》对《易说》进行大量补充而呈现出来的面貌。据学者考证，《张载集》编校者仅对《易说》中的《系辞》部分就补充了 38 条，有 27 条见于《正蒙》。② 依据《周易系辞精义》补充后的《易说》对于全面了解张载的《易》

① 目前学术界对程颢写《定性书》的时间基本上有三种看法：第一种认为是嘉祐三年作，参见管道中的《二程研究》，第 230 页；卢连章的《二程学谱》，第 6 页。第二种认为是嘉祐四年作，参见徐远和的《洛学源流》，第 21 页；钟彩均的《二程心性说析论》（载《中国文哲研究集刊》，创刊号），第 413 页。第三种看法不认定一个具体的时间，只提出一个大体的时间范围，如张永儁认为是在嘉祐三年之后作，《二程学管见》，第 5 页；牟宗三认为此书在明道二十七八岁时作较为可信，《心体与性体》（中），第 195 页。事实上，《定性书》所作的确切时间已无从考证，不确定具体时间而是确定大致范围的观点比较可取。原因在于：一、游酢《书行状后》记："逮先生之官（按：指任鄠县主簿），（横渠）犹以书抵扈，以定性未能不动致问。先生为破其疑，使内外动静道通为一。一读其书，可考而知也。"（《二程遗书》附录）二、《定性书》结尾处有"吏事匆匆"之语。这些都可以说明《定性书》是程颢担任鄠县主簿期间写的。因此，这里采用第三种看法。

② 胡元玲：《张载易学及道学研究》，"《横渠易说》的文献问题"一节。

学思想有所助益，但在《易说》的成书时间问题上却造成一定的混乱，以至于有的学者认为："《易说》中至少有一些部分是写成于《正蒙》中那些较为成熟的思想资料之后的。"① 显然，这样的判断是错误的。其实，最大的可能是《周易系辞精义》在编纂的过程中，从张载的《语录》、《理窟》、《正蒙》中作了摘录。② 由于《张载集》版的《横渠易说》将张载后期思想带入中期思想，可能造成张、程思想不具有可比性，所以本章涉及《横渠易说》的引文都采用林乐昌编校的《张子全书》的版本。③ 这一用意在于表明，《横渠易说》中的内容足以代表张载四十岁左右对"定性"问题的思考，这样与程颢思想相对照去分析，才更具有可比性、合理性。

　　《横渠易说》的成书大约在张载四十岁左右，毫无疑问是在《正蒙》之前。关于《易说》成于《正蒙》之前的例证很多，现在仅从以下两方面作简要说明。一方面，从学界的观点而言，学者们普遍认为《横渠易说》是张载早期的著作。例如：张岱年认为"《易说》开始写于讲易京师的时候，以后当有所增补，何时完成，没有记载，总之完成于撰写《正蒙》以前"。④ 朱伯崑认为

① 杨立华：《气本与神化》，北京大学出版社，2008年，第163页。
② 章锡琛整理点校的《张载集》，使用的校勘方法其中有一种是"他校"法，即依据他书（例如《周易系辞精义》等）校改本书，有违于校勘先用对校的原则。参见林乐昌编校：《张子全书》前言，第25页。
③ 流传下来的《横渠易说》有多种版本。林乐昌编校《张子全书》在选择版本的时候是"力求使用古本或善本"；校勘法主要采用对校，辅之以本校、他校、理校。
④ 辛冠洁等编：《中国古代哲学家评传》（卷三），齐鲁书社，1980年，第74页。

"《易说》为张载前期的解易的著作……《易说》中的许多观点，或收入《正蒙》中，或于《正蒙》中作了进一步发挥。"① 余敦康认为，"《横渠易说》是张载早期的易学著作，……实际上是一部读书笔记"。② 这就说明《易说》成于《正蒙》之前。从文献记载而言，据《行状》，熙宁九年（1076），张载"感异梦，忽以书属门人，乃集所立言，谓之《正蒙》"。《正蒙》是张载最后的立言所集，当然是在《横渠易说》之后。另一方面，从《横渠易说》与《正蒙》对照而言，一是《正蒙》中的用语比《横渠易说》更为简洁，例如《易说》"《乾》九三修辞立诚，非继日待旦如周公，不足以终其业"与"九四以阳居阴，故曰'在渊'，能不忘于跃，乃可免咎。'非为邪也'，终其义也"③ 合为《正蒙·大易》第 30 章，这说明《正蒙》是从《易说》精炼摘录。又如"正明不为日月之所眩，正观不为天地之所迁，正观、正明，是己以正而明日月、观天地也。为日月之明与天地变化所眩惑，故必己以正道观之。能如是，不越乎穷理，岂惟耳目所闻见！必从一德见其大源，至于尽处，则可以不惑也"④ 一句《正蒙·天道》中只保留"正明不为日月之所眩，正观不为天地之所迁"。可见《易说》复杂，《正蒙》简洁。二是《易说》中的观点在《正蒙》中有所改变，例如在"感之道不一：或以同而感，……或以异而应"⑤ 一句中，张载认为"感"

---

① 朱伯崑：《易学哲学史》（第二卷），华夏出版社，1995 年，第 257—258 页。

② 余敦康：《汉宋易学解读》，第 332 页。

③ 张载：《张子全书》，西北大学出版社，2015 年，第 115—116 页。

④ 张载：《张子全书》，第 225 页。

⑤ 张载：《张子全书》，第 159 页。

有"同感异感"之说，而在《正蒙·乾称》中则说"若非有异则无合"，这代表张载后期观点，表述更为清晰准确。由此可知，晚年成书的《正蒙》对早年《易说》的内容进行了拣择。这种拣择大体遵循三个原则：一是张载认为《易说》中仍然可以正确表达自己思想的，都保留在《正蒙》中；二是张载认为不完全正确的，进行修改放入《正蒙》；三是张载认为《易说》中不能正确表达思想的则不再放入《正蒙》。

大体来说，《易说》不是一步成书，约可分为两个阶段：第一阶段，京师讲《易》，可能已经形成初稿。熙宁二年（1056），张载（三十七岁）讲《易》京师，当时已经学有根底，其所依据的内容可能就是《易说》的初稿；加之当时听者很多，想必讲《易》已有自己的风格与特点。第二阶段，在初稿的基础上，编辑整理成为讲义。从《易说》的文字可以看到口语化的行文，如"造，成就也，或谓'造'为'至'义，亦可"，[①] 就很类似于讲稿，可以判定《易说》可能是讲义的整理稿。总之，《横渠易说》是在京师讲《易》的基础上，经进一步修改、补充、整理而形成。如果推断时间，大约成书于张载四十岁前后，也就是 1060 年左右，这与张、程书信来往的时间大致相符。所以，《易说》中的内容可以反映张载这一时期的观点。

第三节 《横渠易说》中"定"之内涵

解决了文献来源的问题，我们就可以试图搭建张、程定性

---

① 张载：《张子全书》，第 117 页。

问题讨论的基本框架。如果将《定性书》放在张、程学术互动的背景下来探讨，至少有以下几个问题需要进一步考察：一、张载所谓的"定"指的是什么？二、张载达到不为物累的具体途径或方法是什么？三、张载之"定"与程颢之"定"有什么差异与会通？

在《易说》中，没有看到"定性"（或者"定心"）的词语，直接涉及"定"的语句也并不多，不过《易说》中确实有"定"的内容。那么，怎样选择材料才能保证张载之"定"与程颢之"定"对应呢？基本依据是两个：一是直接依据，从程颢的答书中，抓住张载想要解决的关键问题，即如何做到不为外物所累，然后依据《易说》，找到张载所说如何不为外物所累的问题，这样就建立起沟通的第一条线索。二是间接依据，以《定性书》为参考，借助程颢所引用的经典语句，我们可以在《易说》中找到张载对这些经典的阐释，进行对照，然后探寻张载对"定"之问题的理解，这样，就建立起沟通的第二条线索。

最早提出定性观念的是《管子·内业》篇："是故圣人与时变而不化，从物而不移，能正能静，然后能定。""精想思之，宁念治之，严容畏敬，精将至定。""内静外敬，能反其性，性将大定"。在儒家早期经典中涉及定之问题的文献如下：《大学》有"定而后能静，静而后能虑"之语；《乐记》"人生而静，天之性也。感于物而动，性之欲也。物至知知，然后好恶形焉。好恶无节于内，知诱于外，不能反躬，天理灭矣"，也涉及定的问题；《孟子》中有"不动心"的讨论，也涉及定的问题；《易传》的艮、大畜卦也涉及定的问题。

　　张载所谓"定"的问题是否受《管子》、《孟子》、《乐记》的影响，文献不足，难下判断，[①]但受到《大学》与《易传》的影响则显而易见。《易说》有一段释文说："强学者往往心多好胜，必无心处一乃养也。定然后始有光明，惟能定己是光明矣。若常移易不定，何求光明。《易》大抵以艮为止，止乃光明。时止时行，'动静不失其时，其道光明'，'谦，天道下济而光明'，'天在山中，大畜，君子以刚健笃实辉光，日新其德'。定则自光明，故《大学》定而至于能虑。人心多则无由光明。"[②]这段注文显然是以《易传》与《大学》相互诠释的方式表达"定"与"光明"之间的关系。

　　以上所引材料只是涉及"定"，那么，张载所谓的"定"到底指什么？朱熹认为程颢的定性说的是定心。他曾说："'定性'字，说得也诧异。此'性'字，是个'心'字意。"[③]对程颢而言，定性即是定心，并没有什么差别。张载的定是定性还是定心，不好

---

① 张载的思想受《孟子》与《乐记》影响很大，但定的问题是否受其影响难下断语。韦政通认为，横渠定性说是否与此（指《管子》）有关，不得而知（《中国思想史》，第 785 页）。成中英认为，定性实际上是张载提出的问题，即定心（他表述为"定性"），说到底，这是孟子"不动心"（《二程本体哲学的根源与架构》，《南昌大学学报》（人社版），2003 年，第 1 期）。郭晓东认为，在《乐记》看来，"物之感人无穷，而人之好恶无节，则是物至而人化物也"，如此则丧失人的本然而导致天理消灭。要解决这一问题，一种最简单且最基本的思路就是，采取与万物相隔绝的手段来恢复此"天之性"的"定"，这应该说就是横渠的看法（《识仁与定性》，第 130 页）。

② 张载：《张子全书》，第 151 页。

③ 黎靖德编：《朱子语类》，第 3209 页。

确定。唐君毅认为，张载思想中原有"定性"这一问题，他说："依横渠说，人性本有虚而清通之神，以生感而有知之明，则存此神，即所以定性，故曰'存神其至矣'。其言'精义入神'之工夫，在仁之'敦化'之工夫之先，即以存此神之虚而清通，为人之上达天德之本。人能精义入神以达天德，乃有仁之敦化，以合天道。今欲恒存此虚而清通之神，以定性，即有'如何不为外物所累，以失其定静'之一问题。此'外物'由吾人闻见之知而知者，因恒与吾人之气之攻取之欲相连，即可以动性。故如何使性不为外物所累而不动，在横渠学中即为一真问题。"① 成中英认为，定性实际上是张载提出的问题，即定心（他表述为"定性"），说到底，这是孟子"不动心"，② 认为张载的"定性"说的就是"定心"。这两位先生的分析的确都有道理，但即便如此，我们对张载所谓的"定"都很难下一个断语，说成是"定性"，或者是"定心"。因为纵观《张载集》，我们都没有看到直接使用"定性"（或"定心"）的词语，③ 在《易说》中涉及"定"的地方多是与"心"连说，但程颢《定性书》中有"谕以定性未能不动"之说，又表明张载确实用过"定性"一词。所以，我们推测，张载所谓的"定性"只是他早期探索修养工夫的一种不成熟的说法（后来思想成熟，就不再使用），所谓"定"的工夫其实是兼心、性而言的，主要的

---

① 唐君毅：《中国哲学原论·原教篇》，第 84 页。

② 成中英：《二程本体哲学的根源与架构》，《南昌大学学报》（人社版），2003年第 1 期。

③ 在程颢《定性书》中，张载有"定性"之说，但在《张载集》中却找不到这一说法，这其中的原因也很值得探讨。

目的则是探讨人在应物时，如何做到"不为外物所累"。所以"不为物累"才是张载与程颢讨论的关键问题，我们可以从这一角度进一步理解张载所谓的"定"。以下通过文献的摘引试图对张载所谓"定"之内涵给予说明。

首先，直接言"定"的材料突出的有两则，一则是上文引过的：

> 强学者往往心多好胜，必无心处之乃养也。定然后始有光明，惟能定己是光明矣，若常移易不定，何求光明。

这是说以好胜之心求定不是正确的方法，必须去除这种刻意而为才是最好的。达到定之后就会进入明的境界，如果心思游移不定是谈不上光明的。在这句话中张载主要强调两个方面，一是定的方法是"无心"，二是定的境界是"光明"。另一则是：

> 心宁静于此，一向定叠，前纵有何事亦不恤也，休将闲细碎在思虑。《易》曰："何思何虑？天下殊涂而同归，一致而百虑。"天地之道，惟有日月、寒暑之往来，屈伸、动静两端而已。在我精义入神以致用，则细碎皆不能出其间，在于术内，已过、未来者，事著在心，毕竟何益！浮思游想尽去之，惟图向去，日新可也。"①

在这段文字中，对"宁"字的理解很重要，张载曾在《经学理

---

① 张载：《张子全书》，第 160 页。

窟·学大原下》解："宁者，无事也，只要行其所无事。"① 那么，"宁静"的意思就可以解释为让心境保持一种无事的清静自然的状态；"一向定叠"可以理解为一直很安定，"恤"与"思虑"对应，不恤就是不思虑之意。这段文字说明张载认为"定"的方法就是心要专注在一处，一切琐事细碎都不再去想，犹如天地之道，只是寒暑往来，自然而然。尽量做到"精义入神以致用"，凡事不著于心，才是可取的修炼之法。

其次，在《易说》中，言"不为物累"的有以下几则：

圣人惟于屈伸有感。能有屈伸，所以得天下之物，何用憧憧以思而求朋！大抵咸卦六爻皆以有应，不尽咸道，故君子欲得虚受人。能容以虚，受人之道也。苟晓屈伸，心尽安泰宽裕。盖为不与物校，待彼伸则己屈，然而屈时少，伸时多。假使乱亡横逆，亦犹屈少伸多，我尚何伤！日月、寒暑、往来，正以相屈伸，故不相害。尺蠖之屈以求伸，龙蛇之蛰以存身，又精义入神以致用，利用安身以崇德。②

静专动直，不为物累，则其动静有常，不牵制于物也。③

所以不眩惑者何？正以是本也。本立则不为闻见所转，其闻其见，须透彻所从来，乃不眩惑。此盖谓人以贞而观天地，明日月，一天下之动也。④

---

① 张载：《张载集》，第 283—284 页。

② 张载：《张子全书》，第 161 页。

③ 张载：《张子全书》，第 205 页。

④ 张载：《张子全书》，第 225 页。

为日月之明与天地变化所眩惑，故必己以正道观之。能如是，不越乎穷理，岂惟耳目所闻见！必从一德见其大源，至于尽处，则可以不惑也。存默识，实有信有此。苟不自信，则终为物役。[①]

这几则材料中的"不牵制于物"、"不为闻见所转"、"终为物役"，都与"不为物累"直接相关。综合起来概括，大体可以说，三则材料分别从正反两个方面在谈如何"不为物累"：正面讲得是怎样做就会不为物累，反面讲得是怎样做将为物累。不管是说"不与物校"、"动静有常"，还是说"正以是本"、"以正道观之"，这些工夫的总体思路仍然是要心做到随顺自然的一种状态。

再次，程颢在《定性书》中所引三句话，即《易传》中的"憧憧往来"、"艮其背"与《孟子》中的"恶其凿"是否为张载信中所涉及的内容，我们现在很难做出判断；但以此为线索，可以查找张载对这些内容的诠释，从而寻求与张载所谓的"定"相关的内容。有幸的是我们在《易说·系辞下》找到一段释文：

"何思何虑"，行其所无事而已。下文皆是一意。行其所无事，惟务崇德，但妄意有意即非行其所无事；行其所无事，则是意、必、固、我已绝。今天下无穷动静、情伪，止一屈申而已，在我先行其所无事，则复何事之有！日月、寒暑之往来，尺蠖之屈，龙蛇之蛰，莫非行其所无事，是以恶其凿也。百虑

---

① 张载：《张子全书》，第 225 页。

而一致,先得此一致之理,则何用百虑! 虑虽百,卒归乎理而已。此章"憧憧往来",要其有心,至于"德之盛也",率本此意。咸之九四,有应在初,思其朋,是感其心也。不言心而言心之事,不能虚以受人,乃憧憧而致其思,咸道失矣。"憧憧往来",心之往来也。不能虚以接物而有所系着,非行其所无事也。"精义入神",豫而已。学者求圣人之学以备所行之事,今日先撰次来日所行必要作事。如此,若事在一月前,则自一月前栽培挨排,则至是时有备。言前定,事前定,皆在于此积累,乃能有功。天下九经,自是行之者也,惟豫而已。撰次豫备,乃择义之精,若是,则何患乎物至事来! "精义入神"须从此去,豫则事无不备,备则用利,用利则身安。凡人应物无节,则往往自失,故要在利用安身,益以养德也。若"夫穷神知化",则是德之盛,故云"未之或知"。盖大则犹可勉而至,大而化则必熟,化,即达也。"精义入神,以致用",谓贯穿天下义理,有以待之,故可推用。穷神是穷尽其神也,入神是仅能入于神也。言入,如自外而入,义固有浅深。①

这段文字正好包涵了对"恶其凿"、"憧憧往来"等文字的诠释。这段文字大体有四点意思,第一,从"'何思何虑',行其所无事"到"是以恶其凿也",引用了《孟子·离娄下》"所恶于智者,为其凿也。如智者若禹之行水也,则无恶于智矣。禹之行水也,行其所无事也。如智者亦行其所无事,则智亦大矣",与程颢在

---

① 张载:《张子全书》,第 230—231 页。

《定性书》中所引是同一内容。张载所谓的"行其所无事"就是没有一丝一毫的妄意（"恶其凿"），就是"意、必、固、我已绝"的状态。这种状态实质上就是指随顺自然的状态。第二，张载诠释《咸》之九四是"憧憧往来，心之往来也；不能虚以接物而有所系着，非行其所无事也"，这表明张载所谓不系着于物的方法是以虚怀如谷的胸怀接纳万物，能接纳万物就无所谓物累，也就是行其所无事。第三，再次涉及"不为物扰"的方法是要做到"精义入神"。这三点内容都与"定"或是"不为物累"的问题相关。第四点是对"入神"与"穷神"所达到的深浅程度作了区别：大体而言，"入神"是对"神"有初步的体悟，"穷神"则是对"神"有完全透彻的把握。由于后续要对张载与程颢的工夫进行对照，所以在这里有必要对张载的"精义入神"作进一步介绍。在这段释文中，张载具体地、细致地解释如何做到精义入神，非常具有可操作性。他说"精义入神，豫而已"，也就是说做到"豫"就达到了"精义入神"的程度。那"豫"指什么呢？"豫者，见事于未萌。"[1] 简单地说就是，对还没有发生的事有先见之明。而一个人能有先见之明的前提就是"备"，这里的"备"是"有备无患"之"备"，而备的方法在于积累。反过来说，由积累达到备，由备而豫，由豫而精义入神。概言之，"精义"是指对义理的掌握达到极其精微的程度，入神就是由于精义而达到对"道体"本身的体悟与把握。能够达到精义入神，则物至事来都会应物有节。

---

① 张载：《张子全书》，第 231 页。

通过以上的分析，我们可以看出，张载之"定"确实与解决"不为物累"紧密联系，"定"之工夫的内涵包括"行其所无事"、"虚以接物"、"精义入神"等内容，其达到的境界可以用"光明"来概括。

第四节 张载、程颢"定性"工夫之比较

一、张载与程颢"定性"工夫之差异与会通

如果将张载《易说》中涉及的工夫与程颢《定性书》中所说的工夫进行具体比较，则会发现张、程有异有通。张载与程颢探讨所谓的定性问题，主要是探求在修养工夫中应物时如何做到不被外物所累。从大体上来说，张、程的不同之处是在工夫的路径与方法上，而相通之处则在于达到圣人阶段所呈现的境界。

就《定性书》而言，程颢的工夫路径是从本然的"无内外"的角度以圆顿的方式达到定（明）的境界，而张载则是从实然的"合内外"的角度，通过积累与渐进的修为方式达到定（明）的境界。① 程颢所谓"内外两忘"是要消除内外对待这种"观物"之法，以做到"物来顺应"；而张载采用的是"虚以接物"，通过"精义"与开阔心胸的方法以接应万事万物，做到"不为物累"。程颢着重在去除"自私与用智"，做"廓然大公"的工夫；而张载则是由积累达到备、豫，做"精义入神"的工夫。张载去除自私

---

① 唐君毅认为，张载的合内外工夫，是由次第工夫而至，人先有在内或对外之工夫，然后方有合内外。而程颢为学以内外两忘为工夫，不须先分内外，而达到澄然无事之境（《中国哲学原论·原教篇》，第86页）。

的方法是"以理义战退私己"，^①而程颢以"内外两忘"达到无私
的状态。这些都体现张、程工夫的路径确实不同。然而，他们通
过各自的进路所达到的境界——"明"则是一致的，用程颢的话
表达就是"两忘则澄然无事矣。无事则定，定则明，明则尚何应
物之为累哉"，用张载的话表达就是"撰次豫备，乃择义之精，若
是，则何患乎物至事来"。

　　为了进一步对照说明张载、程颢在修为次第与境界方面的
差异，这里有必要对张载在《易说》中的工夫理论作简单介绍。
在工夫论方面，张载反复强调修为工夫的阶段性（渐进性），最
具代表性的一段话是：

> "精义入神"，"利用安身"，此大人之事。大人之事，则
> 在思勉力行，可以扩而至之；"未之或知"以上事，是圣人德
> 盛自致，非思勉可得，犹大而化之。大则人为可勉也。化则
> 待利用安身以崇德，然后德盛仁熟，自然而致也，故曰"穷神
> 知化，德之盛也"。自是别隔为一节。^②

张载认为大人（相当于贤人）与圣人是修为的两个阶段，达到
这两个阶段所做的工夫与所处的境界都不同。"精义入神"是达
到大人阶段的表现，在这一阶段，思勉力行是主要工夫，主体自
身的努力在这个阶段确实很重要；"穷神知化"是达到圣人阶段
的表现，在这一阶段，任何人为的努力都要去除，只在"化"与

---

① 张载：《张子全书》，第 164 页。
② 张载：《张子全书》，第 231 页。

"熟"。

这里有一个细节问题需要特别说明,即张载所说的"定性"与完全去除物累实质上是有区别的。定性只是工夫第一阶段的成果,即"性"因摆脱部分物累而暂时得以呈现,但是仍没能完全摆脱外部世界的干扰。张载在《正蒙》中明确说:"有心为之,虽善皆意也。正己而物正,大人也;正己而正物,犹不免有意之累也。有意为善,利之也,假之也;无意为善,性之也,由之也。"① 即使到了能够"正己正物"的大人境界,也不免有意之累,这是说只有进入圣人境界才能完全没有意、必、固、我。完全去除物累则是工夫的最终成果、最高境界。从以上引文可知,能完全做到不为物累,随顺自然,是圣人境界。

事实上,在"本然之性"完全呈现的过程中,如何面对外部世界与人自身需求而做到不为物累,是修行过程中一项从始到终都须做的工夫。明确这一点,对于理解张载与程颢工夫论中的异同有极大帮助。

以两阶段工夫论而言,张载所谓"定"的工夫,是学者到大人阶段所做的工夫。张载所谓的强学、力行、勉勉都是这一阶段在"为学日益"的层面所需要的积累与培育。如果在"为道日损"的层面,张载主张的是"虚以接物"(后来他表述为"虚心"),也可说是无意、必、固、我(与程颢主张的"忘"大体一致)。这也就是张载后来所谓的"合内外"的工夫。而程颢的工夫论始终处于一种圆融的状态,没有明确的阶段划分。因此一般说来,张、

---

① 张载:《张载集》,第 28 页。

程的差异主要表现在张载所谓的大人阶段；而大人到圣人阶段，张载所说的"化"与"熟"与程颢表达的圆融状态基本一致。如果达到圣人阶段，张、程的观点基本没有多大差别，程颢所谓的无内外、一动静、过而不有等等，在张载的工夫论中都表达的是圣人境界：圣人"其心既体万物不遗，即已是合内外"，[①]也就是无内外，二者一致。

二、"以程解张"出现之误读

既然张载与程颢的"定性"工夫论既有差异又有会通，那么这里就有一个问题需要继续追问，即长期以来为什么对《定性书》的研究，很多学者是凸显张载与程颢思想的不同？这与我们通过文献对照得出的结论存在很大差距。追溯原因，根本原因在于，研究者仅以程颢的思路揣度或臆断张载的想法，而不考虑张载说什么、怎么说，因此，基本是在"以程解张"。"以程解张"的诠释模式带来的是似是而非，处处扞格。例如，在《定性书》中，程颢所说"无将迎"、"以有为为应迹"都是意在说明应物的原则是"无所滞留"。依照程颢的观点推测，似乎张载应物的方法就是"有所滞留"，而事实上，恰恰相反。在《易说》中张载说过"过而不有，不凝滞于心"，[②]与"无将迎"的意思相合；"所应皆善应，过则所存者复神"，[③]恰是讲得"以有为为应迹"。再如程颢说"以恶外物之心"之类，似乎反衬说张载的做法是"恶外物"。

---

① 唐君毅：《中国哲学原论·原教篇》，第 86 页。

② 张载：《张子全书》，第 212 页。

③ 张载：《张子全书》，第 231 页。

而张载说过：《易》语天地阴阳，情伪至隐赜而不可恶也。诸子驰骋说辞，穷高极幽，而知德者厌其言。"① 正说明张载不但不是"恶外物"，而且反对诸子"恶外物"。在"定性"问题上，有学者"以程解张"，出现了若干误读之处，下面以郭晓东的《识仁与定性》为例以示说明。

第一则，他认为："采取与万物相隔绝的手段来恢复此'天之性'的定，这应该说就是横渠的看法。"② 此说就相当不妥，确切地说，这只是推测出的张载的看法，而并非张载本人的意思。因为张载明确地说过："君子何尝不接物？人则见君子闲坐独处，不知君子接物在其中。"③ 可见，张载并不是以与万物隔绝的手段来做到"定"的。第二则，他说："根据伊川的说法，'畜止'之义与'艮止'不同：'畜止者，制畜之义，力止之也；艮止者，安止之义，止其所也。'（《伊川易传·艮》）制畜力止，并不是其本来能止，而只是强行止之，这有点类似于横渠所说的'定'。"④ 这又是将程颐的思想与张载的思想作不恰当的比附。张载在解《艮》卦之时明确说："'时止则止，时行则行，动静不失其时，其道光明'，学者必时其动静，则其道乃不蔽昧而明白。"⑤ 解《大畜》时说："必无心处一乃养也。"⑥ 可见，在解卦的内容中，张载

---

① 张载：《张子全书》，第 214 页。

② 郭晓东：《识仁与定性》，第 130 页。

③ 张载：《张子全书》，第 231 页。

④ 郭晓东：《识仁与定性》，第 135 页。

⑤ 张载：《张子全书》，第 188 页。

⑥ 张载：《张子全书》，第 151 页。

并没有"强行止之"之意。这两例旨在说明"以程解张"就会出现理解上的失误，在阐释中必然出问题。此法不可取。[①]

　　通过搭建起来的张、程沟通的语境，我们可以试着这样来理解，程颢在《定性书》中所表达的思想可能是程颢对张载思想"和而不同"的表现。其实，程颢答书的第一段文字"此贤者虑之熟矣，尚何俟小子之言！然尝思之矣，敢贡其说于左右"，放下谦虚的成分不说，从中我们大体可以揣度出，程颢认为张载考虑"不为物累"这一问题已经比较成熟，不需要等待他的说法；只是程颢觉得自己与张载的观点存在差异，所以回信表述了自己的观点。由此可知，张载给程颢写信，主要是想征求程颢在"定性"问题上的看法，想必是为了拓宽工夫路径的视阈，而不是让程颢教自己如何做到"定性"。程颢的表述并不像后世学者所理解的那样，《定性书》是程颢对张载不懂"定性"的批判。例如劳思光认为"在工夫问题上，明道曾直指张氏之病痛"，[②] 意在说明程颢对张载定性批评是正确的。犹如丁为祥认为《定性书》"作为张载不理解'定性'的证明而存在"。[③] 如果放到沟通的语境中，张、程会通之处显而易见。例如，张载主张的"虚以接物"，与程颢的"物来顺应"基本是一致的；又如，张载所谓的"精义入神"与程颢的"廓然大公"大体是一致的；再如，程颢所说的"天地之常，以其心普万物而

---

① 唐君毅认为，不可以据程颢《定性书》的意思"薄横渠之见"。见《中国哲学原论·原教篇》，第 86 页。

② 劳思光：《新编中国哲学史》（卷三上），第 38 页。

③ 丁为祥：《虚气相即》，第 228 页。

无心；圣人之常，以其情顺万事而无情"，与张载所说"上天之
载，有感必通，天体物不遗，圣人之神惟天，故能周万物而知"
相合。①

　　每个思想家都有自己特定的考虑问题之思路，我们在研究
他们的思想时，如果不深入他们自身思想体系中，而是以他人的
思路解读思想家本人的思想，则很难避免误读的现象。唐君毅
认为："并世之人，各自为学，各有其道。"② 钱穆告诫说：学者当
对张、程之学"各各分别而观，则自得各家之真相也"。③ 这些都
是在强调研究张、程思想一定得从他们自身思想体系出发，才能
真正把握其思想精髓。这一至理，对于解读张、程思想关系至关
重要。

　　最后，对张载著作不言"定性"略作探讨。"定性"的问题
是张载提出的，但在《易说》中，张载不言定性，在《张载集》中
张载多言"成性"，而且成性思想在其晚年的《正蒙》中依然保留
着。这其中的原委到底如何，确实是个值得考证的问题，但是由
于材料缺乏，我们很难做出判定。这里只能作一些简单推测，以
推进此问题的进一步研究。第一，"定性"一词可能只是张载早
期与程颢讨论工夫修养时所用的一个词，而并非他一贯的主张。
早年思想不完全成熟，对词语的斟酌使用不够精准，由此引起程
颢对他的反驳；加之这一词语不能完全准确地表达张载的思想，

①　参见唐君毅：《中国哲学原论·原教篇》，第86页。

②　唐君毅：《中国哲学原论·原教篇》，第80页。

③　钱穆：《中国思想史论丛》（五），第99页。

所以张载不再使用。[①] 二、张载在建构儒学体系的初始阶段就有强烈的抗衡佛教的意识，而"定"是佛教各宗派最基本的修行方法（戒、定、慧）之一，佛教对"定"的探索与阐释也是对治不为外境所扰动、保持内心安定的修持方法。或许张载为了避免与佛教"禅定"一语相似，放弃"定性"一语，而采取儒家语境中的其他词语，这也应该是情理之中的事情。

第五节　张载、程颢"定性"工夫讨论之意义

如果仅从程颢的角度说明《定性书》的意义，那么，《定性书》无疑奠定了程颢的思想基础。[②] 但如果从张、程思想关系的角度看待《定性书》，则意义尚不止这一点，至少还有以下三点。

一、理学两种工夫路径之呈现

从《定性书》中我们可以看出，张载虽然以"定性未能不动"提问，但问题的重心却落在如何做到"不为外物所累"。张载的这一提问抓住了修养工夫中最为关键而且棘手的问题，由于人生存的环境以及人的需求和欲望，人的常态就是为外物所

① 丁为祥认为张载受程颢《定性书》之影响，不讲定性，而讲成性。参见《虚气相即》，第228页。此说不完全正确。张载不用定性一词，可能受到程颢误读张载思想的影响；但就工夫论的角度而言，张载所谓的定是学者向大人阶段迈进需要做的工夫，而成性是大人向圣人阶段迈进需要做的工夫。定性与成性是工夫的两个不同阶段，所以，即便张载讲"定性"也与"成性"不是一个概念，不在同一层次。所以成性工夫不能代替定性工夫。

② 郭晓东认为："《定性书》所表现出的思想，实已奠定了明道整个思想之基础。"参见《识仁与定性》，第141页。

累，所以如何摆脱物累正是学者们在工夫修为时普遍遇到的难题，不独儒者使然，包括佛、道，概莫能外。而佛、道对这一问题已有探索，并形成各自完整的工夫路径，简单地大致来概括，佛教的方式是修"禅定"，道教（家）的方式是修"主静"。那么对于北宋的儒者来说，这个问题在修养工夫中需要首先面对与解决，那么采取怎样具体的方法与途径去解决，这需要儒者通过亲身践履去探索，来得出答案。正是在这样的需求下，张载提出了所谓的"定性"问题。程颢的答复并没有沿着张载的路径去解决问题，而是另辟蹊径。这也意味着程颢没有解决张载的问题。①在张载的思维框架中，本有实然的内外之分，工夫的目的就是解决如何不为物累，从而达到内外合一的境界。而程颢却从本然的"无内外"的角度作答，以一种圆融的方式直接进入内外合一的境界。《定性书》与其说是程颢答复张载提问，不如说是程颢在张载提问的推动下，借以表达自己对工夫路径的思考。既然如此，也就意味程颢与张载的工夫路径不同。如前所述，张载并不是让程颢教自己如何做到定性，只是想征求程颢在定性问题上的看法，张载本人没有按照程颢提供的方法去实践，而是通过

---

① 韦政通认为，程颢的《定性书》是针对张载"定性未能不动，犹累于外物"而发，张载所谈的是工夫中的问题，而程颢则说："所谓定者，动亦定，静亦定，无将迎，无内外。"又说："且以性为随物于外，则当其在外时，何者为在内？是有意于绝外诱，而不知性之无内外也。"性无内外，是从境界上说，可谓答非所问。若就工夫说，程颢的"当其在外时，何者在内"的反问是不当的。参见《中国思想史》，第 783 页。丁为祥认为，程颢的回答对张载来说"无异于说只有定于性才能定于性……对张载却没有实际意义"。参见《虚气相即》，第 226 页。

自己的亲身践履探索了一条符合自身的工夫路径。这样，在工夫论方面，张、程呈现出两种相异的修养方式。这就是说，虽然程颢并没有从张载的角度回答张载的提问，但是二者的讨论却开启了新儒学工夫论中两条各具深度却风格各异的工夫路径，张载属于渐进式，程颢属于圆融式。

二、为以儒家之"止"代替佛教之"定"打下基础

张、程在探讨"定"的工夫时，主动将"定与感"、"定与止"联系起来，就是以儒家的方式，即在肯定现实世界的基础上，来探讨应物的原则以及不为物累的方法。他们以尽量区别于佛、道的方式，建立儒家的工夫论。张、程都将定与感联系起来，意在说明儒家对现实世界的肯定。佛教以外物为幻，其所谓的"定"可以通过摈弃外物而做到不累于外物；而儒家的定，一定是感外物而不累于外物。这就是张、程将定与感联系起来互相诠释的主要原因。例如：张载在对《咸》卦象辞的阐释中说："圣人惟于屈伸有感，能有屈伸，所以得天下之物……故君子欲得虚受人，能容以虚，受人之道也。苟晓屈伸，心尽安泰宽裕，盖为不与物校。"这一段将儒家圣贤应物却不累于物说得很明白。张载还批评恶外物的做法，他说："《易》语天地阴阳，情伪至隐赜而不可恶也。"程颢在解释《咸》卦之九四爻辞时也把定与感联系起来，就是说不能离感而言定，在感中自有贞定之理，只要不从"自家躯壳起意"，不受私己之累，则心是本然之心，情是本然之情，所以儒家圣人能"普万物而无心"，"顺万物而无情"，应物却不累于物。程颢说："廓然大公则无事，无事则定，定则明。"张

载也说："大抵止乃有光明,艮曰'时止则止,时行则行,其道光明',形则著,著则明,必能止则有光明。""光明"就是达到定之后的境界,光明与止的关系就转变为定与止的关系。这就为以"止"代"定"奠定了基础。

以"止"代"定"的任务是由程颐完成的。他将定与止的关系作了如下区别:"释氏多言定,圣人便言止。且如物之好,须道是好;物之恶,须道是恶。物自好恶,关我这里甚事?若说道我只是定,更无所为,然物之好恶,亦自在里。故圣人只言止。所谓止,如人君止于仁,人臣止于敬之类是也。"①佛教的"定","总的指向是体认'空寂',努力在心境中排除外物,是'忘',是无任何社会实践行为的纯粹的精神过程。而儒家的'止',则是人、物各自性分的实现过程,特别是就人来说,更是伦理道德的实践过程"。②在工夫论的语言运用上,最终程颐用儒家的"止"代替了佛教的"定"。而后来对"止"与"定"的使用也成为区别儒、佛的标志。

三、为学者们提供"入德之途"

张载的工夫论以阶段性(渐进性)为特征,程颢的工夫论以圆融性(无明显阶段性)为特征,它们体现出来的风格不同,给不同的人提供了不同的工夫修为路径。一般说来,渐进性的工夫路径适合普通慧根之人,而圆融性的工夫路径适合高慧根之人。程颢在十岁时就能作出"中心如自固,外物岂能迁"的诗

---

① 程颢、程颐:《二程集》,第201页。

② 崔大华:《儒学引论》,人民出版社,2001年,第443页。

句,可知其乃"天生完器"。程颢这种廓然大公的工夫是将工夫
与本体合二为一,他提出"性无内外"之说,确实是"造道精微"
之表现,其可与佛教禅宗慧能的"顿修"方式相媲美。这种修为
方式对于天资高者,自能契入,但对于天资不足者,确实存在难
于下手的问题。[①]世间之人,天生完器毕竟是极少数,而大多数
人乃是普通根器,对于这样的人,张载的修为工夫理论则比较
具体可行,容易入手,其又可与佛教禅宗神秀的"渐修"相媲美。
当然,容易入手并不意味着容易修成,相反,这种工夫路径修炼
起来更需要艰苦卓绝的努力。

　　道学初创时期,工夫论的探索非常重要。张、程的四次论学
中,除了京师论《易》因文献不足,无法确定是否涉及工夫的讨
论之外,其他三次,工夫的讨论都占有重要的地位,这一方面显
示了张、程从工夫着手重建儒学的努力,另一方面显示了工夫论
在儒学体系的重构中是当务之急的重要内容。张、程当年立志
求道,却不得不出入佛、老,就是因为儒家经典没有给人们提供
具体、明确、有效的"入圣之途",学者们不得不从佛、老的经典
中吸取精华。因此,张、程对重构儒家工夫论有真实的迫切感。
在当时,佛、老的诱惑力,不仅来自于精深细密的理论,更重要
的是他们给人们提供了具体的成佛、成仙的修为路径,而且在现
实生活中,高僧大德们又以自己的亲身实践在验证着这些理论,
他们通过修行所呈现出来的工夫和气象,或许比理论本身更具

---

① 唐君毅认为,程颢的工夫论"非易事"、"非天资高者不能为"。参见《中国哲
　学原论·原教篇》,第86页。丁为祥认为,程颢立论高妙圆融,"让人不知入
　手处"。参见《虚气相即》,第229页。

吸引力和说服力。而对于儒学来说，必须解决如何成贤成圣的问题，这意味着，一是必须给不同的学者提供具体有效的修为途径；二是必须有通过这样的修为途径而达到大贤大德境界的儒者。也就是说，儒者必须通过自己的亲身实践来证明自己理论的正确性，只有这样，才能让生活在现实世界的人们看到"名教之乐"；只有这样，学者们才可能信从儒学；也只有这样，儒学与佛、老抗衡才能从主张真正变为现实，儒学的复兴才能从根本上得以实现。

张、程从自己的实际出发，以不同的进路为儒学提供了两条各具特色的"入德之途"，而且他们通过自己的亲身实践验证了自己理论的正确性。程颢"天生完器"，通过不断的涵养，达到大贤的境界；张载"大器晚成"，通过艰苦卓绝的工夫，同样达到大贤的境界。这两条工夫路径各有所长，张载是分解地讲，显得细密；程颢是圆融地讲，显得精微。

当然，定性问题的讨论只是张载、程颢关于工夫讨论的初步体现。任何理论都不可能一蹴而就，所以张、程的工夫思想必然会随着时间的推移与实践的需要不断地进行种种补充与完善，以便使各自的工夫论变得更加精深细密。[①]

张载和程颢所提供的这些工夫都不是学者们轻易可以做到的，所以后来张、程的弟子们对于如何去除"思虑纷扰"与摆脱"物累"同样存在很大困惑，他们不断地向老师请教，而张、程不断地去解答，这就进一步促成张、程工夫理论的成熟。

----

① 唐君毅认为，《定性书》"尚可有种种补充"。参见《中国哲学原论·原教篇》，第86页。

第三章 第三次论学:"虚无即气"与"勿忘勿助"(1069—1070)

程颢在地方任官期间的政绩大大提高了他在政界的声望,在宋英宗治平四年(1067)改任著作佐郎,由地方上调到中央。宋神宗熙宁元年(1068),程颢向神宗上《请修学校尊师儒取士札子》,提倡进一步发展儒学,重用道德之儒。熙宁二年(1069)二月,宋神宗启用王安石进行变法,广招天下贤士,程颢等被调任三司条例司属官。此间,张载在御史中丞吕公著的举荐下,也被召入朝,并被任命为崇文院校书。张载、程颢再一次汇聚京师,他们又有机会可以当面论学。据程颐所说,"况十八叔、大哥皆在京师,相见且请熟议,异日当请闻之"。十八叔指的是张载之弟张戬,大哥指程颢,可知张载、张戬、程颢此间都在京师,并且三人对道学中的一些问题已有讨论,但却有"议而未合"之处。程颐当时不在京师,随父在汉州,于是张载写信给在汉州的程颐继续论学。程颐作了《答横渠先生书》(以下简称《答书》),因意犹未尽,又作了《再答》。这是张、程第三次学术交往留下的主要文献。"虚无即气"之论是在程颐《答书》中讨论的主要问题,它涉及的是张载宇宙论哲学的一个重要命题。

第一节 "虚无即气"之论

《答书》中涉及的是张载关于"知太虚即气,则无无"的命题,原文是:"观吾叔之见,至正而谨严。如'虚无即气则无无'之语,深探远赜,岂后世学者所尝虑及也?（然此语未能无过。）"[1] 此信写于熙宁三年（1070）,当时张载五十一岁,程颐三十八岁。

一、"虚无即气"之由来

由于原信已佚,我们无从知道张载去信的具体内容,不过在《易说》与《正蒙》中都涉及了这个命题。也就是说"虚无即气则无无"是张载通过长期的易学研究所提炼出的一个重要命题。《易说》中的原文是:"气之聚散于太虚,犹冰凝释于水,知太虚即气,神变易而已。诸子浅妄,有有无之分,非穷理之学也。"[2] 而《正蒙》中的原句则是:"气之聚散于太虚,犹冰凝释于水,知太虚即气,则无无。故圣人语性与天道之极,尽于参伍之神变易而已。诸子浅妄,有有无之分,非穷理之学也。"[3] 对比这三句,可以看到从《易说》、《答书》到《正蒙》,张载对这一命题的表述越来越清晰明确,这与张载思想的不断成熟是一致的。三则引文所表达的思想大体一致,用"气之聚散于太虚,犹冰凝释于水"来比

---

① 程颢、程颐:《二程集》,第596页。

② 张载:《张子全书》,第218页。

③ 张载:《张载集》,第8—9页。

喻"太虚（虚无）即气"，这一命题主要针对的是主张"有有无之分"的诸子之说；不同之处只是用语的斟酌与精准而已。《正蒙》中另外有两处表达"太虚即气"的思想，一处是"太虚不能无气，气不能不聚而为万物，万物不能不散而为太虚"，[①]另一处是"知虚空即气，则有无、隐显、神化、性命通一无二，顾聚散、出入、形不形，能推本所从来，则深于《易》者也"。[②]这都是在进一步强调太虚与气相即不离的关系。张载精心提炼出"太虚即气"这一命题，有很强的针对性。从《正蒙》三句引文可知，每次说到"太虚即气"之后，张载都会紧接着对佛、老进行批驳。如第一句他批评说："诸子浅妄，有有无之分，非穷理之学也。"第二句说："循是出入，是皆不得已而然也。然则圣人尽道其间，兼体而不累者，存神其至矣。彼语寂灭者往而不反，徇生执有者物而不化，二者虽有间矣，以言乎失道则均焉。"[③]第三句说："若谓虚能生气，则虚无穷，气有限，体用殊绝，入老氏'有生于无'自然之论，不识所谓有无混一之常；若谓万象为太虚中所见之物，则物与虚不相资，形自形，性自性，形性、天人不相待而有，陷于浮屠以山河大地为见病之说。此道不明，正由懵者略知体虚空为性，不知本天道为用，反以人见之小因缘天地。明有不尽，则诬世界乾坤为幻化。幽明不能举其要，遂躐等妄意而然。不悟一阴一阳范围天地、通乎昼夜、三极大中之矩，遂使儒、佛、老、庄混然一途。语天道性命者，不

---

① 张载：《张载集》，第7页。

② 张载：《张载集》，第8页。

③ 张载：《张载集》，第7页。

囿于恍惚梦幻,则定以'有生于无',为穷高极微之论。入德之途,不知择术而求,多见其蔽于诐而陷于淫矣。"① 这些都说明,张载提炼出"太虚即气"这一命题就是为了在与佛、老思想相抗衡的同时构筑儒家的宇宙论哲学。张载走入儒学建构的"向上一路",问题意识相当明确,就是借助佛、老思想,深入挖掘儒家经典之蕴意,为儒学建立起能够与佛、老相抗衡的本体论、心性论、工夫论。而"太虚即气"则是张载为了解决超越层面与现实层面关系问题,所形成的宇宙论哲学的核心命题。

二、张载"虚气关系"略论

为了更准确地理解张载"太虚即气"这一命题,我们必须将其放在张载宇宙论哲学的整体思维框架中进行分析。关于张载宇宙论哲学的研究,在学界存在很大争议。② 争议的主要原因在于缺乏统一、有效的诠释方法。如果想清晰明确地阐释张载的思想,必须借助有效的方法论。目前,学界越来越倾向于运用"两层结构的宇宙论哲学"诠释宋明理学家的宇宙论思想,从目前

① 张载:《张载集》,第 8 页。

② 在张载哲学思想中,宇宙论哲学(主要指虚气关系)一直是学界研究与争论的焦点问题。这一问题不仅关系到对张载哲学的定位,而且关系到对张载整体哲学思想的理解与把握。关于张载宇宙论哲学,概括起来有三种观点:一是气本论,二是虚气二元论,三是太虚本体论。在大陆,以冯友兰、张岱年、陈俊民、陈来为代表,主张气本论;以侯外庐等为代表,主张虚气二元论;以林乐昌、丁为祥、汤勤福为代表,主张太虚本体论。在港台,以劳思光为代表,主张气本论;以钱穆、牟宗三为代表,主张太虚本体论。另外,主张太虚本体论的学者,对太虚与气的关系到底如何,也依然存在分歧。归结起来,(转下页)

研究来看，这一方法可以有效说明问题。"两层结构的宇宙论哲学"简单地说就是指宇宙论哲学包括宇宙生成论和宇宙本体论两个层面，本体论是确立本源的至高无上的地位，生成论是说明现实世界的构成、运动、变化、结构等内在机制；二者构成统一体，但却是缺一不可的两个层面。这一理论，最早起源于二十世纪三十年代，当时汤用彤用"宇宙论"和"本体论"指称两汉儒学和魏晋玄学。他认为汉唐时期中国哲学只达到宇宙生成论的水平，而魏晋玄学则使中国哲学上升到宇宙本体论的层次。他在比较魏晋玄学本体论与汉儒元气宇宙论的区别时指出，魏晋本体论的突出特点是不以"无形之元气"界说本体，不谈"宇宙之构造"、"万物之孕成"，直接"为本体之体会"；是"舍物象，超时空"，"研究天地万物之真际"。[①] 二十世纪八九十年代之后，使用这一理论的学者越来越多，蒙培元认为："先秦哲学提出了宇宙论和本体论的初步模式，两汉哲学基本上属于宇宙论，魏晋玄学和隋唐佛学基本上属于本体论，理学则是二者的结合，建立

（接上页）争论的关键在于对张载"虚气关系"的理解不同，主要集中在两个问题，一是太虚究竟是不是气，二是太虚与气的关系到底如何。而要对这些问题做出符合张载思想体系的判断，则必须借助有效的诠释方法。[参见冯友兰《中国哲学史新编》（卷五），张岱年《中国哲学大纲》，陈俊民《张载哲学思想及关学学派》，陈来《宋明理学》，侯外庐《中国思想通史》；林乐昌《20世纪张载哲学研究的主要趋向反思》，丁为祥《虚气相即——张载哲学体系及其定位》，汤勤福《太虚非气：张载太虚与气之关系新说》；劳思光《新编中国哲学史》（卷三上）；钱穆《中国学术思想史论丛》（卷五），牟宗三《宋明理学的问题与发展》。]

① 汤用彤：《魏晋玄学论稿》，上海世纪出版社，2005年，第39页。

了系统的宇宙本体论哲学。"①陈来在《朱子哲学研究》一书中运用宇宙论哲学的两层结构有效地说明了"理气相分"与"理气不离"的问题。②金春峰在《中国哲学之与"两个世界"》一文中认为,从孔子的天人关系,到宋明理学的理气关系等,都可以认为是两个世界的关系,即形上超越世界与形下现实世界的关系。③林乐昌在《张载两层结构的宇宙论哲学探微》一文中指出,周敦颐、张载、朱熹的宇宙论哲学都具有两层结构,虽然他们三人所使用的本体概念不同,分别为无极、太虚、天理,但宇宙论哲学的基本模式则是一致的,都具有宇宙本体论和宇宙生成论两个层次。④余英时认为,宋明理学也存在两个世界,思想家们用不同的语言表达这两个世界。⑤这些都说明到宋代,儒者已自觉地把宇宙论与本体论融为一体,构建一种既包括宇宙本体内容,又包括宇宙生成内容的新型宇宙论哲学。张载为儒家重建宇宙论哲学的努力,正是反映了这种趋势。

　　理解张载的宇宙论哲学,首先需要对张载的"太虚"观作总体考察。王植说:"'太虚'二字,是看《正蒙》入手关头。于此得解,以下迎刃而解矣。"⑥"太虚"简称"虚",⑦是张载哲学的根

① 蒙培元:《理学范畴系统》,第1页。
② 陈来:《朱子哲学研究》,华东师范大学出版社,2000年,第75—97页。
③ 金春峰:《中国哲学之与"两个世界"》,《湖南大学学报》(社科版),2006年第3期。
④ 林乐昌:《张载两层结构的宇宙论哲学探微》,《中国哲学史》,2008年第4期。
⑤ 余英时:《士与中国文化》,上海人民出版社,2009年,第427页。
⑥ 王植:《正蒙初义》(文渊阁四库全书影印本697册),台湾商务印书馆,1983年,第420页。
⑦ 太虚是道家的用语,最早源出于《庄子·知北游》:"不过乎昆仑,不游（转下页）

本概念,太虚与气的基本命题,贯穿张载哲学始终,衍生出其它重要哲学概念与命题。纵观《张载集》,张载的太虚观大体可以概括为以下六方面内容:第一,虚气关系;第二,对太虚的描述;第三,与实相对之虚,有些涉及具体事物,有些涉及虚气关系;第四,无限宇宙空间;第五,道德根据;第六,修养工夫,主要指通过"虚心"来实现本体的要求。这六方面除"虚心"是涉及修养工夫之外,其它都与宇宙论哲学有关。如果概括地说都可包括在"虚气关系"中。

(接上页)乎太虚。"此处太虚大体指无限宇宙。《黄帝内经·素问》有"太虚寥廓,肇基化元,万物资始,五运终天",将太虚与天联系起来。在《淮南子·天文训》中,"道始于虚霩,虚霩生宇宙,宇宙生气,气有涯垠,清阳者薄靡而为天,重浊者凝滞而为地",太虚则有了先于气的世界本源的意思。张湛《列子注·汤问》说:"夫含万物者,天地;容天地者,太虚也。"认为太虚是包容天地万物的最高本源。佛教在与中国本土化的过程中,不断借用道家语言阐释自己的思想,太虚就是他们所借用的一个重要范畴。道安《人本欲生经注》:"萧然与太虚齐量,怡然与造化俱游。"太虚等同于佛性、真如。唐代禅宗《慧海语录》:"莫同太虚否?"认为不懂太虚就无法理解"无住"。法藏《华严经探玄记》认为"法性虚空",虚空成为对本体的描述。总之,佛教用太虚表示本体存在的状态。五代道士谭峭《化书》中说"道之委也,虚化神,神化气,气化形,形生而万物所以塞也",虚是气的主宰与万物的归宿。到了宋代,由于儒、释、道三教思想的融合,各家互相使用彼此的概念、范畴、命题已是非常普遍的现象。与张载大约同时期的新儒学人物中,对太虚与气的使用也很普遍。例如王安石、苏轼使用太虚一词;范仲淹与欧阳修又将气作为万物根源;将虚与气对举的是司马光,他在《潜虚》中说"万物皆祖于虚,生于气"。这些思想材料可作为理解张载太虚与气范畴以及虚气关系的综合材料。正因为太虚范畴一向有着表示宇宙本根的哲理内涵,气范畴则具有表示物质存在形态的哲理内涵,所以张载将太虚与气两个范畴合并在一起,建构自身的宇宙论哲学。

关于太虚一词的涵义,从张载为学的历程看,它是处于一个不断被提升的过程。在《易说》中,太虚的涵义基本指的是无限的包容性,"气之聚散于太虚","气坱然太虚,升降飞扬,未尝止息","太虚之气,阴阳一物也,然而有两体,健顺而已",这些都使人们认为太虚是气存在与活动的无限空间,其涵义不很明确(或许这也是张载思想被误解的原因之一)。总体看来,在《易说》中,张载对虚气关系的宇宙生成层面的论述比较清楚,而对太虚作为本体的论述却并不充分。随着张载对宇宙本体论思考的不断加深,在后期思想探索过程中,对"太虚"内涵的诠释成为其思考的重点。在《经学理窟》与《语录》中我们可以看到,张载不断将太虚提升,一方面使其具备最高本体的涵义,另一方面又使其成为最高的价值源泉。在后来的《正蒙》中,太虚作为本体的涵义已经非常明确,太虚本体地位已完全确立。

首先,太虚作为最高本体,具有以下特性:一,根源性。张载哲学的四句纲领"由太虚,有天之名;由气化,有道之名;合虚与气,有性之名;合性与知觉,有心之名",^①说明由太虚可称之为天,气的生生变化可称之谓道,虚与气的结合(生成万事万物)是性之来源,性与知觉的结合是心之来源。这种天、道、性、心自上而下的结构层次正表现出太虚具有根源性。张载说:"与天同原谓之虚。"^②又说:"诚则实也,太虚者天之实也。万物取足于太虚,人亦出于太虚,太虚者心之实也。"^③这些都是在强调

① 张载:《张载集》,第 9 页。
② 张载:《张载集》,第 325 页。
③ 张载:《张载集》,第 324 页。

太虚的根源性。二，终极性。张载说"至静无感，性之渊源"，"至静无感"是对太虚的描述性语言，太虚是性之来源，表达了太虚具有终极性。三，形上性。张载说"太虚无形，气之本体"，[①]"气本之虚则湛一无形"，[②]"太虚者，气之体"，[③]这是以无形之太虚作为气的本体，太虚的形上性显而易见。四，绝对性、永恒性。张载说"金铁有时而腐，山岳有时而摧，凡有形之物即易坏，惟太虚无动摇，故为至实"，[④]这是说有形之物必然有一个从生成、发展、消亡的过程，而太虚则不存在生成或消亡的问题。这里，太虚的独立性、绝对性、永恒性表现得非常清楚。五，超越性。张载明确说过"言虚者未论阴阳之道"，[⑤]虚指太虚，阴阳指气，就是说论"太虚"没有涉及气化的层面，太虚与气是两个层面。这是说就太虚而言，关乎的是超越的、本体的层面，不涉及生成的、气化的层面，这又说明太虚具有超越性。

其次，太虚也是最高的价值源泉。张载说"虚者，仁之原"，[⑥]太虚是仁德之源；"静者善之本，虚者静之本。静犹对动，虚则至一"，[⑦]太虚是至一的存在，它是产生善的本原。这些话表明太虚即是仁之本，又是善之本，是道德价值的根源。又说"天地以

---

① 张载：《张载集》，第 7 页。

② 张载：《张载集》，第 10 页。

③ 张载：《张载集》，第 66 页。

④ 张载：《张载集》，第 325 页。

⑤ 张载：《张载集》，第 325 页。

⑥ 张载：《张载集》，第 325 页。

⑦ 张载：《张载集》，第 325 页。

虚为德,至善者虚也。虚者天地之祖,天地从虚中来",[①] 太虚不但是自然世界的根源,也是至善(价值)世界的根源。

用"两层结构宇宙论哲学"来阐释张载的宇宙论思想,"虚气关系"会变得很清晰,我们用张载自己的命题来概括就是:从本体论来讲,他说"太虚无形,气之本体";从生成论来讲,他则说"太虚即气"。这是两个层面,但却是互相联系、缺一不可的统一体。

从宇宙本体论的角度,张载认为太虚是气的本体,主张虚气之分。他说:"太虚无形,气之本体,其聚其散,变化之客形尔。"王植解释为:"太虚之始,无有形状,乃气之本体然也,及气之呈露,则有形矣。"[②] 太虚虽然没有形状、形体,但却是气的本体、根据。张载说的"太虚者,气之体",则反映张载吸收了魏晋以来形成的体用观,以太虚为体,以气为用,对虚气关系进行表述。张载赋"太虚"以本体地位,就是要提出一个根本,作为一切现象的根据,以此建构儒家的本体论。

从宇宙生成论的角度,张载认为太虚与气和合,共同生成万物,主张虚气之合。张载与程颐讨论的"太虚即气"命题正是从生成论的角度解决超越层面与现实层面之间的关系问题。他以"气"作为万物生成的基质,以"气化"作为宇宙创生之道,以气的阴阳变化作为世界运动的原则,从而肯定了现实世界存在的价值。在张载看来,如果想做到与佛、老抗衡,就必须在理论上揭示佛、老理论的问题所在,太虚一词佛、老也使用,但基本都是以空无为其实质,张载将太虚与气结合成一个命题,就使太虚从

---

① 张载:《张载集》,第 326 页。
② 王植:《正蒙初义》,文渊阁四库全书影印本 697 册,第 428 页。

空无变成实有。太虚与气相即不离、共同作用,生化宇宙万事万物。肯定太虚即气,其目的乃是在宇宙与人生方面彻底反对佛、老的幻化与虚无思想。为此,张载对"气"的表述成为其思想中最具特色的内容之一。北宋理学家中,张载论气最多也最精。他说:"凡可状,皆有也;凡有,皆象也;凡象,皆气也。"①"所谓气也者,非待其蒸郁凝聚,接于目而后知之;苟健、顺、动、止、浩然、湛然之得言,皆可名之象尔。然则象若非气,指何为象?时若非象,指何为时?"②"若阴阳之气,则循环迭至,聚散相荡,升降相求,絪缊相揉,盖相兼相制,欲一之而不能,此其所以屈伸无方,运行不息,莫或使之,不曰性命之理,谓之何哉?"③张载对气进行了丰富的描述,通过神化、阴阳、动静、清浊、游气,盎然、升降飞扬、屈伸、有无、隐现、聚散、出入、幽明这么多词语,描绘出一幅栩栩如生、生机勃勃的宇宙景象。他又通过"一两"、"神化"等描述性的词语展示了虚中有气、气中有虚、虚气相即不离的关系。从宇宙构成的角度讲,虚气是生成万物的基本条件,太虚构成万物的本性,而气则构成万物之形质,二者的作用不同。

张载的探索站在重建儒学的立场,对佛、道二教的挑战作出积极回应,针对性很强。首先,张载立太虚为本体,是理论建构的需要,也是抗衡佛老的需要。牟宗三认为,张载提出虚,"就是对抗佛、老的'空'、'无'。'虚'这个字是个虚虚实实的字,你说它虚乎,它又实,你说它实乎,它又虚。……从虚处说实,这

---

① 张载:《张载集》,第63页。

② 张载:《张载集》,第16页。

③ 张载:《张载集》,第12页。

是儒家的精神"。① 钱穆也认为，张载"特立太虚之体，则聚为万物，散归太虚，既不如'语寂灭者往而不返'，又不如'徇生执有者之物而不化'。盖横渠用意，正为破轮回"。② 张载正是以虚说实，体现儒家精神；张载立太虚为本体是针对佛、老的空、无，要把儒家的宇宙论构建成既超越又实在的统一。其次，张载以"虚气相即"破佛、老之空、无，就是要让人生落实在一个真实的世界里。在张载看来，佛教的最大缺陷就是把现实世界看作是虚幻。佛教认为万物虽存在，但其本性为空。张载批评"若谓万象为太虚中所见之物，则物与虚不相资，形自形，性自性，形性、天人不相待而有，陷于浮屠以山河大地为见病之说"。在张载看来，佛教是不知物与性、天与人实是相待而存在，本就合一不可分，所以有见病之说。针对佛教重"体"不重"用"的弊端，张载提出"太虚即气"、"太虚不能无气"等来否定本体是一个脱离了真实的存在。在张载看来，道教的不足在于将太虚和"气"之间的关系看成是生成和被生成的关系，实质上割裂了有和无的联系，张载批评说，"若谓虚能生气，则虚无穷，气有限，体用殊绝，入老氏'有生于无'自然之论，不识所谓有无混一之常"。因此，张载一再强调"太虚不能无气，气不能不聚而为万物"，"气之聚散于太虚，犹冰凝释于水，知太虚即气，则无无"，太虚并非在气之外，而是就在气之中，气是太虚在现实世界的表现形式，并且是和合了太虚、有无、虚实的现实的存在，"知虚空即气，则有无、隐显、神化、性命通一无二"。气之聚散的状态只不过在可见与

① 牟宗三：《宋明理学的问题与发展》，华东师范大学出版社，2004 年，第 102 页。
② 钱穆：《中国学术思想史论丛》（卷五），第 83 页。

不可见，有形与无形之间有差别，而没有"有"和"无"的分别。"气聚则离明得施而有形，气不聚则离明不得施而无形。方其聚也，安得不谓之客？方其散也，安得遽谓之无？"有形只是气聚的表现，这也只能说成是"客"；无形只是气散的表现，而不能说成是"无"。

张载通过对太虚即气的生动描述，以看似空无，却真实存在的"气"来破除道教的虚无和佛教的不真空，从而使宇宙本体与宇宙生成有机地结合起来。这样佛、道所轻视的宇宙万物在儒家的理论中就落在了一个真实的世界里。由此，儒家的心性论与道德修养工夫也就有了现世的意义。程颐称张载的这一命题"深探远赜，岂后世学者所尝虑及"，正是看到了它所包涵的深刻蕴意。

三、程颐"余论"略析

在《答书》中，还涉及另外若干问题，在此也需要作简单分析。

程颐所说的"此语未能无过"之语，意味着他对太虚作为道体本身有不同看法，关于本体论的建构，张载与二程确实存在分歧。程颐称道张载"虚无即气"这一命题之后，接着就说"此语未能无过"，这表明在程颐看来张载的这一提法不够完善，需要进一步斟酌。从后来张载思想的发展可以看出，程颐所说的"未能无过"，实际上张载并没有认同。

第二，程颐之后所说的"余所论，以大盖气象言之，则有苦心极力之象，而无宽裕温厚之气。非明睿所照，而考索至此，故意屡偏而言多窒，小出入时有之。（明所照者，如目所睹，纤微尽识之矣。考索至者，如揣料于物，约见仿佛尔，能无差乎？）更愿完养思虑，涵泳义理，他日自当条畅”，[①] 则是就工夫而言，意在说明张载所达到的程度还不够圆熟。这一点批评与事实大体相符。张载在《自道》篇中曾对自己的为学历程有过非常诚恳真切的评价，他说：

> 某学来三十年，自来作文字说义理无限，其有是者皆只是亿则屡中。譬之穿窬之盗，将窃取室中之物而未知物之所藏处，或探知于外人，或隔墙听人之言，终不能自到，说得皆未是实。观古人之书，如探知于外人，闻朋友之论，如闻隔墙之言，皆未得其门而入，不见宗庙之美，室家之好。比岁方似入至其中，知其中是美是善，不肯复出，天下之议论莫能易此。譬如既凿一穴已有见，又若既至其中却无烛，未能尽室中之有，须索移动方有所见。言移动者，谓逐事要思，譬之昏者观一物必贮目于一，不如明者举目皆见。此某不敢自欺，亦不敢自谦，所言皆实事。学者又譬之知有物而不肯舍去者有之，以为难入不济事而去者有之。[②]

张载从二十一岁，立下求道之志，从“学来三十年”判断，张载说这段话的时候大约是五十一岁，可能是从京师辞官回归横渠镇讲学时期的心得体会，与给程颐写信的时间大致相差一年左右。张载所说的“譬之穿窬之盗，将窃取室中之物而未知物之

---

① 程颢、程颐：《二程集》，第 596 页。
② 张载：《张载集》，第 288—289 页。

所藏处，或探知于外人，或隔墙听人之言，终不能自到，说得皆未是实"，与程颐所说"考索至者，如揣料于物，约见仿佛尔，能无差乎"，几乎是一个意思。可见，张载给程颐写信的时候，确实涵养未熟。从这段话中我们也可以清晰地看到，张载为学三十年来，所做的精苦之工，每一阶段的工夫所达到的程度他都做了形象的比喻，并自认为"比岁方似入至其中"，近年自己对道体的把握与体悟才逐渐清晰一些。这就是说，张载是回到横渠镇讲学之后的几年中，才涵养渐纯，所以，程颐《答书》中说张载"无宽裕温厚之气"，也基本相符事实。

接下来就二程对张载的"迫切气象"作简单说明。二程对张载的"迫切气象"多次提出批评。程颐曾说："子厚谨严，才谨严，便有迫切气象，无宽舒之气。孟子却宽舒，只是中间有些英气，才有英气，便有圭角。英气甚害事。如颜子便浑厚不同。颜子去圣人，只毫发之间。孟子大贤，亚圣之次也。……但以孔子之言比之，便见。如冰与水精非不光，比之玉，自是有温润含蓄气象，无许多光耀也。"[1] 程颐认为张载有迫切气象，和孟子相比缺乏宽舒之气。程颢也曾说："恭而安。（张兄十五年学。）"[2] 所谓"安"，指的就是"宽舒气象"；相对而言，"迫切气象"则是"不安"。在二程看来，"宽舒气象"不是精思力索、刻意人为能够达到的，而是需要不断"涵养"达至"成熟"才能自然呈现。《语录》有一则记载："张横渠著《正蒙》时，处处置笔砚，得意即书。

---

① 程颢、程颐：《二程集》，第196—197页。

② 程颢、程颐：《二程集》，第79页。《外书》也记载："横渠尝言：'吾十五年学个恭而安不成。'明道曰：'可知是学不成，有多少病在。'"（《二程集》，第424页）

伯淳云：'子厚却如此不熟。'"① 程颢所说的"熟"是达到圣人境界的状态，以他的观点，张载是没有达到圣人境界，"不熟"也是情理之中的事情。

二程对张载批评的原因大致有二：一，张、程的工夫路径存在差异；二，当时的儒者包括张、程都是以圣人标准来品评人物，因此二程以此标准评价张载也很正常。② 对于程颢对张载的评语，黄宗羲曾说过这样一段话："所谓宽舒气象即安也。然恭而安，自学不得，正以迫切之久而后能有之。若先从安处学起，则荡而无可持守，早已入漆园篱落。"③ 这样的评判可谓公允，可以说真能得张载之意。对于张载来说，确实是"迫切"之久，而后能有"安"。其实，从张载的言论中可以看出，他在论学中始终有着既谦虚又自信的态度，谦虚使他能与晚辈开诚布公地交流，互相促进；自信又使他在不被理解的时候，能安然处之，继续沿着自己的思路去探索。

第二节　张载、程颐对"勿忘勿助"之诠释

一、张载与程颐对"勿忘勿助"诠释之差别

在《再答》中，程颐与张载讨论了一个与修养工夫相关的重

---

① 程颢、程颐：《二程集》，第 427 页。

② 《遗书》记载："邵尧夫临终时，只是谐谑，须臾而去。以圣人观之，则亦未是，盖犹有意也。比之常人，甚悬绝矣。"此处，二程也是以圣人的境界来评价邵雍（《二程集》，第 197 页）。

③ 黄宗羲、全祖望：《宋元学案·横渠学案》，第 930 页。

要命题，即"勿忘勿助"的问题，这再次涉及工夫论。程颐在信中写到：

　　内一事，云已与大哥议而未合者，试以所见言之。所云："孟子曰：'必有事焉而勿正心，勿忘勿助长也。'此信乎入神之奥。若欲以思虑求之，是既已自累其心于不神矣，恶得而求之哉？"颐以为有所事，乃有思也，无思则无所事矣。孟子之是言，方言养气之道如是，何遽及神乎？气完则理正，理正则不私，不私之至，则神。自养气至此犹远，不可骤同语也。以孟子观之，自见其次第也。当以"必有事焉而勿正"为句，心字属下句。此说与大哥之言固无殊，但恐言之未详尔。远地末由拜见，岂胜倾恋之切？余意未能具道。

　　所谕"勿忘者，但不舍其虚明善应之心尔"，此言恐未便。既有存于心而不舍，则何谓虚明？安能善应邪？虚明善应，乃可存而不忘乎？ ①

"必有事焉而勿正心，勿忘勿助长也"，是《孟子·公孙丑》中探讨

---

① 程颢、程颐：《二程集》，第 597 页。《程氏粹言》中有关于这一问题的记载，将张载与程颐的观点说得更为详细。据载：子厚曰："必有事焉而勿正心，勿忘勿助长者，其入神之奥乎！学者欲以思虑求之，既以自累其心于不神矣，乌得而求之哉？"子曰："有所事，乃有思也，无思则无事矣。孟子于是论养气之道，而未遽及夫神也。"子厚曰："勿忘者，亦不舍其灵明，善应之耳。"子曰："存不舍之心，安得谓之灵明？""然则其能善乎？"子曰："意必固我既亡之后，必有事焉，此学者所宜尽心也。"见《二程集》，第 1259—1260 页。

如何养"浩然之气"的内容。当时,弟子公孙丑问孟子养气之道,于是有师徒以下的对话:

> (孟子)曰:"我知言,我善养吾浩然之气。"(公孙丑问:)"敢问何谓浩然之气?"(孟子)曰:"难言也,其为气也,至大至刚,以直养而无害,则塞于天地之间。其为气也,配义与道。无是,馁也。是集义所生者,非义袭而取之也。行有不慊于心,则馁矣。我故曰:告子未尝知义,以其外之也。必有事焉而勿正心,勿忘勿助长也。"

之后孟子以"揠苗助长"为例,形象地说明如何是"勿忘勿助"。这段话的大意是说:浩然之气乃天地间之正气,是人本身所固有,它不好用语言来表达,从气这个角度来讲,可以用"至大至刚"来形容,浩然之气是与"义"、"道"相匹配的,否则,它就会因不充盈而变得干瘪。在道德实践中一定要做到无愧于心,才能养成浩然之气。在培养浩然之气的过程中,需要做到既不能"忘"(间断),又不能"助长"(急于求成)。孟子这段话的核心内容就是告诫弟子们养浩然之气的方法不能走两个极端,而是始终要保持勿忘勿助的状态。

张、程从《孟子》中拣择出这句话主要是用以阐释他们的工夫论,但是,由于他们各自思想体系与工夫进路的差异,对这句话的理解与诠释也存在很大不同。第一点不同表现在断句上。以信的内容看,张载是主张在心字之后断句,即"必有事焉而勿正心,勿忘勿助长也";而程颐则主张在心字之前断句,即"必有事焉而勿正,心勿忘勿助长也",这也正是在引文中所说的"当以'必有事焉而勿正'为句,心字属下句"。朱熹说:"程子以七字为句。近世或并下文'心'字读之者,亦通。"[①]在朱熹看来,对于"勿忘勿助"的两种断句之法都说得通,事实也确实如此。

　　第二点不同表现在张、程对此句的理解与诠释上。据信的内容判断,张载与程颢已经讨论过这个问题,但是两人"议而未合",至于是在哪些方面没有取得一致意见,文献不足,我们不能作出判断。而张载与程颐的分歧主要有以下两个方面:一、对于张载所说的"必有事焉而勿正心,勿忘勿助长者,其入神之奥乎",程颐持反对意见。他认为"勿忘勿助"只是谈养气之道,并没有涉及神的问题。理由是程颐认为从养气到入神其间相距甚远,中间需要有次第,即所谓的"气完则理正,理正则不私,不私之至,则神。自养气至此犹远,不可骤同语也"。这里可以明显看出,程颐认为孟子的"勿忘勿助"只是谈"养气"的方法,还没有达到境界,可以说是学者起始阶段的工夫。而从程颐所引张载原话可以看出,张载认为做到"勿忘勿助"已经达到很高的境界,即达到"入神之奥"的程度。二、对张载所谓"勿忘者,但不舍其虚明善应之心尔",程颐持反对意见。他认为"此言恐未便",就是说张载之言不得当。在程颐看来,既有存于心而不舍,就谈不上虚明,更不能善应。虚明善应,是不能用"存而不忘"来表达的。

　　《再答》中,虽然张载与程颐二者观点比较明确,但是由于缺

---

① 朱熹:《四书章句集注》,《朱子全书》(第六册),第283页。

乏相应的语境,我们只知其一不知其二,这里可以借助书信之外的一些材料,对此问题作进一步解读。

首先,与张、程第一点分歧相对应,《经学理窟》中有一段文字涉及张载对"勿忘勿助"与"浩然之气"的阐释,这有助于理解张载之意。他说:

> 道理须从义理生,集义又须是博文,博文则利用。又集义则自是经典,已除去了多少挂意,精其义直至于入神,义则一种是义,只是尤精。虽曰义,然有一意、必、固、我便是系碍,动辄不可。须是无倚,百种病痛除尽,下头有一不犯手势自然道理,如此是快活,方真是义也。孟子所谓"必有事焉",谓下头必有此道理,但起一意、必、固、我便是助长也。浩然之气本来是集义所生,故下头却说义。气须是集义以生,义不集如何得生?"行有不慊于心则馁矣"。义集须是博文,博文则用利,用利即身安,到身安处却要得资养此得精义者。脱然在物我之外,无意、必、固、我,是精义也。然立则道义从何而生? 洒扫应对是诚心所为,亦是义理所当为也。[①]

这段话当中,张载主要表达以下两点意思:一、张载对孟子的"集义"思想作了发挥。孟子只说集义,对如何集义解说不多,张载作了诠释,认为由博文到集义再到利用,然后资养,达到精义入神的程度才是真正集义。二、对精义入神的方法再次作了

---

① 张载:《张载集》,第 286—287 页。

具体说明。这里有必要指出，张载对"义"的涵义界定很高，认为能自然而然从义，且能自得其乐（快活），才是真正的义。其实，张载的"义"既包括外在义理又包括人性之善理，张载说过，"所以养浩然之气是集义所生者，集义犹言积善也，义须是常集，勿使有息，故能生浩然道德之气"。[①] 在这种状态下，任何刻意而为的因素（意、必、固、我）都是助长的表现。三、在这段话中，张载以《论语》"绝四"与"勿忘勿助"互相诠释。"绝四"来源于《论语·子罕》："子绝四：毋意、毋必、毋固、毋我。" 在张载看来，"必有事焉"，说的是集义；"勿忘"就是"勿使有息"，即不间断的意思；"勿助长"则是去除意、必、固、我这些刻意而为的因素。关于意、必、固、我，张载的理解是："意，有思也；必，有待也；固，不化也；我，有方也。四者有一焉，则与天地不相似。"[②] "天理一贯，则无意、必、固、我之凿。意、必、固、我，一物存焉，非诚也；四者尽去，则直养而无害矣。"[③] 也就是说，常集义不使之中断，在这个过程中，不夹杂任何主观刻意而为的因素，就能生浩然道德之气。由于张载对"义"的界定很高，所以精义就可入神，再加涵养，所以说是"入神之奥"。所谓"入神之奥"，就是对"神"的体悟达到很深的程度，可以说是已由"入神"进入"穷神"的境界，在张载看来，这时的工夫应该是"化"与"熟"，而不是勉行，所以，他在信中反对以"思虑求之"的方法。这与张载工夫论的思路完全相符，并没有什么说不通的

① 张载：《张载集》，第 281 页。

② 张载：《张载集》，第 185 页。

③ 张载：《张载集》，第 28 页。

地方。

　　程颐的"勿忘勿助"思想则需要借助二程语录方能看得清楚。犹如上文所说程颐认为"勿忘勿助"只是论养气之道，对此他有多方诠释。他说："'必有事焉而勿正（事者，事事之事），心勿忘勿助长'，养气之道当如此。"①对"必有事"、"勿正"、"心勿忘"、"助长"，他作了详细的说明："'必有事'者，主养气而言，故必主于敬。'勿正'，勿作为也。'心勿忘'，必有事也。'助长'，乃正也。"②又说："孟子曰：'必有事焉而勿正，心勿忘，勿助长也。'必有事焉，便是心勿忘；勿正，便是勿助长。"③也就是说程颐将"必有事焉"解释为"心勿忘"，勿忘就是主敬；而"勿正"则是"勿助长"，就是勿作为。另外，程颐也以《论语》"绝四"与"勿忘勿助"互相诠释，④但观点与张载并不一样。程颐告诫学者说："意必固我既亡之后，必有事焉，此学者所宜尽心也。"⑤程颐认为："'毋意'者，不妄意。'毋我'者，循理不守己也。"⑥这就是说，能够不违背"理"的规范，以"敬"的工夫存养，是学者

---

①　程颢、程颐：《二程集》，第124页。

②　程颢、程颐：《二程集》，第12页。

③　程颢、程颐：《二程集》，第189页。

④　通过对《论语》"绝四"的诠释对儒家工夫论进行建构在当时是趋势之一，司马光说："在我为固，在人为必，圣人出处语默，惟义所在，无可无不可，奚其固？成败祸福，系命所遭，谁得而知之？奚其必！……有意，有必，有固，则有我，有我则私，私实生蔽。……无意、无必、无固，则无我，无我则公，公实生明。"（《宋元学案·涑水学案》，第348页）

⑤　程颢、程颐：《二程集》，第321页。

⑥　程颢、程颐：《二程集》，第108页。

最应该尽心的事情。由此可知,与张载不同,程颐这里并没有涉及"神"的问题。这样的诠释确实符合程颐的思路和语境。

其次,以上文献可以清晰地说明张、程第二点分歧。张载将"勿忘"解释成"不舍虚明善应之心",在这里"不舍"按照张载的意思应该理解为"不息",也就是"无间断";而程颐认为"有存于心而不舍"已有人为"把捉"的意思,这样就不能做到真正的"虚明善应"。程颐对张载的误读在于,二者对"忘"的诠释不同,张载之"忘"强调的是"不息",程颐之"忘"与"勿助长"同义,即避免刻意而为的因素。由此可知,张载的"忘"并非程颐理解的有意"把捉"。事实上,张载本人反对"求之太甚",他说:"某只为少小时不学,至今日勉强,有太甚则反有害,欲速不达,亦须待岁月至始得。"[①] 其实,张、程的观点在各自的思路与体系中都可以说得通。

由此看来,张、程的分歧在于因语境的不同而产生的差异。张载、程颐以各自的思路诠释经典,有不能相契的地方也很正常。这其实并无妨,他们本来就是通过对儒家经典的诠释来重构儒学体系的,虽然存在差异,但却各有千秋。

二、"勿忘勿助"讨论之意义

首先,这次讨论为程颐日后主敬工夫的提出,奠定了基础。张、程讨论这个问题是对儒家经典中涉及工夫的内容进行深入挖掘与诠释,目的仍然是对工夫论作进一步建构。这次讨论较

---

① 张载:《张载集》,第 331 页。

为清晰地表现了张载工夫论，与其一贯主张的"阶段性"相一致。对张载来说，"勿忘勿助"是面临"存得"之后如何养的问题，已经不是"学者"的工夫，而是"大人"通向"圣人"阶段需要做的工夫，所以由"入神"到"穷神"，需要"不间断"。这次讨论虽然程颐的观点比较明确，即"勿忘勿助"是初学者的工夫，只谈"养气之道"，没涉及更深层次的工夫；但对于程颐其他工夫论的具体内容是什么，却没有体现。后来，程颐对"勿忘勿助"作了更明确的说明，发展出具有自身特色的"主敬"工夫。他说："'必有事焉'，有事于此（一作敬）也。'勿正'者，若思此而曰善，然后为之，是正也。'勿忘'，则是必有事也。'勿助长'，则是勿正也。后言之渐重，须默识取主一之意。"① 这段文字的大体意思是说，始终存着"敬"之心，不要刻意去"敬"，也不要让"敬"间断，心中要默识主一（主敬）之意，是修为的好方法。程颐的另一段话是："'必有事焉'，谓必有所事，是敬也。勿正，正之为言轻，勿忘是敬也。正之之甚，遂至于助长。"② 这段诠释表达的也是同样的意思。后来，"敬"成为程颐修养工夫的核心内容。与佛、道相比，"敬"成为具有儒家工夫论特色的代名词。

　　其次，这次讨论显示出程颐修养工夫论的特点与程颢的"圆融性"不同，而与张载的阶段性相似。在这封信中，可以明显地看出程颐主张修养工夫的阶段性。他说："气完则理正，理正则不私，不私之至，则神。自养气至此犹远，不可骤同语也。以孟子观之，自见其次第也。"认为从"养气"到"入神"是具有

① 程颢、程颐：《二程集》，第 150 页。
② 程颢、程颐：《二程集》，第 171 页。

阶段性的,不可一步达到。又说:"浩然之气,所养各有渐,所以至于充塞天地,必积而后至。"[1]"浩然之气"的形成也是需要通过不断积累才能达到的,这与《再答》的思想是一致的。又说:"敬则无己可克,始则须绝四。"[2]认为"绝四"是初学者所做的工夫,而达到"敬"的程度则"无己可克",这些都体现出程颐在修养工夫论中的阶段性。由此可见程颐与张载主张工夫的阶段性是一致的。

---

① 程颢、程颐:《二程集》,第158页。
② 程颢、程颐:《二程集》,第157页。

第四章　第四次论学："穷理"与 "政术"（1076—1077）

　　熙宁五年（1072），由于反对王安石变法，程颢以侍奉老父为由，罢归洛阳，开始在洛阳讲学。同年，程颐随父亲来到京师，后又回洛阳，与兄程颢在洛阳开始授徒讲学。洛阳离京师（开封）很近，是当时的三大陪都之一，[①] 也是士大夫聚居的地方。熙宁七年（1074），司马光、吕公著、文彦博都因为反对"新法"而罢官，都来到洛阳"闲居"。他们与程氏父子交往甚密，经常聚会，评论时政。熙宁九年（1076），王安石罢相，春，张载由吕大防推荐，招同知太常礼院，张载再次入京。这次行程途径洛阳，张载与二程、司马光等会晤，并一起看望病重卧床的邵雍。[②] 入朝之后，张载未能被"适得其用"，只是在太常礼院，负责一些定龙女衣冠之类的小事。他与礼官议礼也总是不合，于是"引疾而归"。熙宁十年（1077），在归途中又过洛阳，张载与二程讨论了时政以及道学中的一个关键命题。这次谈话由张载弟子苏昞记

---

① 宋代，除了首都东京之外，设立了三个陪都，即西京洛阳河南府，南京应天府，北京大名府。

② 《遗书》载，伯淳言："邵尧夫病革，且言试与观化一遭。"子厚言："观化他人便观得自家，自家又如何观得化？尝观尧夫诗意，才做得识道理，却于儒术未见所得。"（《二程集》，第 112 页）

录，是为《洛阳议论》，这也是二程言论的最早记录。这是张、程的第四次也是最后一次论学，是年十二月，张载在归途中病逝于临潼。

　　依据《洛阳议论》，这次讨论涉及的大都是"政术"问题，主要包括政论、礼治，井田等；涉及的道学问题只有一个，但却很重要。

第一节　张载、二程对"穷理尽性以至于命"
之讨论与诠释

一、张载、二程对"穷理尽性以至于命"之辩论与诠释

　　"穷理尽性以至于命"是《易传·说卦》中一个重要命题，《易传》是对《易经》作出最早诠释的著作，其在占卜的内容里融入了丰富的哲学语言。这个命题的原文是"昔者圣人之作《易》也，幽赞于神明而生蓍，叁天两地而倚数，观变于阴阳而立卦，发挥于刚柔而生爻，和顺于道德而理于义，穷理尽性以至于命"一章。此章主要讲的是蓍、卦、爻的产生以及卦和爻的作用。《易传》认为，圣人作《易》的目的在于通过观象、揣辞、演卦等方法洞察天地宇宙的种种状况，参透宇宙人生之奥妙。在这里象、数、卦、爻、义理都是洞悉宇宙人生的方法与途径。所谓"穷理尽性以至于命"就是"穷究物理探究人性，继而安顿人类的终极命运"，[①] 也就是说，这一命题从认识论的角度说明人类把握生存世界的法

---

① 陈鼓应：《易传与道家思想》，商务印书馆，2007 年，第 199 页。

则，是将外在探索宇宙的深邃与内在探讨人类自身的奥妙二者统一起来。①

　　北宋，儒学在复兴过程中越来越倾向于对天、道、理、性、心、命的探讨，所以大力借助了对富含哲学思想的《周易》的诠释，"穷理尽性以至于命"则成为受到普遍关注的命题。②北宋儒学复兴时期，这一命题几乎成为"儒学中的一个重要的、概括全部精神修养的命题"。③张、程之所以对"穷理尽性以至于命"这一命题多次讨论，既是时代使然，也是建构儒学体系的需要。

　　张、程之先，对这一命题的诠释已有很大的变化与提升，大体呈现由认识论向修养工夫论再向本体论转变的趋势。被誉为"宋初三先生"之一的胡瑗，其《周易口义》归本义理，是当时国家太学的教材。他将"穷理尽性以至于命"训解为："穷极万物之理，以尽万物之性，以至于命者也。命者，则谓长短凶折夭亡之类是也。然则大易之道，皆能尽万物之性，又能尽人之性者，盖性者，皆天所禀受之善性者也，若能守己之性不陷于邪佞，则

---

① 《周易》文字简洁古奥，寓意深远，提出的很多范畴与命题没作详细解释，这就给后世学者留下极大的阐发空间，成为诠释的经典著作。而"穷理尽性以至于命"作为一个命题，包含了三个极富哲学内涵的范畴（理、性、命）及其相互关系，在中国古代思想发展过程中，起过很重要的作用，各学派通过对这一命题的诠释来建构自己的思想。

② 照《宋史·艺文志》著录，北宋解《易》的著作有六十余家，其中有著名的哲学家和思想家，如李觏、胡瑗、周敦颐、邵雍、王安石、张载、程颢和程颐等；有著名的文学家、历史学家，如欧阳修、苏轼、司马光等。参见朱伯崑：《易学哲学史》（第二卷），第5页。

③ 崔大华：《儒学引论》，第434页。

其命可以知矣。"① 此种诠释虽将大易之道全归义理，但基本承继唐代孔颖达的"穷极万物深妙之理，究尽生灵所禀之性，物理既穷，生性又尽，至于一期所赋之命，莫不穷其短长，定其吉凶"的思想，基本属于认识论诠释的范围。新学的核心人物王安石解此命题为："通天下之志，在穷理；同天下之德，在尽性。穷理矣，故知所谓咎而弗受，知所谓德而锡之福；尽性矣，故能不虐茕独以为仁，不畏高明以为义。"② 此诠释不同于孔颖达之注，而将穷理与尽性理解为两种道德品质即知与仁，已经从认识论向修养论过度。"北宋六子"之一的邵雍对理、性、命有明确的界定，他说："《易》曰：'穷理尽性，以至于命。'所以谓之理者，物之理也。所以谓之性者，天之性也。所以谓之命者，处理性者也。所以能处理性者，非道而何？"③ 理是就物而言，性是就天所赋予而言，命是就理、性所禀受而言，在理、性、命之上是道，道是最高的范畴。邵雍开始对理、性、命的根源作形而上的探讨。理学开山周敦颐则将"穷理尽性以至于命"作了隐含的诠释，他在《通书·理性命》中说："厥彰厥微，匪灵弗莹。刚善刚恶，柔亦如之，中焉止矣。二气五行，化生万物。五殊二实，二本则一。是万为一，一实万分。万一各正，小大有定。"④ 第一句是解释穷理，认为事物之理有显有微，非人心之灵，不能明此。接下来的三句是解释尽性，认为人性由二气构成，有刚柔善恶之不同，做

---

① 胡瑗：《周易口义》（文渊阁四库全书影印本），台湾商务印书馆，1983 年。
② 王安石：《王安石全集》，上海古籍出版社，1999 年，第 212 页。
③ 邵雍：《邵雍集》，中华书局，2010 年，第 9 页。
④ 周敦颐：《周敦颐集》，中华书局，2009 年，第 32 页。

到"中焉止矣",就是尽性。最后一句是说,万物又各有自己的规定性,这就是所谓的"至于命"。周敦颐的这一诠释既有认识论的内容又有修养工夫论,而且将理、性、命提到了形而上的高度。

张载、二程对"穷理尽性以至于命"的辩论以时间为序可作以下考察:

最早对这一命题进行讨论,可能开始于张载、二程"京师论《易》"之时。正如前文所述,宋仁宗嘉祐初年,张载、二程在京师参加科考,在等待揭榜的日子,张载相国寺讲《易》,二程拜望,共同讨论易学。"穷理尽性以至于命"作为《周易》的重要命题,此时张载、二程就可能讨论过。由于没有文献支持,讨论的具体内容是什么,我们不得而知。针对这一命题,有文献可考的最早记录是《横渠易说》。其中《易说·说卦》"穷理尽性以至于命"有一条释文是:"知与至为道殊远,尽性然后至于命,不可谓一。"[1] 这是说张载认为知（尽性）与至（至于命）是"为道"的两个不同阶段,从知到至仍需一个很长的工夫历程。这句释文其实隐含着一个问题,即张载反对将知（尽性）与至（至于命）"谓一"。依据后来的资料推断,张载此语可能是针对二程的观点而发的。之所以用"可能"这个词,是由于除了《定性书》《颜子所好何学论》之外,二程的语录、著作与张载《易说》同期的都没有记载下来,无法用同期的二程文献对应说明张载的驳语,只

---

[1]《张载集》的编校者认为此条释文是张载"驳程颐'穷理则尽性,尽性则知天命矣'说而发"（《张载集》,第234页）。此观点不完全正确,此释文应该是针对程颢、程颐所发。

能是推断而已。不过，通过后来二程对这个命题的阐发，主张"穷理、尽性、至命，一事也"，可以做出这样的推断。① 那么，现在留下来的疑问是，张载如何在《易说》中会有这样的驳语？我们的推测是：京师论《易》，张载、二程"共语道学之要"，之后便经常保持书信联系，张载的针对性或许来自京师论《易》，或许来自二程的书信。

张载、二程关于"穷理尽性以至于命"的当面讨论，明确的记载是在张载弟子苏昞记录的《洛阳议论》中，这是二程语录的最早记录。宋神宗熙宁十年张载与二程在洛阳会晤，讨论了诸多问题，其中最重要的哲学问题就是对"穷理尽性以至于命"的讨论。

据《洛阳议论》载：

> 二程解"穷理尽性以至于命"："只穷理便是至于命。"子厚谓："亦是失于太快，此义尽有次序。须是穷理，便能尽得己之性，则推类又尽人之性；既尽得人之性，须是并万物之性一齐尽得，如此然后至于天道也。其间煞有事，岂有当下理会了？学者须是穷理为先，如此则方有学。今言知命与至

----

① 在《二程集》中，关于二程对"穷理尽性以至于命"的阐释有多处记载：1077年，苏昞记录二程认为"只穷理便是至于命"（《二程集》，第115页）。1082年，刘绚记录程颢语录"'穷理尽性以至于命'，一物也"（《二程集》，第121页）。1100年，张绎记录程颐语录："穷理则尽性，尽性则知天命矣。"（《二程集》，第274页）"穷理，尽性，至命，一事也。才穷理便尽性，尽性便至命。"（《二程集》，第410页）都主张"尽性"与"至于命""谓一"。

于命,尽有近远,岂可以知便谓之至也?"①

这段语录对二程所说记录很简单,对张载所说记录很详细。以文献看,当时二程天理观思想并没有完全呈现,仅从"只穷理便是至于命"一句我们很难把握二程是从什么角度来说明穷理就是至命。而张载的思路则是清晰的。第一,张载是从修养工夫的角度看待二程将穷理、尽性、至命三者合而为一,因此认为"失之太快"。第二,张载将穷理、尽性、至命看作是修养工夫的不同阶段,"其间煞有事",指的就是"穷理亦当有渐,见物多,穷理多,从此就约,尽人之性,尽物之性。天下之理无穷,立天理乃各有区处,穷理尽性,言性已是近人言也。既穷物理,又尽人性,然后能至于命,命则又就己而言之也"。②这是一个有渐的过程,并不可能一并完成。第三,重新强调了知与至的差别,认为学者应该以穷理为先。可以看到,在这段话里,张载先前的观点一一得到重申。他严格区分知与至的差别,这是他从中年到晚年一直坚持的观点,与他重视"穷理尽性"的工夫、批判佛教"有体无用"有极大关系。

张载去世后,二程的理学思想日益成熟,"天理观"明确呈现出来,对张载"穷理尽性以至于命"的思想有进一步回应。宋神宗元丰二年(1079),张载弟子东见二程,记录程颢的语录:"'穷理尽性以至于命',三事一时并了,元无次序,不可将穷理

———————

① 程颢、程颐:《二程集》,第115页。

② 张载:《张载集》,第235页。

作知之事。若实穷得理，即性命亦可了。"① 这则材料一是重申穷理、尽性、至命三事是同时完成的，二是反驳张载将穷理作知之事。在程颢看来，真正穷得理，那么性命之事也就豁然于胸，这就不只是知之事了。他又说："理则须穷，性则须尽，命则不可言穷与尽，只是至于命也。横渠昔尝譬命是源，穷理与尽性如穿渠引源。然则渠与源是两物。"② 这条语录是程颢针对张载"渠源之喻"而言。关于"渠源之喻"的来源，我们没有确切材料，在《张载集》中，只有一则相近的记载："性尽其道，则命至其源也。"③ 大体是说，通过工夫达到对天道的体悟，就能明了天赋予人的本性。这与"渠源之喻"或有相关。程颢认为张载将穷理、尽性与至命比作穿渠引源，是将理、性、命分开来看，不够圆融，体现了程颢工夫论圆融的特点。

程颢去世较早，其身后程颐继续发展理学思想，对穷理尽性以至于命作了进一步解说，他说："理也，性也，命也，三者未尝有异。穷理则尽性，尽性则知天命矣。天命犹天道也，以其用而言之则谓之命，命者造化之谓也。"④ 这里明确表达理、性、命是同一层次的范畴，所以穷理、尽性、至命才会是一回事。又说："'穷理尽性以至于命'，以序言之，不得不然，其实，只能穷理，便尽性至命也。"⑤ 程颐认为之所以说穷理、尽性、至命三个顺序，

① 程颢、程颐：《二程集》，第 15 页。

② 程颢、程颐：《二程集》，第 27 页。

③ 张载：《张载集》，第 234 页。

④ 程颢、程颐：《二程集》，第 274 页。

⑤ 程颢、程颐：《二程集》，第 292 页。

是语言表达不得不如此罢了。《程氏粹言》记载："或曰：'穷理，智之事也；尽性，仁之事也；至于命，圣人之事也。'子曰：'不然也。诚穷理，则性命皆在是。盖立言之势，不得不云尔也。'"① 这就将张载与二程的分歧表述得更为简洁明了。

二、从"穷理尽性以至于命"再论张、程修养工夫之异同

对"穷理尽性以至于命"的不同诠释反映了张载与二程在修养工夫上的差异。以往研究是将二程的工夫论作为一个整体与张载工夫论进行比较，这种研究只重视了张载与二程的不同，没有重视张载与程颐的相同之处以及程颢与程颐之间的不同之处。事实上，在修养工夫方面，张载与程颐属于同一种类型，即都主张修养工夫的渐进性，体现出"内外合"的特点；而程颢则主张修养工夫的圆顿性，体现出"无内外"的特点。在这一命题的诠释上，张载与程颢的工夫特点表现得比较明显，而程颐的则较为复杂一些。

首先，张载将"穷理尽性以至于命"看作是工夫修养的三个阶段，体现其修为的渐进性。"穷理"是第一阶段。张载所谓的"理"是一个比较复杂的概念，② 所谓穷理之理指的是普遍存在于万事万物之中的理则，穷理就是要探究与体认蕴含在万事万物中的理则。张载很重视穷理，他说："万物皆有理，若不知穷理，

---

① 程颢、程颐：《二程集》，第 1255 页。

② 林乐昌认为，张载言"理"的情形比较复杂，除单用"理"字外，多数是"理"与其他词连缀成复合词加以使用。其中，作为名词使用的有"天理"、"义理"、"道理"、"性命之理"、"万物之理"、"天地之理"等，而作为动词（转下页）

如梦过一生。"①这是认为人们如果不去穷理,就会虚幻不实,得
不到真知灼见。在实际生活中如何做到穷理呢?张载说:"明庶
物,察人伦,皆穷理也。"②"穷理即是学也,所观所求皆学也。"③
这是说穷理要在生活实践中多学多思。在张载看来,穷理是一
个渐进的过程,"穷理亦当有渐,见物多,穷理多,如此可尽物之
性"。④只有多接触事物,不断探究事物内在的理则,才能达到尽
物之性的目的。张载认为穷理必须与尽心结合。他说:"以穷
理为尽物,则是亦但据闻见上推类,却见闻安能尽物!今所言尽
物,盖欲尽心耳。"⑤这就是说只在见闻上拓展,不可能尽物,尽心
才是尽物或穷理的关键所在。如果心不能处于公平的状态,则
穷理也达不到目的,因此道德的要求成为尽物的先决条件。张
载说"虚心然后能尽心"、"虚心则无外以为累",⑥想尽心的前提
是虚心,虚心就可以去除外物对人的束缚和限制,这样人才能以

────────────

（接上页）使用的则有"穷理"、"顺理"、"循理"等。按张载思想的内在理路,
　将张载理观的复杂内容归纳为三重基本意涵,即:"万物皆有理","上达反天
　理","礼者理也"。如果说张载关于"万物皆有理"之"理",是有一定普遍意
　义之理,那么,"上达反天理"和"礼者理也"之"理",则是张载专从道德伦
　理原则、社会政治秩序及个体行礼实践等侧面加以阐发的,属于人生之理、社
　会之理。参见《张载理观探微》,《哲学研究》,2005年第8期。

① 张载:《张载集》,第321页。
② 张载:《张载集》,第329页。
③ 张载:《张载集》,第330页。
④ 张载:《张载集》,第312页。
⑤ 张载:《张载集》,第333页。
⑥ 张载:《张载集》,第325页。

公平的态度明察万物之理。以万事万物为中介,穷尽其中道理,就能明了天赋予万物的理则。在这里,张载通过穷理已将理提高到形上的高度。[①] 张载认为世界上的道理不是人所先天能自然拥有的,而是存在于世上万物之中的,而人也是作为世上万物中的一部分参与普世道理的总进程;作为修养第一步骤的穷理需要逐步积累、循序渐进,从而进入豁然贯通、彻悟道理的阶段,这就为进一步的尽性工夫创造了基本条件。"尽性"是第二阶段。尽性之性指的是道德性命之性,张载认为"尽性然后知生无所得则死无所丧",[②] 又说"道德性命是长在不死之物也,已身则死,此则常在"。[③] 这种"生无所得死无所丧"之性指的就是道德性命之性,而尽性就是要深透地把握体认这种性。在张载看来穷尽人所禀受的来自于天所赋予的道德品性,也就把握了人存在的真正价值,也就做到了与天性合为一体。性在张载思想中虽是一个大范畴,但都包含在"性者万物之一源"中。"至于命"是第三阶段。张载所谓的至于命之命,主要指的是人、物之根源。性与命是相通的,张载说:"仁义礼智,人之道也。(亦可谓性。)损益盈虚,天之理也。(亦可谓道。)寿夭贵贱,人之理也。(亦

---

① 林乐昌认为,张载的理"有本体含义"。他说:张载对理下过一个有代表性的定义"义命合一存乎理",其中之理范畴就含有天之所命的先天性命定内涵,这一理范畴已带有本质实存的特性,绝非现实事物的思维总结,而是比现实事物更根本,更代表事物基本存在性质的实际存在。参见《张载理观探微》,《哲学研究》,2005 年第 8 期。

② 张载:《张载集》,第 21 页。

③ 张载:《张载集》,第 273 页。

可谓命。）天授于人则为命。（亦可谓性。）人受于天则为性。（亦可谓命。）……此非学造至约不能区别，故互相发明，贵不碌碌也。”① 又说：“天所性者通极于道，气之昏明不足以蔽之；天所命者通极于性，遇之吉凶不足以戕之；不免乎蔽之戕之者，未之学也。性通乎气之外，命行乎气之内，气无内外，假有形而言尔。故思知人不可不知天，尽其性然后能至于命。”② 性与命都来自于天，相通于气，都以人的形体作为载体，人性的实现也就是道德性命的实现，因此尽性可以至命。能参透自身之命即可推明人、物之命，因为我与人、物，其命虽有分殊处，但究其阴阳运化之规律，终有同处。圣人知命即能洞悉天地阴阳之理，因而能通体感应人、物之命，从而使天下苍生万物咸被其泽。张载认为通过穷尽天理、天性而达到对天命的最终体悟，就能保全上天本来就赋予人的东西，从而达到与万物贯通的至命阶段。张载这种内外工夫兼做的思想，用他自己的话说就是“修持之道，既须虚心，又须得礼，内外发明，此合内外之道也”。③ 既重视外在的体认与规范，又注重内在的大心、虚心工夫，这就是所谓的“合内外”的思想。

其次，程颢将“穷理尽性以至于命”看作“三事一时并了”，体现其工夫的圆顿性。程颢所谓的理是其思想中的最高范畴，而性、命则成为本体天理的不同表现，在这一点上二程是相同的。程颢说：“盖上天之载，无声无臭，其体则谓之易，其理则谓

---

① 张载：《张载集》，第 324 页。

② 张载：《张载集》，第 21 页。

③ 张载：《张载集》，第 270 页。

之道，其用则谓之神，其命于人则谓之性，率性则谓之道，修道则谓之教。"①程颐说："性即理也，所谓理，性是也。"②又说："在天为命，在人为性，论其所主为心，其实只是一个道。"③二程认为，理、性、命都是天理（道体）呈现的不同状态；穷理、尽性、至命就是主体对道体不同面向的把握与体悟。从程颢的角度看来，张载的穷理有向外求的意思，反对张载将穷理作为知之事。程颢用"体贴"一词将理、性、命直接收摄在人心之中，也就是说，程颢的穷理、尽性、至命都是通过主体觉悟心来呈现的，如果没有心的这种觉悟，理、性、命的存在对人来说则没有意义。程颢是将对客体的把握直接消融进主体的修养工夫中，体现的是"无内外"的特点。这种工夫特点早在《定性书》中就已经有突出的体现，后来又通过《识仁篇》表现得更为成熟。程颢重视的是要收拾精神，在自己身心上下工夫，认为只要了悟了内在于自身的理，不必向外寻求就可以至天道。程颢表达的这种圆融无碍的境界乃是万物混然、天人一体，这种修为方法非天资高者不能企及。

再次，程颐对"穷理尽性以至于命"的诠释与程颢的话头有相似的地方，如程颢说："'穷理尽性以至于命'，一物也。"④程颐说："理也，性也，命也，三者未尝有异。"⑤但是，程颐也有不同于程颢的地方，如他说："驯至渐进也，然此亦大纲说，固是自小以

① 程颢、程颐：《二程集》，第4页。
② 程颢、程颐：《二程集》，第292页。
③ 程颢、程颐：《二程集》，第204页。
④ 程颢、程颐：《二程集》，第121页。
⑤ 程颢、程颐：《二程集》，第274页。

致大,自修身可以至于尽性至命;然其间有多少般数……今人学者须读书,才读书便望为圣贤,然中间至之之方,更有多少。"[1]这段话明显反映了程颐在修养工夫上主张渐进性与阶段性。其实,程颐与程颢在对最高本体(天理)的认识上是一致的,但修养工夫论却并不一致。程颐主张修为的渐进性以及修为思想的"合内外"的特点,都与张载更为接近。当然,程颐对工夫论是在自己思想语境内表述,与张载不同。他说:"'敬以直内,义以方外',合内外之道也。"[2]敬以直内是指主体对本体把握的一种持续的状态,义以方外则是重视日用常行的处事规则,做到"敬以直内"和"义以方外"就是内外结合,体用统一。合内外之道是主体在"继善成性"的活动中,使本体展现在人伦日用的各种具体事项中。后来,程颐将"内外合"重新提炼为"涵养须用敬,进学则在致知",[3]这是说工夫既需要内在的涵养又需要外在的穷理,换句话说是"一方面涵养或敬的工夫,有助于致知明理,另一方面涵养或敬的工夫,需要由格物穷理来支持"。[4]

三、张载、二程"穷理尽性以至于命"异解之根源

张载、二程对"穷理尽性至于命"的辩论与诠释之所以不同,最直接的根源在于,张载以"太虚"为最高本体,二程以"理"为最高本体,理、性、命这三个范畴在他们的思想体系中

---

[1] 程颢、程颐:《二程集》,第 191 页。

[2] 程颢、程颐:《二程集》,第 118 页。

[3] 程颢、程颐:《二程集》,第 188 页。

[4] 韦政通:《中国思想史》,第 794 页。

所处地位不同，因此导致对穷理、尽性、至命三者之间的关系理解不同。

张载的思想以"天人合一"为建构体系，他思想的起点是"先识造化"。①"由太虚，有天之名；由气化，有道之名；合虚与气，有性之名；合性与知觉，有心之名"，是其天人哲学的四句纲领。虽然天、道与性、心之间具有双向作用，但是张载哲学的最高范畴是太虚（天），道、性、心是次级范畴。理的地位相当于天、道、性、心中的道，是居于天之下的次级范畴，理虽具有根源含义，但理毕竟还不是终极根源。②性与命是极其相关的两个概念，张载说"天授于人则为命，人受于天则为性"，又说："性诸道，命诸天。"③ 性是基于天道，命是基于天赋；命偏重于客观的赋予，性偏重于主体的禀受。张载所谓的"性"是万物生成的根源之一，是天人贯通的枢纽与中介，具有超越性。但由于"性"源自太虚与气之和合，所以性仍是次级范畴，而不是最高范畴。

张载认为："天道即性也，故思知人者不可不知天，能知天斯能知人矣。知天知人，与穷理尽性以至于命同意。"④ 他是在天人合一的架构中，解释"穷理、尽性、至命"三者之间的关系。张载相信知天与知人之间的关系适用于"穷理"、"尽性"、"至于命"之间的关系。也就是说，知天是知人的前提条件，"穷理尽

① 参见李存山：《"先识造化"与"先识仁"——从关学与洛学的异同看中国传统哲学的特质及其转型》，《人文杂志》，1989 年第 5 期。

② 参见林乐昌：《张载理观探微》，《哲学研究》，2005 年第 8 期。

③ 张载：《张载集》，第 22 页。

④ 张载：《张载集》，第 234 页。

性"则是"至于命"的充分必要条件。"穷理"属于知天的范围，"尽性"属于从知天到知人的范围，"至于命"则是知人的范围。所以，正是从这个意义出发，张载将"穷理、尽性、至命"三者之间的关系看作是工夫修养的三个不同层次，通过三者的层层递进，达到对天道、天命的体悟与把握。"穷理"是第一阶段，万事万物普遍存在理则，以万事万物为中介，以穷尽理则，就能明了天赋予万物的禀性。"尽性"是第二阶段，主要是尽人之性，穷尽人所禀受的来自于天所赋予的道德品性，以达到与天性的合一。"至于命"是最后一阶段，人物之命都源本于天，人可以依据命之源而尽性，从而达到"至于命"阶段。通过穷尽天理、天性而达到对天命的最终体悟，就能保全上天本来就赋予人的东西。

　　相对于张载"天人合一"的架构，二程是"天人本一"的思想体系，这一建构的关键是二程把"理"与"天"同一化为一个整体观念，程颢说："天者理也。"① 程颐说："自理言之谓之天。"② 他们以"理"释"天"，将天、理合二为一，融合为"天理"这一终极概念，上升为整个宇宙的最高本体。这样天理具有了独立性、客观性、绝对性。程颢说："天理云者，这一个道理，更有甚穷已？不为尧存，不为桀亡。人得之者，故大行不加，穷居不损。这上头来，更怎生说得存亡加减？是他元无少欠，百理具备。"③ 程颐说："理则天下只是一个理，故推至四海而准，须是质

① 程颢、程颐：《二程集》，第 132 页。
② 程颢、程颐：《二程集》，第 296 页。
③ 程颢、程颐：《二程集》，第 31 页。

诸天地，考诸三王不易之理。"①

天理上升为最高本体，则性、命就成为本体天理（或道体）不同方面的体现。程颢说："盖上天之载，无声无臭，其体则谓之易，其理则谓之道，其用则谓之神，其命于人则谓之性，率性则谓之道，修道则谓之教。"② 程颐说："在天为命，在人为性，论其所主为心，其实只是一个道。"③ 又说："性即理也，所谓理，性是也。天下之理，原其所自，未有不善。"④ 这样，理、性、命就成了最高本体在不同方面的反映，而处于同一层次；穷理、尽性、至命之间的关系也就成为从不同方面对同一本体的体悟与把握。如果能穷理，就达到了对本体的把握，那么，对性与命的了悟也自然在其中了。这就是所谓的"三事一时并了"的真正涵义。

张载与二程在此命题上的分歧多少存在着误会的成分，似乎有些自说自话的味道。张载是从工夫论的角度诠释此命题，二程则更多地是从本体论的角度阐释。从文献来看，张载没有接触到二程将"天理"界定为最高本体的思想，否则，二程的"一时并了"，张载不会产生歧义。从二程的角度说，他们应该明白张载的意思，但却并未沿着张载的思路去理解，而是通过"体贴天理"反观张载的诠释，认为他不够圆融，需要改进。如果说张载从认识论与修养工夫论合二为一的角度对此命题作了新的诠释，并将理、性、命提升到形上的高度，二程则将理（包

---

① 程颢、程颐：《二程集》，第 38 页。

② 程颢、程颐：《二程集》，第 4 页。

③ 程颢、程颐：《二程集》，第 204 页。

④ 程颢、程颐：《二程集》，第 292 页。

括性、命）提升到最高本体的高度，最终完成了理学本体论的建构。

四、张载、二程将"穷理尽性以至于命"与其它命题互诠

首先，张载通过"穷理尽性以至于命"诠释《论语》的"三十而立"章。他说：

> 三十器于礼，非强立之谓也。四十精义致用，时措而不疑。五十穷理尽性，至天之命；然不可自谓之至，故曰知。六十尽人物之性，声入心通。七十与天同德，不思不勉，从容中道。①

这一段话，借用孔子对自己一生总结的一段话，对穷理、尽性、至命进行诠释，不仅表述出为学进德的渐进性（次第），而且对每一阶段修养的具体内容与所到达到的境界都作了说明。三十"器于礼"，主要是指通过知礼、守礼的方式持守德性；四十能够精义致用，可以做到处事合宜、不疑不惑；五十的时候达到对天命的体悟，进入明的境界。在这里有一个"分解"，即张载为了使这一解说与"穷理尽性以至于命"的三阶段相符，将孔子五十所达到的知天命境界解释为只是知，不是至，这与他强调知、至区别是一致的。六十的时候人物之性一齐尽得，七十才达到"从容中道"的圣人境界。又说：

---

① 张载：《张载集》，第40页。

> 穷理尽性，然后至于命；尽人物之性，然后耳顺；与天地
> 参，无意、必、固、我，然后范围天地之化；从心不逾矩，老而
> 安死，然后不梦周公。①

通过这些文字，我们不仅看到张载强调为学工夫的阶段性，
而且看到在修养工夫方面，张载既注重外在的穷理又重视内在
的尽性，在达到工夫最高境界的过程中，这些都是不可缺少的
步骤。

二程则将"三十而立"章作以下诠释：

> "十有五而志于学，三十而立，四十而不惑"，明善之彻
> 矣。圣人不言诚之一节者，言不惑则自诚矣。"五十而知天
> 命"，思而知之也。"六十而耳顺"，耳者在人之最末者也。至
> 耳而顺，则是不思而得也。然犹滞于迹焉，至于"七十从心所
> 欲不踰矩"，则圣人之道终矣。此教之序也。②

二程的阐释是从四十开始，认为四十的时候，彻底明了善的根
源；五十的时候，通过自思内省而知道天命；六十的时候，达
到不思而得的境界，但仍有所不至；七十的时候，一切可以随
顺自然，达到圣人境界。相较而言，二程的诠释没有张载那么
周折。

其次，张载将"穷理尽性以至于命"与《中庸》的"诚明"思

---

① 张载：《张载集》，第186页。
② 程颢、程颐：《二程集》，第106页。

想互释。他说：

> "自明诚"，由穷理而尽性也；"自诚明"，由尽性而穷理
> 也。①
> 　　须知自诚明与自明诚者有异。自诚明者，先尽性以至
> 于穷理也，谓先自其性理会来，以至穷理；自明诚者，先穷
> 理以至于尽性也，谓先从学问理会，以推达于天性也。某自
> 是以仲尼为学而知者，某今亦窃希于明诚，所以勉勉安于不
> 退。……自明诚者须是要穷理，穷理即是学也，所观所求皆
> 学也。②

简要地解析，张载认为"自诚明"与"自明诚"是两种不同的修
为路径，"自诚而明"是先有对本源的深切体悟然后去穷理而形
成的路径；"自明而诚"则是先从穷理出发，通过不断地积累，
然后达到对本源的体悟与把握而形成的路径。张载认为自己走
的就是"自明而诚"的道路。在张载看来，这两种路径都可以达
到诚明境界。他说："天人异用，不足以言诚；天人异知，不足
以尽明。所谓诚明者，性与天道不见乎小大之别也。"③这是说
诚明境界是天人合一的境界，此种境界中，一切都合乎天道的
要求。

　　二程对张载的这一说法不完全认同。程颐说："'由明以至

---

① 张载：《张载集》，第 21 页。

② 张载：《张载集》，第 330 页。

③ 张载：《张载集》，第 20 页。

诚'，此句却是。'由诚以至明'，则不然，诚即明也。孟子曰：'我知言，我善养吾浩然之气。'只'我知言'一句已尽。横渠之言不能无失，类若此。"① 这是说他认同张载"自明诚"的说法，反对"自诚明"的观点。又说："自其外者学之，而得于内者，谓之明。自其内者得之，而兼于外者，谓之诚。诚与明一也。"② 在程颐看来，诚与明只是进路不同，却是同一层次。这与张载诚、明两个层次的划分不同。程颢说："自明而诚，虽多由致曲，然亦有自大体中便诚者，虽亦是自明而诚，谓之致曲则不可。"③ 这是说，"自明诚"与"致曲"是不完全一样的。通过后天的学习恢复心中天理即是"自明诚"；而"去气偏处发，便是致曲。"④ 由此可知，二程仅认同张载"自明诚"的观点。

　　再次，程颐用"穷理"与《大学》中的"格物致知"进行诠释，⑤ 他说："'致知在格物'。格，至也，穷理而至于物，则物理尽。"⑥ 程颐用穷理来说明格物，格物就是穷物之理。又说："须

---

① 程颢、程颐：《二程集》，第 308 页。

② 程颢、程颐：《二程集》，第 317 页。

③ 程颢、程颐：《二程集》，第 126 页。

④ 程颢、程颐：《二程集》，第 82 页。

⑤ 劳思光认为，"穷理"一词，在二程学说中，有两种用法：其一是据《说卦》中"穷理尽性以至于命"一语，而将"穷理"与"尽性"、"至于命"相连而说；此所谓"理"是共同义之"理"。另一用法是工夫意义之"穷理"，与"致知"与"格物"相连而说。参见《新编中国哲学史》（卷三上），第 182 页。其实，将"穷理"与"格物致知"相连而说，只是程颐的说法。

⑥ 程颢、程颐：《二程集》，第 21 页。

先在致知。致知，尽知也。穷理格物，便是致知。"①这样就将穷理与格物致知联系起来。程颐所说的物包括事与物两方面，而重点并不是客观世界的"物理"，而是道德世界的"事理"。他说："'致知在格物'。格，至也，如'祖考来格'之格。凡一物上有一理，须是穷致其理。穷理亦多端：或读书，讲明义理；或论古今人物，别其是非；或应接事物而处其当，皆穷理也。"②可以看到，程颐所说格物就是穷理，他指出的"读书讲明义理"、"论古今人物，别其是非"及"应事接物而处其当"几种穷理方式中，全是穷究"事理"。他曾说："'致知在格物'。格物之理，不若察之于身，其得尤切。"③强调穷理从亲身经历的事情上感受才是最真切的。这更明确表达程颐对事理的重视，这也就更容易理解程颐所谓的"格物亦须积累涵养"，④"今日格一件，明日又格一件，积习既多，然后脱然自有贯通处"⑤的涵义。

　　张载、二程对儒家经典的融会贯通与进一步诠释，一方面使自身的工夫理论更加完备，另一方面也将经典中涉及工夫的内容予以拣择和提炼，使儒家的工夫论更加丰富。

　　另外需要强调两点，一是张载重视穷理的重要性，多次强调"知与至为道殊远"的深刻蕴意是要对治佛教思想。从某种程度上说，张载将"穷理"看作是儒家区别于佛教的标志。他多次

① 程颢、程颐：《二程集》，第 171 页。
② 程颢、程颐：《二程集》，第 188 页。
③ 程颢、程颐：《二程集》，第 175 页。
④ 程颢、程颐：《二程集》，第 164 页。
⑤ 程颢、程颐：《二程集》，第 188 页。

批判释氏不知穷理,例如:"万物皆有理,若不知穷理,如梦过一生。释氏便不穷理,皆以为见病所致。"① "诸子浅妄,有有无之分,非穷理之学也。"② 又如:"释氏元无用,故不取理。彼以有为无,吾儒以参为性,故先穷理而后尽性。"③ "儒者穷理,故率性可以谓之道。浮图不知穷理而自谓之性,故其说不可推而行。"④ 在张载看来,佛教不重视穷理,轻视现实人生,是"重体不重用"的表现,他强调穷理就是要肯定现实社会,肯定此岸世界对人类生存发展的重要性。张载认为"学释者之说得便为圣人,而其行则小人也,只闻知便为了。学者深宜以此为戒。"⑤ 张载反对"只闻知便为了"正是为了避免学者误入释氏之途。张载认为佛教因为不重视穷理,所以将活生生的现实世界看作虚幻不实的存在,而现实生活只是佛教徒修渡到彼岸世界的中介。张载认为佛道二教都未能真正将穷理这一修养环节纳入其整体修养过程,只有儒学能将穷理环节在整体修养进程中作出合理的定位。二是程颢虽然反对张载"将穷理作知之事",⑥ 但并不意味着他与佛教的观点相同。程颢没有像张载、程颐那样强调穷理的重要性,但在程颢那里,心、性、理都是相通为一的,所以,穷理已经纳入尽心知性之中。而"只心便是天"又越过了尽性工夫,使心与天通,

---

① 张载:《张载集》,第 321 页。

② 张载:《张载集》,第 9 页。

③ 张载:《张载集》,第 234 页。

④ 张载:《张载集》,第 31 页。

⑤ 张载:《张载集》,第 267 页。

⑥ 程颢、程颐:《二程集》,第 15 页。

尽性可以融于尽心之中。他以一种破除任何对待的方式将工夫论呈现出一种圆顿的特色,而这种圆顿修行方式,足以弥补儒家工夫论的不足,而与佛教相抗衡。

第二节　张载与二程论"政术"

在《洛阳议论》中,除了对"穷理尽性以至于命"这一哲学问题的讨论之外,张载与二程谈论最多的就是"政术"问题,在这次论谈中,他们对治理国家所应采取的大政方针表达了看法。概括起来,讨论涉及政治、礼制、井田制。

一、论政

首先,张、程对王安石变法持反对意见。张、程在第三次论学时,已有一则材料涉及"政术"的问题,为了避免分散,我们一并放到这一节论述。这则材料就是程颢上神宗皇帝的《乞留张载状》(又名《论遣张载按狱》)。此文作于熙宁二年(1069),程颢时为监察御史里行,年38岁。当时的背景大体如下:1068年,闰十一月,御史中丞吕公著推荐张载为崇文院校书。因张载与王安石意见不同,神宗下令派张载去明州勘察并解决苗振之狱的问题。程颢向皇帝上书,指出张载是个儒者,让他去治狱,不仅是大材小用,而且不能发挥其所长。原文如下:

> 臣伏闻差著作佐郎张载往明州推勘苗振公事。窃谓载经术德义,久为士人师法,近侍之臣以其学行论荐,故得召对,蒙陛下亲加延问,屡形天奖,中外翕然知陛下崇尚儒学,优礼

贤俊,为善之人,孰不知劝?今朝廷必欲究观其学业,详试其器能,则事固有系教化之本原于政治之大体者;倘使之讲求议论,则足以尽其所至。

夫推案诏狱,非谓儒者之不当为,臣今所论者,朝廷待士之道尔。盖试之以治狱,虽足以见其钩深炼核之能,攻摘断击之用,正可试诸能吏,非所以尽儒者之事业。徒使四方之人谓朝廷以儒术贤业进之,而以狱吏之事试之,则抱道修洁之士,益难自进矣。于朝廷尊贤取士之体,将有所失。况苗振罪犯明白,情状已具,得一公平干敏之人,便足了事。伏乞朝廷别赐选差,贵全事体,谨具状奏闻。①

在此文中,程颢表达了两个意思:一、程颢认为张载是以"道德"闻名于世,朝中大臣举荐他,是因为他的道德与人品。皇帝重视人才,对张载礼遇有加,证明皇帝崇尚儒学,如果皇上想对张载进行考察,就应该发挥他的长处让他讲论,这样足可以检验其学行。二、程颢认为,治狱之事并不是儒者不应该做的,只是让张载去治狱,说明皇上对待儒者大材小用,其结果只能使那些有道之士对朝廷失望,而不愿意参与朝政。三、希望皇帝重新改派张载。这表明了程颢在用人问题上的主张。此文作于王安石变法初期,显示出儒学其他学派与王学的分歧。

从宋仁宗后期开始,宋朝内忧外患的局面日益加重。对外而言,辽、西夏的侵扰越来越频繁,对内而言,国家贫弱,军队涣

---

① 程颢、程颐:《二程集》,第 456 页。

散。有鉴于此，有识之士都希望国家的弊端能够改变。到了神宗的时候，要求改变局面的趋势愈来愈强烈，所以有王安石变法。事实上，张载、程颢与王安石一样，都有变法的思想，都希望挽救危机，解决社会问题。但是在具体"如何变"的问题上，他们之间存在着严重的分歧。张载、程颢是主张行礼仪教化之仁政，在法尧、舜之道的前提下，人君要依据现实的社会状况适时地变易，实行的是以德为先的仁义教化之王道。而王安石推行的新法是以富国强兵为宗旨，以利益为先的霸道。程颢说："设令由此侥幸，事小有成，而兴利之臣日进，尚德之风浸衰，尤非朝廷之福。"① 程颢认为，王安石新法的总目的是"兴利"，王安石那一派变法之人都是"兴利之臣"。在程颢他们看来，"兴利"和"尚德"是相反的，如果"兴利之臣"日进，必然会使"尚德之风"日衰。总之，张、程与王安石分歧的关键点在于治理国家的方法。

如果将北宋儒学复兴时期的儒者划分为道德之儒，政事之儒，文学之儒三大类，那么，张、程是道德之儒的代表，王安石则是政事之儒的代表。程颢崇尚的是道德之儒，而且将儒家的圣人理想寄托在皇帝身上。在程颢看来，道德之儒是"德才兼备"，比政事之儒更高一个层次，道德之儒不仅具备处理政务的能力，而且具有良好的道德品质。正因如此，他们在处理政务时才可以处处为百姓着想，真正能够帮皇帝把治理国家好。正是在这个意义上，程颢希望皇上能够重用张载，使他能学有所用，发挥所长。

---

① 程颢、程颐：《二程集》，第 458 页。

在《洛阳议论》中，张载与程颢再次表达了朝廷应该重用"道德之儒"来治理国家的理念。张、程的对话如下：

> 伯淳谓："天下之士，亦有其志在朝廷而才不足，才可以为而诚不足。今日正须才与至诚合一，方能有济。"子厚谓："才与诚，须二物只是一物。"伯淳言："才而不诚，犹不是也。若非至诚，虽有忠义功业，亦出于事为，浮气几何时而不尽也！"①

在张、程看来，真正能够治理国家的人是"诚"与"才"同时具备的人。这可能是针对王安石一派而言，即这派人物有才，但是在诚这方面欠缺，治理国家不可能达到应有的效果。"诚"是基础，"才"是条件，也就是说只有德才兼备才可以济世。这是对"道德之儒"的再一次肯定。

张、程对王安石变法中存在的排除异己的做法进行了批评：

> 正叔言："人志于王道，是天下之公议，反以为私说，何也？"子厚言："只为心不大，心大则做得大。"正叔言："只是做一喜好之事为之，不知只是合做。"②

---

① 程颢、程颐：《二程集》，第110页。

② 程颢、程颐：《二程集》，第112页。《程氏粹言》记载：子谓子厚曰："道者天下之公也，而学者欲立私说，何也？"子厚曰："心不广也。"子曰："彼亦是美事，好而为之，不知乃所当为，强私之也。"（《二程集》，第1177页）

这也可以看出王安石变法中存在的限制异己，不能宽以待人的问题。

其次，张、程对"政术"的重视。作为道德之儒，张、程对治理国家是非常重视的。程颢、张载在任地方官时的政绩就是很好的实例。张载担任云严令时，政事以"敦本善俗为先"。具体做法是每月择吉日在县庭备酒食，召集乡中年老德重之人前来聚座，他亲自为这些人敬酒劝食，以此现身说法，教导乡人养老事长。他借此机会一边了解百姓疾苦，一边告诉各位训诫子弟之要。县衙每次发文告时，他召集乡长到县庭，亲口传达文告的内容，让他们回去传达给百姓。如果有百姓到县庭办事，他一定会问起文告传达的情况，如果传达到则已，否则，将追究办事人的责任。皇祐五年（1053），西北岐山大旱，饿死的人很多，张载目睹当时的惨状，痛心疾首，如何"为生民立命"，成为其一生都在思考的重大问题。治平四年（1067）在渭州，张载到西方前线任签署渭州（今甘肃平凉）军事，环庆经略使蔡挺（字子正）特别尊重张载，军府中的大小事务都要向他咨询，他对蔡挺治理军务的帮助很大。张载曾说服蔡挺在大灾之年取军用物资数十万救济灾民，另外提出罢除戍兵换防，招募当地土人取代等多项军事建议。写有《与蔡帅边事画一策》、《经略司画》、《泾原路经略司论边事状》。

程颢在地方任官的政绩更是突出。宋仁宗嘉祐二年（1057），程颢中进士第，次年（1058），请调到风景秀丽的京兆府担任鄠县主簿，在任期间，初步显示了程颢的行政能力。他不但断案英明，治役有方，而且破除迷信，整顿风俗，宋仁宗嘉祐五年（1060），调任道江宁府上元县当主簿。上元县地处江南水乡，该县富贵之家买地之风盛行，"田税不均，比他邑尤甚"。程颢协助县令，均衡田税，限制了土地兼并之风。因为措施得当，百姓皆服之。上元县令因事去职，程颢代行县令之职，主持一县之政事，初步显示出他的干练之才。"会令罢去，先生摄邑事。上元剧邑，诉讼日不下二百。为政者疲于省览，奚暇及治道？先生处之有方，不阅月，民讼遂简。"[①]他抑制土地兼并、整顿讼事、破除迷信等等，这些作为都体现出程颢的行政才干。在晋城任县令时，他施仁政，重教育，民风为之大振。他以儒家孝弟忠信教导百姓，建立乡村的五保制度，互帮互助，营造良好社会风气；建立学校，选优秀子弟聚在一起教导他们；对官方专营的物品核定价位，平稳物价；合理调节差役分配，乘农闲进行义勇训练。程颢在晋城施政三年，得到百姓的拥戴。他视民如子，而"百姓爱之如父母"，任满离开晋城时，百姓"哭声振野"。[②]熙宁三年（1070），由于反对王安石变法，程颢离开朝廷到澶州任职。在澶州任上，程颢工作尽职尽责。当洪水来临的时候，他率领士兵日夜奋战，堵塞决口，避免了大灾难的发生；在扶沟其间，程颢治盗有方，解决百姓的粮食问题。他为官清正，不怕权贵；他建立学校，推广儒家教育。"视民如伤"是程颢为官的座右铭，作为父母官，他的付出换来的是百姓的拥戴与留恋，离任时百姓们夹道为他送行，不绝于邑。

　　程颐在《答吕进伯简三》中，也表现出他在治理地方事务中

---

① 程颢、程颐：《二程集》，第 631 页。

② 程颢、程颐：《二程集》，第 633 页。

的果敢主张。①这些都说明，"道德之儒"并非只是高谈道德性命，而是以高尚的道德为前提，对国家社稷、社会民生给予更高一层的关注；在具体治理中，能够以民为本，恪尽职守。这都与张、程所主张的诚、才兼备的人才标准相一致，是儒家所主张内圣外王的具体体现。

　　在张载看来，重视政术是"道德之儒"应具备的条件之一。《洛阳议论》记载了张载与程颢的一段对话：

---

① 书信原文如下："相别累年，区区企渴之深，言不尽意。按部往来，想亦劳止。秦人疮瘵未复，而偶此旱暵，赖贤使者措置，受赐何涯！儒者逢时，生灵之幸。勉成休功，乃所愿望。颐备员于此，夙夜自竭，未见其补，时望赐书，开谕不逮。与叔每过从，至慰至幸。引儗门墙，坐驰神爽。所欲道者，非面不尽。惟千万自爱。别纸见谕，持法为要，其来已久矣。既为今日官，当于今日事中，图所设施。旧法之拘，不得有为者，举世皆是也。以颐观之，苟迁就于法中，所可为者尚多。先兄明道之为邑，及民之事多。众人所谓法所拘者，然为之未尝大戾于法，众亦不甚骇。谓之得伸其志则不可，求小补，则过今之为政者远矣。人虽异之，不至指为狂也。至谓之狂，则大骇矣。尽诚为之，不容而后去，又何嫌乎？鄙见如此，进伯以为如何？荷公知遇之厚，辄有少见，上补聪明；亦久怀愤郁，无所控告，遇公而伸尔。王者父天母地，昭事之道，当极严恭。汉武远祀地祇于汾脽，既为非礼。后世复建祠宇，其失已甚。因唐妖人作《韦安道传》，遂为塑像以配食，诬渎天地。天下之妄，天下之恶，有大于此者乎？公为使者，此而不正，将正何事？愿以其像投之河流。慎勿先露，先露则传骇观听矣。勿请勿议，必见沮矣。毋虞后患，典宪不能相及，亦可料也。愿公勿疑。"（《二程集》，第604—605页）吕大忠，字进伯，张载弟子，张载去世后转学于二程。这篇文字，除了表达师徒的情谊之外，最重要的就是展现了"道德之儒"治理地方的政治能力。

伯淳言："邵尧夫病革，且言试与观化一遭。"子厚言："观化他人便观得自家，自家又如何观得化？尝观尧夫诗意，才做得识道理，却于儒术未见所得。"①

在张载看来，能观天地之化的邵雍，由于在儒术方面缺乏造诣，而显得不够完美。又载：

子厚谓："昔尝谓伯淳优于正叔，今见之果然；其救世之志甚诚切，亦于今日天下之事尽记得熟。"②

张载认为程颢有一颗诚切的救世之心，而且关心天下民生疾苦，以这一点判断，程颢优于程颐。

张载创立的关学，其特点之一就是"道学"与"政术"合为一体。《粹言》记载：

子谓子厚曰："关中之士，语学而及政，论政而及礼乐兵刑之学，庶几善学者。"子厚曰："如其诚然，则志大不为名，亦知学贵于有用也。学古道以待今，则后世之谬，不必屑屑而难之，举而措之可也。"③

这说明张载主张所学贵于有用，如果道德修为自足，通之于

---

① 程颢、程颐：《二程集》，第 112 页。
② 程颢、程颐：《二程集》，第 115 页。
③ 程颢、程颐：《二程集》，第 1196 页。

外部事物,则没有功名利禄的牵累,可以一心为政。张载对于朝廷不能将"道学"与"政术"合为一体表现出很大的忧虑。他说:

> 朝廷以道学政术为二事,此正自古之可忧者。巽之谓孔孟可作,将推其所得而施诸天下邪? 将以其所不为而强施之于天下欤? 大都君相以父母天下为王道,不能推父母之心于百姓,谓之王道可乎? 所谓父母之心,非徒见于言,必须视四海之民如己之子。设使四海之内皆为己之子,则讲治之术,必不为秦汉之少恩,必不为五伯之假名。巽之为朝廷言,人不足与适,政不足与间,能使吾君爱天下之人如赤子,则治德必日新,人之进者必良士,帝王之道不必改途而成,学与政不殊心而得矣。①

这段文字清晰地表达了张载希望治理政治的人能够爱民如子,能够将"道学"与"政术"合二为一的思想。

最后,张、程都认为"兴教化"是儒者的重要责任。在张、程看来,如果政治主张不能在现实生活中推行,那么,他们自身的重要任务就是"兴教化"。张载说:"今日之往来,俱无益,不如闲居,与学者讲论,资养后生,却成得事。"② 程颐也说:"举礼文,

---

① 张载:《张载集》,第 349 页。
② 程颢、程颐:《二程集》,第 115 页。《程氏粹言》载:张子厚再召如京师,过子曰:"往终无补也,不如退而闲居,讲明道义,以资后学,犹之可也。"子曰:"何必然? 义当往则往,义当来则来耳。"(《二程集》,第 1244 页)

却只是一时事。要所补大，可以风后世，却只是明道。① 在他们看来，收授弟子，讲论学问，滋养后生，提高后继者的德行，对于道学的推行起着至关重要的作用。

二、论礼

中国古代的礼最初主要指祭礼鬼神的器物和仪式，后来逐步演变为道德规范、政教制度、礼治思想、社会习俗以及个体践行的要求等等。在北宋诸儒中，张载以崇尚礼学而著称。据《宋史·道学传》记载，张载"其学尊礼贵德，乐天安命"。② 张载在关中"践礼"，很有名望，所以被召入朝，以礼官任命。司马光评价张载说："教人学虽博，要以礼为先；庶几百世后，复睹百王前。"③ 礼学思想在张载的理论与实践中占有重要地位。张载秉承儒学礼教传统，在构筑新儒学理论体系时仍把礼学置于其思想的重要地位，并且以真诚的信念投入到对于儒家礼学的实践中。张载礼学思想包括两个系统，一个是关于礼的基本观念和礼学结构功能的学理系统，另一个是突出礼在教学过程中的作用和意义的实践系统。④ 二程与张载所讨论的礼学内容大体集中在学理系统的结构功能这一层面。

一、二程对张载以礼教移风易俗深表认同。程颐说："子厚

---

① 程颢、程颐：《二程集》，第 146 页。《程氏粹言》载：子曰：关中学者正礼文，乃一时之事尔。必也修身立教，然后风化及乎后世。（《二程集》，第 1221 页）

② 脱脱等修撰：《宋史·道学列传》，中华书局，1997 年，12724 页。

③ 张载：《张载集》，第 388 页。

④ 林乐昌：《张载礼学论纲》，《哲学研究》，2007 年第 12 期。

以礼教学者,最善,使学者先有所据守。"① 这是说张载以礼的规
范教育弟子,这种方法很好,使弟子们在初学之时能够有所依
据,不至于无从下手。《遗书》记载了一段对话如下:

> 子厚言:"关中学者,用礼渐成俗。"正叔言:"自是关中
> 人刚劲敢为。"子厚言:"亦是自家规矩太宽。"正叔谓:"洛
> 俗恐难化于秦人。"子厚谓:"秦俗之化,亦先自和叔有力焉,
> 亦是士人敦厚,东方亦恐难肯向风。"②

这段话说明,程颐推重关中礼俗的现状。关中礼教形成风俗主
要是在张载的带动下,关中学者共同践行的结果。在这个过程
中,张载弟子蓝田三吕,其中尤其以吕大钧(和叔)做出的贡献
最大。

　　二、张、程对具体礼仪规范的讨论。有结发之礼,③ 丧祭之

---

① 程颢、程颐:《二程集》,第 23 页。《程氏粹言》记载:子曰:"子厚以礼立教,
　使学者有所据守也。"(《二程集》,第 1195 页)

② 程颢、程颐:《二程集》,第 114、115 页。《程氏粹言》:子谓子厚曰:"洛之俗
　难化于秦之俗。"子厚曰:"秦之士俗尤厚,亦和叔启之有力焉。今而用礼渐
　成风化矣。"(《二程集》,第 1217 页)

③ 正叔言:"昏礼结发无义,欲去久矣,不能言。结发为夫妇者,只是指其少小
　也。如言结发事君,李广言结发事匈奴,只言初上头时也,岂谓合髻子?"子
　厚云:"绝非礼义,便当去之。古人凡礼,讲修已定,家家行之,皆得如此。今
　无定制,每家各定,此所谓家殊俗也。至如朝廷之礼,皆不中节。"(《二程集》,
　第 113 页)

礼，① "墓祭合一"之礼，② 以及对朝廷威仪的重视。③ 另外，程颐对 "龙女衣冠" 这种礼仪表示了不满。《遗书》载：

> 张子厚罢礼官，归过洛阳相见，某问云："在礼院，有甚职事？"曰："多为礼房检正所夺，只定得数个谥，并龙女衣冠。"问："如何定龙女衣冠？"曰："请依品秩。"曰："若使

---

① 《礼》言："惟天地之祭为越绋而行事"，此事难行。既言越绋，则是犹在殡宫，于时无由致得斋，又安能脱丧服衣祭服？此皆难行。纵天地之祀为不可废，只消使冢宰摄尔。昔者英宗初即位，有人以此问，先生答曰："古人居丧，百事皆如常，特于祭祀废之，则不若无废之愈也。"子厚正之曰："父在为母丧，则不敢见其父，不敢以非礼见也。今天子为父之丧，以此见上帝，是以非礼见上帝也，故不如无祭。"（《二程集》，第56页）

② 横渠墓祭为一位，恐难推同几之义。（同几唯设一位祭之，谓夫妇同牢而祭也。）吕氏定一岁疏数之节，有所不及，恐未合人情。雨露既濡，霜露既降，皆有所感。若四时之祭有所未及，则不得契感之意。今祭祀，其敬齐礼文之类，尚皆可缓，且是要大者先正始得。今程氏之家祭，只是男女异位，及大有害义者，稍变得一二，他所未遑。吾曹所急正在此。凡祭祀，须是及祖。知母而不知父，狗彘是也。知父而不知祖，飞鸟是也。人须去上面立一等，求所以自异始得（《二程集》，第51页）。

③ 正叔谓子厚："越狱，以谓卿监已上不追摄之者，以其贵朝廷。有旨追摄，可也；又请枷项，非也。不已太辱矣？贵贵，以其近于君。"子厚谓："若终不伏，则将奈何？"正叔谓："宁使公事勘不成则休，朝廷大义不可亏也。"子厚以为然（《二程集》，第47页）。《程氏粹言》记载，有少监逮系乎越狱。子曰："卿监以上无逮系，为其近于君也。君有一时之命，有司必执常法，而不敢从焉。君无是命，而有司请加之桎梏，下则叛法，上则无君，非之大也。"子厚曰："狱情不得，则如之何？"子曰："宁狱情之不得，而朝廷之大义不可亏也。"（《二程集》，第1214页）

某当是事，必不如此处置。"曰："如之何？"曰："某当辨云，大河之塞，天地之灵，宗庙之佑，社稷之福，与吏士之力，不当归功水兽。龙，兽也，不可衣人衣冠。"子厚以为然。①

这则材料表达了张、程礼制思想对人的充分尊重。

以上张、程论"礼"的内容只依据《洛阳议论》总结几点而已，因为对张、程思想只论"交点"，不是面面俱到，所以对二人礼学思想不扩展论述。最后简要强调一点，张载与程颐将传统儒学中的"礼"都做了形而上的论证，从而为儒家伦理思想的现实存在确立了根据。张载认为礼来源于天，他说："生有先后，所以为天序；小大、高下相并而相形焉，是谓天秩。天之生物也有序，物之既形也有秩。知序然后经正，知秩然后礼行。"② 礼不是凭空而制订的，而是根据天序、天秩而来的，按照这种秩序自然就形成人类社会的法则和规矩，因此天地之大经即为礼教之本。程颐认为礼即是理，他说"视听言动，非理不为，即是礼，礼即是理也"。③ "礼"就是"理"，"礼"是人类存在的基本条件，也是人类伦理的基本规定。这样，传统儒学中的礼被提升到本体的高度。

三、论井田

张载与二程关注探讨井田问题，其缘由在于解决当时社会

① 程颢、程颐：《二程集》，第198页。
② 张载：《张载集》，第19页。
③ 程颢、程颐：《二程集》，第144页。

的危机，他们认为推行井田制是实现国家稳定、百姓安定的根本
途径。程颐认为张载对治国之本有很高的见地，他说："某接人，
治经论道者亦甚多，肯言及治体者，诚未有如子厚。"①这就是说
程颐认为他见过的治经论道之人很多，但是没有谁能够像张载
这样关注到治理国家的根本问题，并去解决实际问题。程颐所谓
的"治体"可以通过程颢在上神宗《论十事劄子》看出，程颢说：
"天生蒸民，立之君使司牧之，必制其恒产，使之厚生，则经界不
可不正，井地不可不均，此为治之大本也。"②这里的"大本"就是
程颐所谓的"治体"，即"正经界"。

程颐对张载的评价是中肯的，张载对"治体"的思考是很系
统全面的。张载认为行井田是治道的开端，他说："欲养民当自
井田始，治民则教化刑罚俱不出于礼外。"③"治天下之术，必自此
始。"④张载提倡复行井田，是因为在他看来，"井田行，至安荣之
道"。⑤在张载的理论中，推行井田的方式并不困难，关键在于朝
廷的决心，他说："井田至易行，但朝廷出一令，可以不笞一人而
定。"⑥"人主能行井田者，须有仁心，又更强明果敢及宰相之有才
者。"⑦从皇帝来说，第一要有仁心（能体会老百姓的疾苦），第二

---

① 程颢、程颐：《二程集》，第110页。
② 程颢、程颐：《二程集》，第453页。
③ 张载：《张载集》，第264页。
④ 张载：《张载集》，第249页。
⑤ 张载：《张载集》，第250页。
⑥ 张载：《张载集》，第249页。
⑦ 张载：《张载集》，第251页。

要坚定果敢（能冲破阻力），第三要选用有才能的宰相（能顺利推行）。张载还说："井田亦无他术，但先以天下之地棋布画定，使人受一方，则自是均。"①"治天下不由井地，终无由得平。周道止是均平。"②张载提出的均平，实际上是要求限制当时大地主阶层的土地兼并，使得老百姓有地可依。他的主张是把土地收归国有，然后分配给农民，使农民为国家耕种，取消大地主阶层兼并土地的特权，藉以缓和阶级矛盾。讲"复井田"，实际上是要求改革，并不是要复古。

为了革除时弊，在经济方面，把注意力集中在土地制度的改革上。在张、程看来，宋代土地不均，田制不立是产生社会危机的根源。从而提出复行井田、限制兼并的思想，在《洛阳议论》中，张、程讨论了井田实行的具体方法。

二程谓："地形不必谓宽平可以画方，只可用算法折计地亩以授民。"子厚谓："必先正经界，经界不正，则法终不定。地有坳垤处不管，只观四标竿中间地，虽不平饶，与民无害。就一夫之间，所争亦不多。又侧峻处，田亦不甚美。又经界必须正南北，假使地形有宽狭尖斜，经界则不避山河之曲，其田则就得井处为井，不能就成处，或五七，或三四，或一夫，其实田数则在。又或就不成一夫处，亦可计百亩之数而授之，无不可行者。如此，则经界随山随河，皆不害于画之也。苟如此画定，虽便使暴君污吏，亦数百年坏不得。经界

---

① 张载：《张载集》，第250页。

② 张载：《张载集》，第248页。

之坏,亦非专在秦时,其来亦远,渐有坏矣。"正叔云:"至如鲁,二吾犹不足,如何得至十一也?"子厚言:"百亩而彻,言彻取之彻则无义,是透彻之彻。透彻而耕,则功力均,且相驱率,无一家得惰者。及已收获,则计亩数衰分之,以衰分之数,取十一之数,亦可。"或谓:"井议不可轻示人,恐致笑及有议论。"子厚谓:"有笑有议论,则方有益也。""若有人闻其说,取之以为己功。"先生云:"如有能者,则己愿受一廛而为氓,亦幸也。"伯淳言:"井田今取民田使贫富均,则愿者众,不愿者寡。"正叔言:"亦未可言民情怨怒,止论可不可尔。""须使上下都无此怨怒,方可行。"正叔言:议法既大备,却在所以行之之道。"子厚言:"岂敢!某止欲成书,庶有取之者。"正叔言:"不行于当时,行于后世,一也。"子厚曰:"徒善不足以为政,徒法不能以自行。须是行之之道。又虽有仁心仁闻,而政不行者,不由先王之道也。须是法先王。"正叔言:"孟子于此善为言。只极目力,焉能尽方圆平直?须是要规矩。"①

这段对话大体是说:二程认为如果地形不够宽平也不影响划分,可以按照折算的方法计亩授田。张载认为行井田必须先从正经界始,经界不正,则井田之法无从定。一旦经界划定,井田实施,即使是暴君统治,数百年坏不得。有人说井田不可轻易说与别

---

① 程颢、程颐:《二程集》,第110—111页。《程氏粹言》记载,谓子厚曰:"议法既备,必有可行之道。"子厚曰:"非敢言也。顾欲载之空言,庶有取之者耳。"子曰:"不行于今,而后世有行者,亡也。"(《二程集》,第1212页)

人，否则会招致耻笑与议论。张载认为有人评说是好事，这样就可以让井田制得到宣传，如果有人听闻之后可以推行，则是幸运的事情。程颢认为推行井田的关键问题是当时的人们能不能接受，如果把现有土地不论先前是谁占有，平均分配给每个人，这当然会得到贫苦农民的拥护，但是占有土地的官僚，虽然人数少，他们是不会同意的。程颐认为关键在于井田的方案可不可行，民情的怨怒是其次的事情。张载认为，不管是上层官僚还是下层百姓都对这一事情不存怨怒，才可以推行井田制。程颐向张载咨询议法完备后具体的推行方法，张载认为先写成书，以备有人可能会采用。程颐认为如果当时不能推行的话，那行于后世也是可以的。

二程与张载在还讨论了如何占田的问题：

> 二程问："官户占田过制者如何？""如文曾有田极多，只消与五十里采地尽多。"又问："其他如何？""今之公卿，非如古之公卿。旧有田多者，与之采地多。概与之，则无以别有田者无田者。①

指出大官僚占田极多，但与古代公卿贵族已有不同，古代的公卿贵族占有的土地是由诸侯在其采地内又划分为一定数量的田地赐封的，他们的田之所以多，是因为采地多的缘故，这与宋代公卿卖田兼并不同。如果将土地都以赠与的方式分配，就无法区

---

① 程颢、程颐：《二程集》，第 111 页。

别有田者和无田者。张载认为，"盖人无敢据土者，又须使民悦从，其多有田者，使不失其为富。借如大臣有据土千顷者，不过封与五十里之国，则已过其所有；其他随土多少与一官，使有租税人不失故物"。^①对兼并者，根据其占田的多少授与相应的官职，使其在实行井田的过程中不失过去的富贵，这样就可以使分到土地的贫农与失去土地的兼并者都可以悦从。

张载又提倡"封建"，他说："井田卒归于封建乃定。"^②宋代开国初期，鉴于藩镇割据的弊害，采取了一系列加强中央集权的措施，国内分裂状态消除了，却又因过分削减了地方的权力而削弱了国防力量。张载看到过分集权的弊病，看到当时边防的无力，他认为一切事情都由中央朝廷来管，未必管得好。"所以必要封建者，天下之事，分得简则治之精，不简则不精，故圣人必以天下分之于人，则事无不治者。圣人立法，必计后世子孙，使周公当轴，虽揽天下之政，治之必精，后世安得如此！"^③张载讲井田，主观上是试图解决贫富不均的问题；讲"封建"，主观上是试图调整中央与地方的权限。"井田而不封建，犹能养而不能教；封建而不井田，犹能教而不能养。"^④在张载看来，井田与封建，二者缺任何一项，国家的治理都不能达到最佳状态。

张载主张实行井田制与封建制，目的是为了解决社会贫富

① 张载：《张载集》，第 249 页。
② 张载：《张载集》，第 251 页。
③ 张载：《张载集》，第 251 页。
④ 张载：《张载集》，第 297 页。

不均的根本问题，寻求一条长治久安之道。二程对张载复行井田的赞同与支持意味着他们确实想从根本上寻找一条治国安邦之道，实现"为生民立命"的愿望。他们所怀抱经世安邦的宏大抱负，一方面显示出他们是经世之儒，另一方面也显示出儒学与佛、道的明显差异。

下编

二程对张载思想之批评与借鉴（1078—1107）

　　熙宁十年（1077）十二月，在洛阳与二程论学之后，张载返归长安，在归途中病逝于临潼驿馆。道学的一颗巨星陨落了。程颢得知消息之后相当悲痛，作了《哭张子厚先生》诗，曰："叹息斯文约共修，如何夫子便长休！东山无复苍生望，西土谁共后学求？千古声名联棣萼，二年零落去山丘。寝门恸哭知何限，岂独交亲念旧游？"①这首诗除了对张载的去世表达悲痛与惋惜之外，更重要的是感叹在儒学重构的道路上失去了一位难得的同道与知己。

　　张载去世后，关中弟子由于学业未成，不能独立讲学，再加之，关中地区受边事困扰，战事频繁，农业受到极大破坏，所以士人纷纷东渡。②在元丰二年（1079），张载的诸多弟子先后东见二程，并开始向二程求学。从相关文献中可以看到，关学弟子师从二程能够见诸姓名的有以下七人：

---

① 程颢、程颐：《二程集》，第485页。

② 关于关学衰落的原因，二程的说法是："观秦中气艳衰，边事所困，累岁不稔。昨来馈边丧亡，今日事未可知，大有可忧者；以至士人相继沦丧，为足妆点关中者，则遂化去。吁！可怪也。凡言王气者，实有此理。生一物须有此气，不论美恶，须有许大气艳，故生是人。至如阙里，有许多气艳，故此道之流，以至今日。昔横渠说出此道理，至此几乎衰矣。只介父一个，气艳大小大。"（吕大临记录明道语，《二程集》，第26页）"关中学者，以今日观之，师死而遂倍之，却未见其人，只是更不复讲。"（吕大临记录伊川语，《二程集》，第50页）这说明，一是，关中地区深受战乱影响，士人大都避战离开；二是，张载的大部分弟子由于修习未成，不能独立在关中讲学，而东见二程继续深造。张载弟子没有守住师说，又无力宣讲，由此看来，关学的衰落在张载去世后不久就已经成为事实了。

　　蓝田三吕，分别是吕大忠、吕大钧、吕大临兄弟三人。吕大忠，字晋伯，皇祐进士，历知代州。绍圣二年（1095），知渭州、后知同州。吕大忠性情刚毅质直，勇于有为，张载称其"笃实而有光辉"。与其弟吕大防、吕大钧、吕大临订有《乡约》。吕大钧，字和叔，学者称京兆先生。嘉祐二年进士，授秦州司理，改知三原县。后以道未明，学未优，不复仕进。吕大钧为人刚直，少时博学多闻，一日闻张载之说，悦而好之，由博反约，并对张载执弟子礼。"横渠以礼教为学者倡……寂寥无有和者。先生独信之不疑"，[①]并"能守其师说而践履之"。张载叹"秦俗之化，和叔有力"，"勇为不可及"，程颐称其"任道担当，其风力甚劲"。[②]吕大临，字与叔，宋仁宗庆历六年（1046）生，[③]宋神宗熙宁三年（1070），张载返归横渠镇以后，大临兄弟"遂执弟子礼"，游学张门。吕大临"通六经，尤邃于礼"，[④]程颐称其"深潜缜密，资质好，又能涵养"。熙宁十年（1077），张载去世，大临撰《横渠先生行状》。元丰二年（1079），大临兄弟东见二程并师事焉。吕大临后成为程门"四先生"之一。

---

① 冯从吾：《关学编》，第9页。

② 冯从吾：《关学编》，第10页。

③ 吕大临的出生时间是一个有争议的问题，大体有三种说法：一说为仁宗康定元年（1040），一说为仁宗庆历二年（1042），一说为庆历六年（1046）。参见刘学智主编：《中国学术编年》（宋元卷），第85页。吕大临为张载弟张戬之婿，张戬曾说"吾得颜回为婿矣"。张戬生于仁宗天圣八年（1030），卒于熙宁九年（1076），吕大临是张戬之婿，以常理判断，他至少比张戬小十多岁，所以本文认为，吕大临的出生以1046年之说更为合理。

④ 冯从吾：《关学编》，第11页。

其余四人分别是：苏昞，字季明，京兆武功（陕西武功）人，世称武功先生。熙宁九年（1077）张载过洛，与二程论学，苏昞记录三先生谈话内容，后集为《洛阳议论》。其学于张载最久，张载去世后，从学于二程。《正蒙》的篇章为其所编。元祐末由吕大忠推荐，自布衣召为太常博士。后由于元祐上书获罪，编管饶州，卒。范育，字巽之，邠州（陕西旬邑县）三水人。举进士，为泾阳令。以养亲谒归，从学张载。后有人举荐为崇文校书，监察御史里行。曾向神宗举荐张载等数人。后知韩城、知河中府、加直集贤院、徙凤翔，后镇秦州。张载去世后，曾从二程学。有《正蒙序》。潘拯，字康仲，关中人，师事张载，并尝问学于二程。薛昌朝，字景庸，张载门人。曾为御史，论新法。也曾问学于程颐。

由于张载弟子师事二程，这样就提供了一个契机，使二程通过与关学弟子的交往、相互论学以及批评指导，得以对张载思想进行较为全面的观摩总结，从而进一步推进与完善道学体系的建构，这就形成关洛学派关系的第二阶段。

在这一阶段，二程对张载思想不管是批评还是认同，都可以看作是思想传承与转进的另外一种表现。由于这部分的文献所涉及的内容较为多面，我们不容易以具体时间进行划分与归类，所以，与第一阶段以时间为主、问题为辅的归类不同，第二阶段则采取以问题为主、时间为辅的归类方式。

第五章　二程对张载宇宙论思想之评说及发展

第一节　从"太虚"到"天理"

一、二程对张载"太虚"观之批评

二程对张载思想的批评最集中地指向"太虚"本体论。其实，我们在张、程的第三次论学中，已经看出程颐对张载宇宙论哲学在认可的前提下有批判，这意味着，二程本体论思想肯定与张载的不同。但是，直到张载去世后，二程在批评张载"太虚"观的基础上，才明确地构建起其"天理"观。

在分析二程对张载"太虚"观的批评之前，有必要对张载宇宙论哲学解决了什么问题、完成了什么任务作简要总结。这须从周敦颐的宇宙论哲学存在的问题说起。周敦颐作为理学开山，确实已经自觉地在建立本体论，并且试图沟通天人，但这一任务在他去世前并没有完成。周敦颐哲学的最高范畴是"无极"，中心命题是在《太极图说》中提出的"自无极而为太极"，其基本思维模式是由"无极"到"太极"，再由"无极之真，二五之精，妙合而凝"的演化阶段，然后到"立人极"。其贡献在于自觉地重构儒家的本体论，并且为探索天人沟通做出努力。其不足在于对本体论与天人关系的探索还不够成熟,在宇宙本体与宇宙生成之间的贯通方面,存在非常周折的问题。张载曾说:"若谓虚能生气,则虚无穷,气有限,体用殊绝,入老氏'有生于无'自然之论,不识所谓有无混一之常;若谓万象为太虚中所见之物,则物与虚不相资,形自形,性自性,形性、天人不相待而有,陷于浮屠以山河大地为见病之说。……不悟一阴一阳范围天地、通乎昼夜、三极大中之矩,遂使儒、佛、老、庄混然一涂。"[①] 在张载看来,周敦颐的理论不但没有解决天人沟通的问题,而且有与佛、老哲学"混然一涂"的倾向。因为在周敦颐的思想体系中,作为体的无极带有空虚的本质,作为用的万物带有实然的本质,无极与万物之间存在着根本性质上的不同,实然由空虚所生化,两者事实上不能进行有效的互动。程颐也看到了周敦颐的理论没能解决本体一贯性问题,他说:"冲漠无朕,万象森然已具,未应不是先,已应不是后。如百尺之木,自根本至枝叶,皆是一贯,不可道上面一段事,无形无兆,却待人旋安排引入来,教入涂辙。既是涂辙,却只是一个涂辙。"[②] 又说:"'寂然不动',万物森然已具在;'感而遂通',感则只是自内感。不是外面将一件物来感于此也。"[③]"冲"取老子冲虚之义,"漠"同"穆",是寂静的意思,"朕"是征兆;两句话和在一起的意思是说冲虚无盈,寂然不动之本体,通过内感将宇宙万象呈现出来。程颐认为本体与现象是一贯相通,不可以先后、内外来划分。如果理论上有这样的表述,

① 张载:《张载集》,第 8 页。

② 程颢、程颐:《二程集》,第 153 页。

③ 程颢、程颐:《二程集》,第 154 页。

那就是不得当、不周全。概括而言,周敦颐理论的主要不足就在于以道家的"有无"作为儒家本体论阐释的依据,在理论建构的过程中造成体与用在贯通过程中不顺畅。

周敦颐理论上存在的问题恰成了张载思想的重要逻辑出发点。所以,张载不讲宇宙生成演化,不分先天、后天,直接采用道家的"太虚"一词,并与气结合来阐发自己的思想。[①]张载以"虚气关系"为基本框架,建构起一个精深的"二而不二"[②]的宇宙论哲学思想体系。"二"是指太虚与气处于两个层面,主旨是在本体的层面讲太虚,确立本体至高无上的地位,为儒家的价值源泉寻找根据;"不二"是指太虚与气在宇宙生成中的和合不离,此层面主旨在于用"太虚即气"的命题解决现实人生中所面临的诸多问题。虚气之分(不是分为两截)与虚气之合(不是合而不分)显示张载在构建宇宙论哲学的用心所在。张载立"太虚"为本体,使其具有根源性、独立性、终极性等特征,这就创立了独立的本体论;而用"太虚即气"之论又解决了天人二本、体用殊绝的问题,将形上与形下贯通起来。这是张载对于儒家宇宙论哲学的重要贡献。

正是在张载对宇宙论思想建构达到这种程度的基础上,二程对宇宙论哲学作了进一步提升。在二程看来,张载宇宙论哲学虽解决了以上问题,但理论本身仍存在不足,大体归结为三:一是

[①] 张载不采"太极"之语可能是为了避免周敦颐、邵雍在宇宙论哲学中存在的宇宙生成模式。

[②] 朱宝昌语,转引自林乐昌:《张载两层结构的宇宙论哲学探微》,《中国哲学史》,2008年第4期。

张载对"道体"（本体）的表述不够妥帖，二是天人合一的内容不够完善，三是"气"论存在问题。此节主要探讨第一个问题。

在《语录》中，二程对张载太虚观进行批评的关键语句有如下六条：

> 立清虚一大为万物之源，恐未安，须兼清浊虚实乃可言神。道体物不遗，不应有方所。①
>
> "形而上者谓之道，形而下者谓之器。"若如或者以清虚一大为天道，则乃以器言，而非道也。②
>
> 有形总是气，无形只是道。③
>
> 气外无神，神外无气。或者谓清者神，则浊者非神乎？④
>
> 尝问先生，"其有知之原，当俱禀得"。先生谓："不曾禀得，何处交割得来？"又语及太虚，曰："亦无太虚。"遂指虚曰："皆是理，安得谓之虚？天下无实于理者。"⑤

---

① 程颢、程颐：《二程集》，第 21 页。

② 程颢、程颐：《二程集》，2004 年，第 118 页。《程氏粹言》记载：子曰："子厚以清虚一大名天道，是以器言，非形而上者。"（《二程集》，第 1174 页）

③ 程颢、程颐：《二程集》，第 83 页。《程氏粹言》记载：子曰："离阴阳则无道。阴阳，气也，形而下也。道，太虚也，形而上也。"（《二程集》，第 1180 页）《程氏粹言》又载：子曰："以气明道，气亦形而下者耳。"（《二程集》，第 1182 页）

④ 程颢、程颐：《二程集》，第 121 页。《程氏粹言》记载：张子曰："太虚至清，清则无碍，无碍故神。反清则浊，浊则有碍，碍则形窒矣。"子曰："神气相极，周而无余。谓气外有神，神外有气，是两之也。清者为神。浊者何独非神乎？"（《二程集》，第 1256 页）

⑤ 程颢、程颐：《二程集》，第 66 页。

或谓许大太虚。先生谓："此语便不是，这里论甚大与小？"①

从这六条中，我们可以看出二程将张载的道体概括为"清虚一大"，这四个字确实不是二程发明，乃是张载思想本有义，是对道体的描述性语言。例如，"清"之语有"太虚为清，清则无碍，无碍故神；反清为浊，浊则碍，碍则形"，②"虚"之语有"气本之虚则湛一无形，感而生则聚而有象"，③"气之性本虚而神，则神与性乃气所固有"。④"一"之语有"静者善之本，虚者静之本。静犹对动，虚则至一"。⑤"大"之语有"'语大天下莫能载焉，语小天下莫能破焉'，言其体也。言其大则天下莫能载，言其小则天下莫能破，此所以见其虚之大也"，⑥"天之不御莫大于太虚"。⑦二程将张载对道体的描述作了概括，总结成语录中所谓的"清虚一大"。当然，从张载角度而言，这些描述性语言所要表达的本体（太虚）不是动、静相对之静，而是绝对之"至静"；不是一、二相对之一，而是绝对之"至一"；不是大、小相对之大，而是无限大。这些词语都

---

① 程颢、程颐:《二程集》，第66页《程氏粹言》记载："或谓'惟太虚为虚'。子曰：'无非理也，惟理为实。'或曰：'莫大于太虚。'曰：'有形则有小大，太虚何小大之可言？'"（《二程集》，第1169页）

② 张载:《张载集》，第9页。

③ 张载:《张载集》，第10页。

④ 张载:《张载集》，第63页。

⑤ 张载:《张载集》，第325页。

⑥ 张载:《张载集》，第322页。

⑦ 张载:《张载集》，第25页。

是对"本体"绝对性的描述,这一点在张载的思想中显而易见。[①]
即便如此,在二程看来,此本体论仍需要进一步完善。

　　二程对张载"道体"的批评是建立在对张载太虚本体承认
的前提之下,就是说他们只是认为张载用"太虚"表达道体有不
妥之处,需要改进。例如程颢说:"横渠教人,本只是谓世学胶
固,故说一个清虚一大,只图得人稍损得没去就道理来。"[②]又说:
"张兄言气,自是张兄作用,立标以明道。"[③]张载与二程都认为:
本体是真实存在的,而且本体是可以通过修养工夫所达到的境
界去把握的,只不过在关于本体究竟如何言表,本体与万物的关
系如何去贯通,把握本体需要借助怎样的方法等方面存在差异。
问题的焦点在于:如何对道体进行表述,才能达到纯然无杂的程
度。张载对本体的表述不够纯粹,那么,二程所面临的任务是如
何使本体的表述达到绝对纯粹、抽象的程度。正是在批评张载
本体论思想的过程中,二程不断地抽象、纯化本体的概念,最终
完成了本体论的建构。由于二程对张载"太虚"观的批评并不完
全一致,因此,需要对程颢、程颐论说分别论述。

　　从程颢的角度而言,首先,他所说的"立清虚一大为万物之
源,恐未安"与"或者以清虚一大为天道"都表明,他对张载所建

---

①《朱子语类》记载:问:"横渠有'清虚一大'之说,又要兼清浊虚实。"曰:"渠
　初云'清虚一大',为伊川诘难,乃云'清兼浊,虚兼实,一兼二,大兼小'。渠
　本要说形而上,反成形而下,最是于此处不分明。"(《朱子语类》,第3335页)
　唐君毅认为,按《正蒙》之旨,本是清兼浊、虚兼实,"盖非伊川诘难而后如此
　说"(《中国哲学原论·原教篇》,第81页)。
② 程颢、程颐:《二程集》,第34页。
③ 程颢、程颐:《二程集》,第79页。"张兄"一作"横渠"。

立的"道体"是在承认的前提下，提出不同看法。在程颢看来，张载的表述，仍是割裂了有无、虚实、清浊的关系。其次，"须兼清浊虚实乃可言神。道体物不遗，不应有方所"与"乃以器言而非道也"这里，程颢对张载提出批评的原因主要有二：一、程颢语境中的"太虚"概念与张载的"太虚"大不相同。程颢所谓的"太虚"基本是指无限的宇宙空间。例如他说："太山为高矣，然太山顶上已不属太山。虽尧、舜之事，亦只是如太虚中一点浮云过目。"[1] 由此可知，程颢与张载的太虚并非同指。二、张载对道体的描述确实存在与气相混杂的一面，例如"凡气清则通，昏则壅，清极则神"与"太虚为清"，用"清"这个词语既来描述"太虚"，又来描述"气"，这就使得清通无碍之气与对太虚的描述混淆在一起。当然，在张载的语境中，虚与气之真正区别不在于清，而在一与大。只有太虚才有一与大的特征，而气却不具备这样的特征。张载太虚本体的建立，意味着清虚一大并不是要停留在气的层面。张载采用"气"这一概念的主要目的就是说明道不离器（气），以免使道成为一个悬空的道，"道体"必待气化而流行，因此气的意义在于用而不在于体。但是清虚这样的表述无不充满气的特征，不可避免使人产生误读。所以，程颢认为张载其源头有未是处。[2]

---

[1] 程颢、程颐：《二程集》，第 61 页。

[2] 关于"气外无神，神外无气。或者谓清者神，则浊者非神乎"，程颢的意思是说神字根本上不能从气的清浊上来说，气与神相即不离，神即是天道本体的显现，本体无所不包无所不在，所以用来清形容神是有问题的，至少"在形上性内涵上是不周延的"（崔大华：《儒学引论》，第 484 页）。

在以上所引的二程语录中，与"太虚观"紧密相连，程颢对张载批评还涉及《周易》两个重要命题，即"形而上者谓之道，形而下者谓之器"与"一阴一阳之谓道"。这两个命题都是《系辞》对形上形下以及道器界定的关键命题，张载与程颢都借用了这两个命题，但他们对此的理解不同，据此诠释出的思想也不相同。

就张载而言，他所谓的形上、形下不仅关乎道器两个范畴，而且还关涉"象"、"几"等概念。《系辞》中的"形而上者谓之道，形而下者谓之器"只划分出道器两个范畴，而张载在诠释形上与形下之时，涉及了道、象、几、气、形五个概念，这些概念中最重要的是气，由气的变化运动而产生的不同形态，呈现出其它几个概念。

首先，张载是以有形体与无形体来划分形上形下。他说："'形而上者'是无形体者，故形而上者谓之道也；'形而下者'是有形体者，故形而下者谓之器。无形迹者即道也，如大德敦化是也；有形迹者即器也，见于事实即礼义是也。"① 又说："运于无形之谓道，形而下者不足以言之。"② 这里所说的有形体者，就是可以见之于事实，人能通过耳目感官看得见、摸得着的东西；而所谓的无形体者就是道，也可以说是"凡不形以上者，皆谓之道"，③ 就是说除了"形"之外，象、几、气都可以属于道的范畴。

---

① 张载：《张载集》，第 207 页。
② 张载：《张载集》，第 207 页。
③ 张载：《张载集》，第 207 页。

其次，张载用气、象、几等概念来贯通形上形下，即贯通"道"与"形"。在张载看来，有形体者与无形体者都比较容易区分，最不易把握的是形与不形贯通处。他说："惟是有无相接与形不形处知之为难。须知气从此首，盖为气能一有无，无则气自然生，气之生即是道是易。"[1] 因为气有"通有无"的作用，所以，张载用气来诠释与贯通"道"与"形"之间的其他概念。这里所说的"有无相接与形不形处"也就是张载所说的"几"，他说"几者动之微"，[2] 又说"几者象见而未形者也"，[3] 这就是气与"几"与"象"的关系。可以看出，张载所谓的"象"（也可称为几）就是形与未形之间的一个环节，是已动但未形，人看不见的状态。对象与气之间的关系，张载还有多处解说。他说："有气方有象，虽未形，不害象在其中。"[4] "凡可状，皆有也；凡有，皆象也；凡象，皆气也。气之性本虚而神，则神与性乃气所固有，此鬼神所以体物而不可遗也。"[5] "气聚则离明得施而有形，气不聚则离明不得施而无形。"[6] 象与气紧密相连，象是气未聚时看不到的一种存在状态；气不聚则是无形，是形上；气聚得施则是有形，是形下。这就是说，张载的形而上包括道、象（几）、气散，形而下则指有形迹者，包括气聚、形、器等。气，是贯穿道、象、几、形这四

---

① 张载：《张载集》，第 207 页。

② 张载：《张载集》，第 181 页。

③ 张载：《张载集》，第 221 页。

④ 张载：《张载集》，第 231 页。

⑤ 张载：《张载集》，第 63 页。

⑥ 张载：《张载集》，第 8 页。

者的关键所在。①

再次，张载认为"一阴一阳之谓道"讲的是阴阳与道之间的关系。张载在诠释《系辞》"一阴一阳之谓道"时说："一阴一阳是道也。"② 认为"一阴一阳"本身就是道。《易说》中，张载说："一阴一阳不可以形器拘，故谓之道。乾坤成列而下，皆《易》之器。乾坤交通，因约裁其化而指别之，则名体各殊，故谓之变。推行其变，尽利而不遗，可谓通矣。"③ "阴阳者，天之气也，亦可谓道。"④ 这都说明，在张载看来，阴阳本身就是道。

这里需要强调的是：张载所谓的道虽然是形而上，但却并不是对本体的直接指涉，即道不是张载的最高本体。从张载的思路看，虽然"气"兼形上和形下两个层面，但是气的贯通只涉及象或道这一层面，并未涉及太虚（天）这一层面。万物因气之聚散而有生灭，虚与神则是不生不灭的常在，宇宙间的至实。用"气"说明万物的生成变化，用"太虚"说明本体的绝对性、永恒性，这正是张载思想体系的特点。从张载的形上学牵涉气这一

---

① 王葆玹在《试论张载的易学体系及其与礼学的关系》一文中认为，"张载所说的气介于形上形下之间。相当于易学中的'几'。"参见葛荣晋等主编：《张载关学与实学》，西安地图出版社，2000年，第36页。此说表述不够准确。准确地说，气不仅介于形上形下之间，而且贯通形上形下。气至少有两种形态，一是张载所谓的"象"，相当于"几"，是已经包含气，但却未聚而成形的状态，不可以看到，属于形上的层面；另一种是已成形的状态，即气聚的状态，可以看得见，属于形下的层面。

② 张载：《张载集》，第187页。

③ 张载：《张载集》，第206—207页。

④ 张载：《张载集》，第324页。

点,可以体会到二程对张载的批评是有根据的。

就程颢而言,他对"形而上者谓之道,形而下者谓之器"与"一阴一阳之谓道"的诠释基本是放在一起的。首先,他在形上形下的区分中只涉及道气两个范畴。虽然程颢也说"有形总是气,无形只是道",①但却没有在道器之间夹杂其他的概念。不仅如此,程颢还将道与气的界限作了清晰的划分,他说:"《系辞》曰:'形而上者谓之道,形而下者谓之器。'又曰:'立天之道曰阴与阳,立地之道曰柔与刚,立人之道曰仁与义。'又曰:'一阴一阳之谓道。'阴阳亦形而下者也,而曰道者,惟此语截得上下最分明,元来只此是道,要在人默而识之也。"②阴阳是形而下者,而道是形而上者,这两者必须"截得分明"。器与道在理论上自应有分疏之处。不可以器为道,从而销道于器,又不可执器望道。程颢认为张载以"清虚一大"言本体,就把道、器混为一谈了。道是超越性的本体,是万物之源,有了这一形而上的本体,千差万别的世间万物才有终极性的保证,所以对形上、形下必须作出区分。

其次,程颢认为道虽是形而上者,但却不离形而下的阴阳、刚柔。阴阳、刚柔、仁义是道在天、地、人的表现,实际上道就体现在阴阳的气化中,不是离开阴阳而别有一个所谓的道,"元来只此是道",道就在阴阳之中。程颢着眼于道的发育流行,无所不在。他又说:"形而上为道,形而下为器,须著如此说。器亦道,道亦器,但得道在,不系今与后,己与人。"③程颢这番话的意思

---

① 程颢、程颐:《二程集》,第 83 页。

② 程颢、程颐:《二程集》,第 118 页。

③ 程颢、程颐:《二程集》,第 4 页。

是，从思维对于对象的把握上，道器有形上和形下之分，我们应该区分抽象（道）和具体（器），即"须著如此说"。但就实际存在来说，道不在阴阳形器之外，道器是相即而不离的。道不离器，器不离道；器中必有道，道即在器中，所以是"器亦道，道亦器"。从本体论的角度讲，道是超越的，决定形而下的，道与器不能无分别。从生成论的角度讲，程颢说："道之外无物，物之外无道。"形而上的道又存在于形而下的阴阳中，道不离阴阳。[①] 相对于张载而言，程颢的表述更为圆融。

张载与程颢对"一阴一阳之谓道"的诠释表现出两种不同观点，张载认为一阴一阳本身就是道；程颢认为一阴一阳只是形而下，不是道，真正的道才是形而上。他们的不同诠释代表了两种不同的理解模式。[②] 张、程之所以对此诠释不同，原因在于，在程

① 程颢认为，真正的道不能以清虚一大去表示和界分。因为这仍旧是一种分解表示方式，乃是"器言"。此分解的器言当然不可能表达那统摄一切、不受限制的道体。程颢认为若分解地言道是阴阳，已落入一相对的观念，已非道体之本来面貌。原来"道虽不即阴阳，亦不离阴阳"，故"截得分明"而又圆融。道与器可分又不可分。形上形下的分别只是作为这圆融境界的背景，是过渡至此境界的必要桥梁而已。真正绝对圆融的道体不只是普遍也必然包括具体，不只是形上必然包括形下，不只是外或内而必然包括内外、主客。要描述这种绝对的圆融境界，不能再用一般的分解式说法，而必须做圆顿的（非分解式）的表达。参见温伟耀：《成圣之道——北宋二程修养功夫论研究》，第32—33页。

② 陆九渊与朱熹对"一阴一阳之谓道"的辩论更能说明当时确实存在着对此一命题的两种不同的诠释：一是认为一阴一阳本身就是道；另一种认为一阴一阳只是形而下，不是道，真正的道是形而上。陆九渊认为："《易》之《大传》曰'形而上者谓之道'，又曰'一阴一阳之谓道'，一阴一阳已是形 （转下页）

颢的思想体系中，"理"和"道"是同一层次的范畴。道（理）是阴阳之所以为阴阳者，万物之所以为万物者，而阴阳只是构成万物的原始物质。阴阳互相感应，往来阖辟，循环不已，创生万物，而万物有形体，故谓之器。程颢从理本论的角度来解释道器关系，天、理、道、易、神都是形而上的范畴，器、气都是形而下的范畴。从主宰、包容遍覆义而言，称此形而上为"天"；从它是万物变化之源而言，称之为"易"；从它落实在实然的经验世界中，展现为千差万别的万事万物而言，称之为阴阳不测之"神"。而张载的"天"与"道"则是两个层次的范畴，太虚是"天"，"气化"是道。这就是说，道不是张载思想中的最高范畴，道是在"太虚"（天）之下的次一个层次的范畴，是指本体对世界的推动而呈现的运动变化，就是"由气化，有道之名"。[①] 由此可知，虽然张、程使用的命题与范畴是同一的，但是范畴内涵的诠释却并不相同，因此出现差异与分歧。

从程颐的角度而言，他对张载本体思想的批评也是从"一阴一阳之谓道"出发的。首先，程颐严格将形上与形下、道与器区分开来，强调"道非阴阳，所以一阴一阳者道也"。他说："离了阴阳更无道，所以阴阳者是道也。阴阳，气也。气是形而下者，道是形

（接上页）而上者，况太极乎？"（《宋元学案·濂溪学案》，第 611 页）朱熹认
　　为："凡有形有象者皆器也，其所以为是器之理者则道也。"（《宋元学案·濂
　　溪学案》，第 617 页）"四象八卦，皆有形状。至于太极，有何形状？"（《朱子
　　语类》，第 3115 页）
① 张载：《张载集》，第 9 页。

而上者,形而上者则是密也。"^① 张载认为"形上"是无形之象,程颐则认为形而上是"密"。"密"来源于《系辞》"圣人以此洗心,退藏于密",程颐引用"密"在于说明"密"是用之源,是本体。他说:"'退藏于密',密是用之源,圣人之妙处。"^② 这样,程颐所界定与理解的"形上"指的就是本体。这就是说,张载将"一阴一阳"理解为道,而道就是气的运动变化;程颐将"一阴一阳"理解为气,而对"一阴一阳"起着支配作用的才是道,"或者说,潜存在'一阴一阳'中的那个'密'方是道"。^③ 这样,程颐道和器不仅是有形、无形的关系,主要是"然"与"所以然"的关系。通过这样的诠释,程颐揭示了无形之本体与有形之现象的关系。

其次,程颐用"理"取代张载的"太虚"。程颐说:"'一阴一阳之谓道',此理固深,说则无可说。所以阴阳者道,既曰气,则便是二。言开阖,已是感,既二则便有感。所以开阖者道,开阖便是阴阳。"^④ 程颐认为气是有形之物,只有无形之道(理),即所以阴阳者,才是宇宙的本体。针对太虚,程颐说:"'亦无太虚。'遂指虚曰:'皆是理,安得谓之虚? 天下无实于理者。'"^⑤ 认为理是最具实在性的本体存在。这就改变了张载的太虚观,而用理取代太虚。

概言之,在二程看来,张载的太虚本体论存在以下问题:一、张载的"形而上"中夹杂气的因素,没有完全摆脱感性成分,所

---

① 程颢、程颐:《二程集》,第162页。
② 程颢、程颐:《二程集》,第157页。
③ 崔大华:《儒学引论》,第484页。
④ 程颢、程颐:《二程集》,第160页。
⑤ 程颢、程颐:《二程集》,第66页。

以存在不周延的问题。[①] 二、本体与现象之间的贯通不够畅通，尤其是本体与社会伦理的贯通比较周折。三、太虚毕竟是道家的用语，有必要用儒家的词语取而代之。张载本体思想存在的问题正是二程进一步建构本体论需要解决的问题。

二、二程之"天理"观

"天理"一词最早来源于《庄子·养生主》"依乎天理"，《庄子·天运》有"夫至乐者，先应之以事，顺之以天理"，这里的天理指天然的理则。《乐记》中天理属于道德范畴，作为"人欲"的对立面使用。宋代之前，"理"范畴在发展演变的过程中，已具有条理、规律、伦理道德和宇宙根源等内涵。其中条理和规律的含义为各家各派所共有，而伦理道德的含义为儒家所强调，但儒家尚没有把"理"上升为宇宙本体，其理论思辨水平较低。北宋时期，很多人物都使用"天理"一词，[②] 但都没有将"天理"（或"理"）作为最高范畴。张载对"理"有多处界说，已经将"理"

---

① 崔大华：《儒学引论》，第 484 页。

② 在张、程之前使用过"天理"概念学者大体有：欧阳修提出："物无不变，变无不通，此天理之自然也。"天理仅是事物变化的规律，不具有本体的意义。邵雍提出："能循天理动者，造化在我也。""得天理者，不独润身，亦能润心。"这里的天理指的是自然之理。理在邵雍的哲学体系里，从属于道，理虽具有事物规律和儒家伦理的含义，但还没有从中抽象出来作为最高哲学范畴。周敦颐对理的论述较少，他说："爱曰仁，宜曰义，理曰礼，通曰智，守曰信。"其理的基本含义是指以礼为代表的伦理道德。新学代表王安石提出"天下之理皆致乎一"的观点，展现出由万物之理向天下一理演变的轨迹。

上升到本源的高度，只是没有作为最高本体。①

从文献看，二程最早使用"天理"一词，大约在1070年前后。如程颢在《程邵公墓志铭》（1069）中用"天理"。对"理"字的使用则更早一些，如程颢在《定性书》（1059）中用"理"。这些只是一用而已，并没有对"理"的涵义进行任何解说。对"天理"（简称"理"）有明确解说是在《东见录》（吕大临所记）中。二程以"理"释"天"，认为"天者理也"，这样就将"天"与"理"结合起来，"天理"成为他们哲学体系中的最高范畴，使其成为内涵丰富、外延广泛、沟通天人、联系自然与社会的范畴。二程从各个方面对"天理"作出解释，"天理"观所具备的本体地位清晰可见。所以，在学界，"天理"作为二程哲学的最高范畴，不存在争议。

在这里我们需要分析的是，与张载的太虚观相比，天理观作为本体范畴更纯粹的方面在哪里。除了"天理"本身具有独立性、超越性、②根源性、包容性③等本体所具备的特征之外，更重要的是在本体与社会伦理的贯通中，天理观论证更为圆熟。

---

① 参看"穷理尽性"一节。

② "天理"具有独立性、超越性："天理云者，这一个道理，更有甚穷已？不为尧存，不为桀亡。人得之者，故大行不加，穷居不损。这上头来，更怎生说得存亡加减？是他元无少欠，百理具备。得得这个天理，是谓大人。以其道变通无穷，故谓之圣。不疾而速，不行而至，须默而识之处，故谓之神。"（《二程集》，第31页）

③ "天理"具有根源性，万物都从天理来："所以谓万物一体者，皆有此理，只为从那里来。'生生之谓易'，生则一时生，皆完此理。人则能推，物则气昏，推不得，不可道他物不与有也。"（《二程集》，第33页）

首先,天理是自然界与人类社会的共同根源。程颢说:"理则天下只是一个理,故推至四海而准,须是质诸天地,考诸三王不易之理。"① 又说:"万物皆只是一个天理,己何与焉? 至如言'天讨有罪,五刑五用哉! 天命有德,五服五章哉!'此都只是天理自然当如此。人几时与?"② 自然界与人类社会之所以如此,都是天理如此,人的意志不能改变天理自然,只能顺应天理。

其次,天理又是人间伦理道德的依据。程颢说:"'寂然不动,感而遂通'者,天理具备,元无欠少,不为尧存,不为桀亡。父子君臣,常理不易,何曾动来? 因不动,故言'寂然',虽不动,感便通,感非自外也。"③ 天理是完备自足的,宇宙就是本体的呈现。此理不因圣人而存,也不因圣人能推而有所增;理也不因小人而亡,不因小人推不得而有所减。人类社会的父子君臣之理,也是天理如此。这就是说,孝慈忠信等伦理不是出自外在的人为的安排,而是出自内在的天地生生之理,伦理的存在是自然界赋予人类社会的客观要求,是自然而然的。由此,道德行为才有了共同的、普遍的标准。

再次,天理是最高本源与价值本体的统一。程颐说:"性即理也,所谓理,性是也。天下之理,原其所自,未有不善。"④ 理是人性之所以为善的价值的源泉。程颢说:"天下善恶皆天理,谓

---

① 程颢、程颐:《二程集》,第38页。
② 程颢、程颐:《二程集》,第30页。
③ 程颢、程颐:《二程集》,第43页。
④ 程颢、程颐:《二程集》,第292页。

之恶者非本恶，但或过或不及便如此。"①天理包括天下万事万物，也涵容人间一切善恶，所谓的恶只是做得不及或是做得过分而已。程颐又说："自理言之谓之天，自禀受言之谓之性，自存诸人言之谓之心。"②理既是最高本源又是人性价值的根据，这样，本体的理与价值的善合为一体。

　　二程以"理"释"天"，天便抽离掉所有感性的东西而成为绝对抽象的本体；以"天"释"理"，理便具有了宇宙本体的意义。这样，天理作为最高本体，就抽离掉了所有感性的成分，本体成为绝对抽象、绝对纯粹的范畴；张载"形而上"中的夹杂与不周延的问题就解决了；将天理作为宇宙本体与价值本体的统一使得天人沟通直接畅通，解决了张载"太虚观"中本体与社会伦理不够畅通的问题；天理一词真正的源出是儒家原典，儒家的本体概念不再是佛、老的词语。这样张载本体论思想中存在的问题一一被解决，理学本体论思想的建构初步完成。

　　自宋以来，思想家们致力于建立一种直接把哲学本体论与儒家伦理学、社会历史观统一起来的理论体系。"天理"观的创立标志着这一理论体系的完成。天理成为绝对主宰与人文法则、宇宙本体与主体精神合为一体的终极存在。这一终极范畴充满着儒家所倡导的人文意义，从客观而言，它是外在的，普遍的伦理准则；从主观而言，它是内在的，个体的主体精神。所以，至此，宋明理学的本体范畴完全成熟，天理论的提出标志着宋代理学的定型和其哲学体系的确立。

---

① 程颢、程颐：《二程集》，第14页。
② 程颢、程颐：《二程集》，第296—297页。

第二节　张载"天人合一"与程颢"天人本无二"

一、张载"天人合一"命题之提出

天人关系始终是儒家关注的核心问题之一。儒家天人合一的思想从先秦时代就存在,而"天人合一"的具体命题到北宋张载才正式提出。从孔子"罕言性与天道",到孟子"尽心知性知天",荀子"制天命而用之",再到汉代以董仲舒为代表的"天人感应"、"灾异谴告"之说,儒家对天人关系的探索经历了一个曲折的过程。直到宋代,天人关系仍然是思想家们建构理论体系的核心问题。[①] 北宋熙宁、元丰之际,儒者为了打破释氏虚妄之学,无不致力于从天道与性命之间确立儒家真实无妄的世界;而对天道性命讨论的展开,其最终目标则是为了使天道与性命之间贯通为一,也就是天人合一。

张载在探索天人关系的过程中,经历了艰难的探索历程。张载反对汉唐儒者将天视作人格神之天,他认为必须对这一"天论"进行改造。张载借用道家的太虚将汉唐人格神之天转化成自然之天,又将自然之天赋予本体的意义。针对汉唐以来将天人格化的倾向,张载先将"天"回归为"自然之天"。他说:"人鲜识天,天竟不可方体,姑指日月星辰处,视以为天。阴阳言其实,乾坤言其用,如言刚柔也。乾坤则所包者广。"[②] 如果仅是自

[①] 蒙培元认为,事实上,全部理学范畴都是围绕天人关系问题而展开(《理学范畴系统》,第 420 页)。

[②] 张载:《张载集》,第 177 页。

然之天,那么这一思想将与道家的天混同。所以,张载又必须赋予"天"以儒家的价值原则。在自然之天的基础上,张载又将道家之天转化成儒家的道德之天(价值本体)。在这样一个思考过程中,张载的天人关系思想经历了一个逐渐成熟的过程。

在《易说》中,我们一方面可以看到张载强调"天人之别",他说:"'鼓万物而不与圣人同忧',则于是分出天人之道。人不可以混天。"① 又说:"鼓万物而不与圣人同忧,天道也。圣不可知也,无心之妙非有心所及也。天不能皆生善人,正以天无意也。"② "圣人所以有忧者,圣人之仁也;不可以忧言者,天也。"③ "天人交胜,其道不一。"④ 这些都说明人有心,天无意,天与人之不同。这正表现出张载在处理天人关系时将人格神之天转化成自然之天的努力。另一方面又可以看到,张载说"天人不须强分":"天人不须强分,《易》言天道,则与人事一滚论之,若分别则只是薄乎云尔。自然人谋合,盖一体也,人谋之所经画,亦莫非天理。"⑤ "亦不可谓天无意,阳之意健,不尔何以发散和一?"⑥ 这已经表现出张载以德合天的思想。又说:"天地固无思虑。'天地之情''天地之心'皆放此。"⑦ 这是强调通过人的行为表现天的意志。

---

① 张载:《张载集》,第 189 页。

② 张载:《张载集》,第 189 页。

③ 张载:《张载集》,第 189 页。

④ 张载:《张载集》,第 226 页。

⑤ 张载:《张载集》,第 232 页。

⑥ 张载:《张载集》,第 231 页。

⑦ 张载:《张载集》,第 127 页。

《易说》中，张载将天与圣对应，表现出将道家之天转化成儒家的道德之天的努力。他说："'鼓万物而不与圣人同忧'，此言天德之至也。与天同忧乐，垂法于后世，虽是圣人之事，亦犹圣人之末流尔。"① 又说："神则不屈，无复回易，'鼓万物而不与圣人同忧'，此直谓天也。天则无心，神可以不诎，圣人则岂忘思虑忧患？虽圣亦人耳，焉得遂欲如天之神，庸不害于其事？圣人苟不用思虑忧患以经世，则何用圣人？天治自足矣。"② 张载强调天圣之别在于，将道家的自然之天与儒家的道德之天区分开来。因此，他认为老子所说的"天地不仁，以万物为刍狗"是正确的，而"圣人不仁，以百姓为刍狗"则是错误的。在张载看来圣人是"仁"德程度最大的体现者。

在《经学理窟》与《语录》中，张载在知天的前提下，强调只有人能通过自身的努力上达天德，实现天人合一的目标。他说："人则可以管摄于道，道则管摄人，此'人能弘道，非道弘人'也，人则可以推弘于道，道则何情，岂能弘人也！"③ 又说："圣人无隐者也，圣人，天也，天隐乎？及有得处，便若日月有明，容光必照焉，但通得处则到，只恐深厚，人有所不能见处。以颜子观孔子犹有看不尽处。"④ "天本无心，及其生成万物，则须归功于天，曰：此天地之仁也。"⑤ 人具备主体自觉性，可以通过自身努

---

① 张载：《张载集》，第 189 页。
② 张载：《张载集》，第 189 页。
③ 张载：《张载集》，第 315 页。
④ 张载：《张载集》，第 287 页。
⑤ 张载：《张载集》，第 266 页。

力去实现天道的要求。所以，张载的天人合一是从道德之天的角度而言的。

　　在《正蒙》中张载正式提出"天人合一"的命题。张载通过批评佛老的"天人不相待"来阐释儒者的天人合一的思想。张载批评佛老说："知虚空即气，则有无、隐显、神化、性命通一无二，顾聚散、出入、形不形，能推本所从来，则深于《易》者也。若谓虚能生气，则虚无穷，气有限，体用殊绝，入老氏'有生于无'自然之论，不识所谓有无混一之常；若谓万象为太虚中所见之物，则物与虚不相资，形自形，性自性，形性、天人不相待而有，陷于浮屠以山河大地为见病之说。"[①] 在张载看来，佛、道不能有效处理天人关系，儒者将通过道德实践贯通天人，真正实现天人合一。接着张载提出天人合一的命题，他说："释氏语实际，乃知道者所谓诚也，天德也。其语到实际，则以人生为幻妄，以有为为疣赘，以世界为荫浊，遂厌而不有，遗而弗存。就使得之，乃诚而恶明者也。儒者则因明致诚，因诚致明，故天人合一，致学而可以成圣，得天而未始遗人，《易》所谓不遗、不流、不过者也。彼语虽似是，观其发本要归，与吾儒二本殊归矣。"[②] 这是说，儒者能够由明上达至诚（天的品质），也能由诚（天）下放到明，达到诚明境界，就实现了天人合一（既重天又重人，既重体又重用）的境界。这显示出张载的天人关系理论已处理得较为圆融。

---

① 张载：《张载集》，第 8 页。

② 张载：《张载集》，第 65 页。

二、程颢 "天人本无二" 的思想

程颢 "天人本无二" 的思想是在批评张载 "天人合一" 思想的基础上提出的。程颢对天人二本思想提出批评，有几则较为典型的文献：

> 观天理，亦须放开意思，开阔得心胸，便可见，打揲了习心两漏三漏子。今如此混然说做一体，犹二本，那堪更二本三本！今虽知 "可欲之为善"，亦须实有诸己，便可言诚，诚便合内外之道。今看得不一，只是心生。除了身只是理，便说合天人。合天人，已是为不知者引而致之。天人无间。[①]
>
> 道，一本也。或谓以心包诚，不若以诚包心；以至诚参天地，不若以至诚体人物，是二本也。知不二本，便是笃恭而天下平之道。[②]
>
> 冬寒夏暑，阴阳也；所以运动变化者，神也。神无方，故易无体。若如或者别立一天，谓人不可以包天，则有方矣，是二本也。[③]

第一段文字主要的意思有：一、从工夫的角度讲，体悟天理必须开阔心胸，剔除习心的遮蔽。二、本心当下呈现真实无妄的状态（诚）就做到了合内外之道。三、合天人的说法，是为了引

---

① 程颢、程颐：《二程集》，第 33 页。
② 程颢、程颐：《二程集》，第 117—118 页。
③ 程颢、程颐：《二程集》，第 121 页。

导没有开启智慧的人去体悟本心而说的。在程颢看来，以"合天人"来言合，已是力求，有刻意而为之嫌，其实，"合天人"只是一种"权说"，是为不知者易于理解而已。其实天人本来无间，即从根源意义上讲只有一个根据，所以原本就无间，故不存在合不合的问题。这就从"天人无间"的角度表达了"天人本无二"的思想。

第二段文字的主要意思是批评张载"以诚包心"而产生的"二本"思想。[1]张载所谓的"以心包诚，不若以诚包心"暗含着"心小性大"的思想，在张载看来只有将人的主体精神发挥到"至诚"的程度，才能达到"体天地之化"的境界，也便是天人合一的境界。程颢认为这是分别的观法，是二本。

第三段文字主要是批评张载"别立一天"而产生的"二本"思想。程颢认为，寒暑往来只是阴阳变化，所以运动变化，乃是由于"妙万物而为言"的神的缘故。阴阳寒暑的变化有其方所和形迹，作为"所以运动变化"根本法则的不测之"神"则无方所、无形迹，作为万物之道体的生生之易，也是如此。如果在心之外

---

[1] 关于程颢所谓的"二本"，温伟耀认为，明道的"一本"多与"二本"相对而言，而所谓的"二本"在明道的文献中并无一致的意义：可指人性有内外之别，可指诚与心的二分但相包容的关系，可指以"有彼此对待"的观点去看人天参与、人人相体的关系，可指以分别相去看人以外别立一天的天人关系，可指以为在道德实践工夫过程中，"致知"与"格物"为两回事，也可以更彻底地泛指一切不能开阔心胸、有分别相的观法。所谓"二本"在明道的理解中有极不一致的内涵，因而与之相对的"一本"也并非指向某一特定的本源问题。"二本"就是落于分别、相对角度去理解世界的道路。那么，"一本"就是"无分别相"的观法（《成圣之道—北宋二程修养功夫论研究》，第23—24页）。

立一个天，以心求天，是把天道当作外于人的存在，是分别的观法，是天人二本。

在批评张载以分别对待的观法得出"天人合一"的思想后，程颢进一步提出又"天人本无二"的思想。他说："天人本无二，不必言合。"[①] 天与人的根源是同一的，心是人的主体性的标志，"心具天德"，心不可言出入，不可分内外，所以不用言合。程颢"天人本无二"的思想，就其自身思想而言，破除了天人对待的观法，以更为圆融的方法达到本体与现象的统一。

三、"天人合一"与"天人本无二"之差异与会通

虽然程颢将张载"天人合一"思想"二本"概括为并进行了批评，意味着他们之间存在差异，但是这并不意味着他们之间没有会通。如果将张载、程颢的天人关系思想从两个方面，即本体论和工夫论方面来分析的话，那么，他们的差异主要表现在本体论方面，即从本体论而言，张、程的前提是不同的，张载是以虚气关系为前提，而程颢则是以天理观为前提；他们的会通则主要表现在工夫论方面，即从工夫论而言，不管是"天人合一"还是"天人本无二"，都需要通过修养工夫来实现。

就本体论而言，张载构建哲学思想目的有三：一、辟佛老天人不相待，二、去秦汉儒学之大弊，三、建儒家天人相贯通。"虚气关系"理论为贯通天人铺平了道路，张载认为"知人而不知

---

① 程颢、程颐：《二程集》，第81页。《程氏粹言》记载：子曰："天人无二，不必以合言；性无内外，不可以分语。"（《二程集》，第1254页）

天,求为贤人而不求为圣人"① 是秦汉以来学者的最大弊端。张载试图解决"天人不相待"之弊,以"贯通天人"。张载说:"由太虚,有天之名;由气化,有道之名;合虚与气,有性之名;合性与知觉,有心之名。"② 他哲学体系的四句纲领说明了天、道、性、心四大范畴的涵义和定位。这表明,第一,在天、道、性、心四大范畴中,天是最高的,具有本体地位。第二,性具有枢纽作用,它是由天道通向人道的桥梁,也是由人道达到天道的中介。第三,心是实现天道目标的能动力量。张载的四句纲领是天人贯通的模式,它通过天、道、性、心四大范畴,建立了一个天人互通的哲学架构。从天、道到性、心是下放的过程,从心、性到道、天是上达的过程。天、道与性、心之间具有双向互动作用。一方面,性、心以天道本体为其终极根源;另一方面,天道则是心性工夫的目标。在这里虚、气为天道落实于具体的人生提供了凭借,成为天人合一的依据。张载将儒家之"天"观作了提升,使其本体化,具有了无限性、普遍性、绝对性、超越性。张载以"太虚"界说"天",便将自秦汉以来流行的感性之天或自然之天的涵义远远地排除在作为本体观念的"天"之外。作为以宇宙本体之面目出现的天,具有至广至大的涵容性和根源性。为其天人合一思想奠定了坚实的本体论基础。

程颢认为,天理是世界万物的终极根据,是天人万象背后所以然的共同终极根据。天人虽万象,但都归于天理自然,正是天理令万事万物内在地连为一有机生命宇宙整体,在此整体中,它

① 张载:《张载集》,第386页。
② 张载:《张载集》,第9页。

们息息相通，共同以此整体为其终极存在和活动场域，而彼此开放，相互内在。正是由于天理拥有全体大用，才使得万物得以一体无隔，天人得以一体无间，从而有了万物内在于天地之中而不在其外的现实而真实的大千世界。人物通为一体，天人通为一体，则所谓的天人合一之"合"的说法即变得不甚恰当。在程颢看来，有隔方有所谓相合的问题，无隔而彼此相互内在，则言合一显然就成了多余。天理就内在于人的生命之中，身与理通而为一，人即全方位开放而置身于宇宙大化流行之中，不存在理身有隔、天人有间的问题。解除因拘于肉体之小我而所引发的各种或事实或价值的视野障蔽，开放而敞亮起自我，在宏大总体宇宙视域下审视和观照人己、物我，一个根乎天理的万物一体、天人无隔的世界图景就会通体展现在人们面前。总之，张载是从知人知天、以人达天的思路出发，也就是说从实然的天人未合的角度出发，通过主体的修养工夫，以达到应然的"天人合一"。程颢则是从人心本具天德出发，强调人在当下行为中呈现此种天德，重在人心"自尽其道"，从而达到"天人无二"。

就工夫论而言，程颢"天人本无二"与张载"天人合一"也有会通之处，也就是说，在实现"天人"贯通中，张、程都强调工夫的重要性。在张载看来，天人之所以能够合一，在于人能够通过自身的道德实践去完成天的要求，返归天地之性。张载构建的哲学体系是一个由天道到人道，又由人道上达天道的双向互动、有机统一的整体。从根源看，天道产生人道；从作用看，人道又效法天道。张载认为，天与人的本原都是太虚，太虚的品性是天人万物的共同渊源，因此，天性与人性在本质上是同一的。"天

良能本吾良能"。① 虽然,从自然观而言,"天与人,有交胜之理";②
但就价值观而言,则是"天人一物",③"天人之本无二"④。他从
"性者万物之一源"⑤和"天地人一,阴阳其气,刚柔其形,仁义其
性"⑥的前提,推导出天人合一的价值目标。张载从天人的共性
得出天人应该合一,而且他还从性的具体内容上论证了天人合
一的价值理想特征。在他看来,至诚、至善是天性的具体价值内
涵,因此,天人合一的境界也应该是至诚、至善的完美境界,是圣
人的境界。

　　程颢说:"吾学虽有所受,天理二字却是自家体贴出来。"⑦
这里所谓的体贴主要是通过道德修养工夫将天赋予人的使命呈
现出来。程颢说:"有德者,得天理而用之,既有诸己,所用莫非
中理。"⑧"要修持他这天理,则在德,须有不言而信者。言难为形
状。养之则须直不愧屋漏与慎独,这是个持养底气象也。"⑨人自
身对天理的感悟所表现出的本然之心,就是天理的自然流行,程
颢正是从这个意义上讲天人本一。"如天理底意思,诚只是诚此

---

① 张载:《张载集》,第 22 页。
② 张载:《张载集》,第 10 页。
③ 张载:《张载集》,第 64 页。
④ 张载:《张载集》,第 22 页。
⑤ 张载:《张载集》,第 21 页。
⑥ 张载:《张载集》,第 235 页。
⑦ 程颢、程颐:《二程集》,第 424 页。
⑧ 程颢、程颐:《二程集》,第 14 页。
⑨ 程颢、程颐:《二程集》,第 30 页。

者也,敬只是敬此者也,非是别有一个诚,更有一个敬也。"①程颢体贴出"理"是"天理",旨在强调"理"既具有本体意味,又紧扣人伦日用,使得天与人在本体论上实现了完全的统一。不管在早年的"定性"工夫还是在后来的"识仁"工夫中,程颢思想都体现出工夫本体合二为一的圆顿的特点。

由以上的分析,可以得出以下结论,即张载、程颢天人关系思想虽然各有特点,但也时有会通,最重要的是他们"各有其立根处"。②事实上,这正反映出张载、程颢从各自的角度出发,对儒家天人关系作出了新的探索,有了新的诠释和发展,使儒家思想更丰富化、精密化、系统化。

第三节　程颐对张载气论之批评

相对程颢重在对张载天人关系的评说而言,程颐则对张载气论与自然现象的评论更多。程颐通过批评张载的气不灭论,一方面提出"气有生灭"的观点,另一方面提出了"真元之气"的观点。

程颐提出"气有生灭"的观点。对于气的生灭问题,张载主张"气不灭"论。他说:"物既消烁,气复升腾。"③这就是说,当万物消失的时候,自身的气又转化为另一种能量而继续存在。他又说:"形聚为物,形溃反原。"④气有形,聚而为物,物消亡,又

---

① 程颢、程颐:《二程集》,第 31 页。

② 唐君毅:《中国哲学原论·原教篇》,第 84 页。

③ 张载:《张载集》,第 178 页。

④ 张载:《张载集》,第 66 页。

归于气；万物有生死存亡，气却不存在生死的问题，气有各种各样的转化形式，但却无生灭。程颐反对张载的这一观点，从以下方面对此提出批评：首先，程颐从有形无形的角度区别理与气，进而认为理无生灭，气有生灭。他说："心所感通者，只是理也。知天下事有即有，无即无，无古今前后。至如梦寐皆无形，只是有此理。若言涉于形声之类，则是气也。物生则气聚，死则散而归尽。有声则须是口，既触则须是身。其质既坏，又安得有此？乃知无此理，便不可信。"① 这就是说，心所感通的只有无形之理，一旦涉及形、声之类的都属于有形的，都是气。万物生成的时候就是气聚的表现，万物死亡之后，气则消失散尽。这里暗含着理无生灭、气有生灭的思想。其次，程颐认为，万物之生在于"道"（同"理"），并非"气"。他说："道则自然生万物。今夫春生夏长了一番，皆是道之生，后来生长，不可道却将既生之气，后来却要生长。道则自然生生不息。"② 万物生生不息源于道的生生不息，而不是气的生生不息。再次，基于以上两点，程颐认为张载气无生灭的说法是错误的，提出"气有生灭"的观点。程颐说："近取诸身，百理皆具。屈伸往来之义，只于鼻息之间见之。屈伸往来只是理，不必将既屈之气，复为方伸之气。生生之理，自然不息。如《复》言七日来复，其间元不断续，阳已复生，物极必返，其理须如此。有生便有死，有始便有终。"③ 认为万物有生就有死，世间有始便有终，永恒存在的只有"理"而已。又说："若

---

① 程颢、程颐：《二程集》，第 56 页。
② 程颢、程颐：《二程集》，第 149 页。
③ 程颢、程颐：《二程集》，第 167 页。

谓既返之气复将为方伸之气，必资于此，则殊与天地之化不相似。天地之化，自然生生不穷，更何复资于既毙之形，既返之气，以为造化？近取诸身，其开阖往来，见之鼻息，然不必须假吸复入以为呼。气则自然生。人气之生，生于真元；天之气，亦自然生生不穷。至如海水，因阳盛而涸，及阴盛而生。亦不是将已涸之气却生水。自然能生，往来屈伸只是理也。盛则便有衰，昼则便有夜，往则便有来。天地中如洪炉，何物不销铄了？"[1] 程颐认为"气"是不能由"既返"变为"方伸"，而天地造化所以能生生不穷，往来屈伸的只是"理"。这等于说"理"是造化者，天地造化之理，就是气所以生灭、万物所存在变化的原因。总之，程颐认为气是有生灭的，理（道）才是生生不息的存在。

程颐提出"真元之气"的理论。他说："真元之气，气之所由生，不与外气相杂，但以外气涵养而已。若鱼在水，鱼之性命非是水为之，但必以水涵养，鱼乃得生尔。人居天地气中，与鱼在水无异。至于饮食之养，皆是外气涵养之道。出入之息者，阖辟之机而已。所出之息，非所入之气，但真元自能生气，所入之气，止当阖时，随之而入，非假此气以助真元也。"[2] 在这里，真元之气

---

[1] 程颢、程颐：《二程集》，第 148 页。《程氏粹言》：子曰："凡物既散则尽，未有能复归本原之地也。造化不穷，盖生气也。近取诸身，于出入息气见阖辟往来之理。呼气既往，往则不返，非吸既往之气而后为呼也。"（《二程集》，第 1253 页）

[2] 程颢、程颐：《二程集》，第 165—166 页。《程氏粹言》：子曰："真元之气，气所由生，外物之气，不得以杂之；然必资物之气而后可以养元气，本一气也。人居天地一气之中，犹鱼之在水，饮食之真味，寒暑之节宣，皆外气涵养之道也。"（《二程集》，第 1261 页）

与人气之间的关系,被认为是所谓的形而上与形而下之间的关系,前者为后者之根源,后者为前者所涵养。[①]程颐认为,就人的生命中之呼吸来说,吸入的气能够滋养生命,也偶尔进入元气,但元气是来自于真元,并非来自于吸入的气,而且呼出的气并不等同于吸入的气。同样,宇宙和自然界也能够通过其自身的调节便能永无止息地产生生命,这就是理的作用。理是事物发展所必然遵循的原则。也就是说,程颐认为我们所见的世界是为理所主宰的,或用一种更好的表达,是为理所显现的,开阖、往来、屈伸以及生生不息的方式,都是某种理的作用。张载所谓的气化世界,在程颐看来都是理化世界。

　　程颐对张载气论的批评,一方面反映出程颐与张载在气论方面存在的差异(程颐对张载的"气论"也存在误读的成分),另一方面,程颐的气论消解了张载气论中的"大轮回"色彩。张载的气不灭论确实与佛教的"轮回"学说有相似之处。朱熹说:"横渠辟释氏轮回之说,然其说聚散屈伸处,其弊却是大轮回。盖释氏是个个各自轮回,横渠是一发和了,依旧一大轮回。"[②]程颐以理的不生不灭代替了气的不生不灭,确实更具有儒家特色。程颐对张载气论的评论提出了一种预示,即如何合理地界说"理气关系"将是之后理学家所面临的重要内容。

　　另外,因为张载重视宇宙生化、自然现象,程颐与关学弟子

---

① 侯外庐等认为,二程这个说法"不但与道家的说法一致,而且接受了道教胎息
　说的影响"(《宋明理学史》,第 148 页)。

② 黎靖德编:《朱子语类》,第 3335 页。

对自然现象也多有讨论,大体涉及鬼神、云雨、香声、坎离等。[①]
由于这些内容多属自然科学,此处不作赘述。

[①]《二程集》中记载以下若干条:正叔言:"蜥蜴含水,随雨雹起。"子厚言:"未
必然。雹尽有大者,岂尽蜥蜴所致也? 今以蜥蜴求雨,枉求他,他又何道致
雨?"正叔言:"伯淳守官南方,长吏使往茅山请龙,辞之,谓祈请鬼神,当使
信向者则有应,今先怀不信,便非义理。既到茅山岩,救使人于水中捕得二龙,
持之归,并无他异,复为小儿玩之致死。此只为鱼虾之类,但形状差异,如龙
之状尔。此虫,广南亦有之,其形状同,只啮人有害,不如茅山不害人也。"(《二
程集》,第112页)苏昞录横渠语云:"和叔言香声。横渠云:'香与声犹是有
形,随风往来,可以断续,犹为粗耳。不如清水。今以清冷水置之银器中,隔
外便见水珠,曾何漏隙之可通? 此至清之神也。'先生云:'此亦见不尽,却不
说此是水之清,银之清。若云是水,因甚置瓷碗中不如此?'"(《二程集》,第
265页)问:"张子曰:'阴阳之精,互藏其宅',然乎?"曰:"此言甚有味,由
人如何看。水离物不得,故水有离之象。火能入物,故火有坎之象。"(《二程
集》,第394页)张子《正蒙》云:"冰之融释,海不得而与焉。"伊川改"与"
为"有"。(《二程集》,第443页)

第六章　二程对张载心性
思想之评说与继承

心性问题是道学创立时期的关键问题之一，也是张、程探讨的核心问题之一。二程对张载心性思想的评说与继承大体可以概括为三方面：一、二程对张载心性思想的批评与借鉴，二、程颐对张载"知论"的继承与发展，三、程颐对张载"命遇"之评说及二者"义命"思想之会通。

第一节　二程对张载心性关系之评说与借鉴

一、张载、二程心性论概要

为了对张、程心性思想关系所涉及的内容给予清晰的论证，有必要先介绍张载与二程的心性思想，以便为我们分析其心性关系作铺垫。

（一）张载心性论概要

首先论述性在张载哲学体系中的定位。

性在张载哲学中是一个大范畴，它既包含人性，也包括物性，它是生成万物的根源之一。张载说："性者万物之一源，非有我之得私也。"[①] 这是强调并非只有人具备性，物也具备性，性

---

① 张载：《张载集》，第 21 页。

为人、物所共有，是人、物生成的根据之一。性之所以是生成万物的根据之一，在于它是"合虚与气"而产生的。"合虚与气，有性之名"是张载对其性观的一个定位。这说明性是太虚本体与气相即不离互相作用的结果。这涉及太虚与性的关系问题。张载说："至静无感，性之渊源。"①"性通极于无。"② 这就是说太虚本体是性的根源，性的本原是太虚。所谓"性者万物之一源"，是指太虚本体下移到性就开始生成万物，而万物的终极根源则是太虚本体。这就说明性虽然是生成万物的根源，但却不是最终根源。性在张载哲学中是处于太虚（天）之下的次级范畴。

再说明张载二重结构的人性论。

张载将人性划分为天地之性和气质之性二重结构。③ 关于天地之性，张载认为，一是天地之性具有至善与恒久的特征。他

①张载：《张载集》，第7页。

②张载：《张载集》，第64页。

③二重结构人性论是张载首创，还是张载受张伯端影响提出的，在学界存在争议。因为道教金丹派创始人张伯端（984—1082）说："形而后有气质之性，善反之，则天地之性存焉。自为气质之性所蔽之后，如以云掩月，气质之性虽定，先天之性则无有。"（《道藏洞真部·方法类·玉清金笥青华秘文金宝内炼丹诀》卷上，第八）这段话的首句，与张载所言相同。侯外庐等认为张伯端关于天地之性（或称本元之性）与气质之性相互关系的论述，不如张载讲得那么深入，很可能张载受了他的影响[《宋明理学史》（上），第112页]。蒙培元认为张伯端与张载同时稍晚，究竟谁受谁的影响，的确很难断定，但张载作为苦心思索的思想家，提出一系列理学范畴和命题，"天地之性"、"气质之性"便是其中之一，如果说张载抄袭张伯端，可能性不大（《理学范畴系统》，第230页）。常裕则认为张载《正蒙》成书早于张伯端《玉清金笥青华秘文金宝内炼丹诀》（以下简称《青华秘文》）。张伯端著《青华秘文》，（转下页）

说:"性之本源,莫非至善。"①"天地之性,久大而已矣。"② 他认为
天地之性是一种久大永恒的纯善之性;是湛然纯粹的本然状态。
二是天地之性是天道的体现。他说"性与天道不见乎小大之别",
"性与天道合一",这是张载为解决儒家性善论而提供的形上依
据。关于气质之性,张载认为,一是气质是指由气构成的生物实
体,它既可以指人又可以指物。他说:"气质犹人言性气,气有
刚柔、缓速、清浊之气也。质,才也。气质是一物,若草木之生亦
可言气质。"③ "大凡宽褊者是所禀之气也,气者自万物散殊时各
有所得之气。"④ 由于气扩散开来的状态万殊不一,所以人物所禀
受的气也不一样,形成的事物也就千差万别,气质之性呈现万物
的特殊性。二是"形而后"有气质之性。这就是说,形体产生之
后才有所谓的气质之性。三是从善恶的角度讲,气质之性是善
恶相间的状态。这是张载为解决现实人性中恶的问题而提供的

（接上页）目的是为了说明和补充《悟真篇》的,其较《悟真篇》思想更加完
　　备。张伯端至熙宁己酉年（1069）,82 岁时,始于成都遇异人授以丹诀,乃
　　著《悟真篇》,即使在熙宁己酉岁张伯端归于故山,十年后也已是元丰二年,
　　可见,《青华秘文》的成书时间最早也不超过元丰二年（1079）。而张载于
　　熙宁十年（1077）已去世,决不会见到《青华秘文》一书。相反,张伯端内
　　丹学说受到张载心性论的影响[《张载心性理论对张伯端内丹学说的影响》,
　　《山西大学学报》（哲社版）,1999 年第 3 期]。以上观点,常裕的更具说
　　服力。

① 林乐昌:《张载佚书〈孟子说〉辑考》,《中国哲学史》,2003 年第 4 期。
② 张载:《张载集》,第 24 页。
③ 张载:《张载集》,第 281 页。
④ 张载:《张载集》,第 329 页。

依据。这里需要特别强调的是,张载承认气质之性有合理的一面,即善的一面。例如,他说:"饮食男女皆性也,是乌可灭?"①这意味着气质之性包含有攻取之性,②这就是说在张载看来,饮食男女虽然属于攻取之性,但这些自然本性属于气质之性中合

① 张载:《张载集》,第 63 页。
② 关于气质之性与攻取之性的关系学界有三种说法:一、气质之性就是攻取之性。冯友兰认为气质之性又称攻取之性,气质之性是形之欲的根本,人因形体而有的欲求,如饮食男女等,都是气质之性[《中国哲学史新编》(五),第142 页]。侯外庐等认为气质之性犹言生物由物质本性所决定的生理本能、生存本能。表现在人身上就是人对物质生活的欲望,即攻取之性(《宋明理学史》,第 110 页)。龚杰认为气质之性就是指生物由物质本性所决定的生理本能。气质之性又叫气之欲,攻取之性(《张载评传》,第 91—92 页)。二、气质之性并非攻取之性。程宜山认为攻取之性并非气质之性,气质指人的性格,智力、才能及道德品质而言;攻取之性,乃指人的饮食男女之类的物质需求。攻取之性包括在天地之性的范围内(《张载哲学的系统分析》,第 78 页)。三、气质之性包括攻取之性。丁为祥认为气质之性就是人的气秉形赋之性,从实然的角度看,它主要表现为"心理、生理、生物三串现象之结聚"。所谓生物之性,即气之屈伸动静之性;从究极意义上看,它也就是所谓最一般的物性。所谓生理之性,即气的攻取之性,在植物表现为"阴阳升降",在动物表现为"呼吸"、"聚散",对于人则表现为"口腹于饮食,鼻舌于臭味"的饮食男女之性,这是人和动物(包括植物等低级生命)所共有的性。至于心理之性,则主要存在于人和高等动物之间,如由气之偏全所决定的性之向好(脾性)、刚柔(质性)、强弱(体性)、智愚(智性)、才不才(才性)等,其虽以人的表现为典型,但仍然是人和动物所共有的。所以,气质之性是一个外延非常广阔的概念,它既可以指一般的物性,又可以涵盖人远离动物的理智之性(《虚气相即》,第 123 页)。本文倾向于第三种观点,气质之性包括攻取之性,饮食男女是攻取之性,这些自然本性属于气质之性中合理的一面。

理的一面,这个不可灭,否则,将与佛教一样要"绝弃人伦"。但是,张载更强调天地之性作为道德内在根据的重要性,所以,不能离开天地之性说气质之性。关于天地之性与气质之性的关系,张载说:"天所性者通极于道,气之昏明不足以蔽之。"[①]"形而后有气质之性,善反之则天地之性存焉。故气质之性,君子有弗性者也焉。"[②]在人性的二重结构中,天地之性的终极根源是天道,不管气质是昏是明都不能遮蔽它的本然存在;张载认为君子是不会把气质之性作为道德的根据,君子应该通过"返"的工夫去实现天地之性,只有天地之性才可以作为道德的根据。[③]

第三论述"心"在张载思想体系中的定位。

张载说:"合性与知觉,有心之名。"这是张载对"心"的定位。由此看出,张载对心的规定也具有二重结构,他还说"有无

---

① 张载:《张载集》,第 21 页。

② 张载:《张载集》,第 23 页。

③ 张载二重结构人性论的提出为儒家人性论思想做出重大贡献。陈植锷认为:张载性二元论差不多囊括了前此一切性学研究的不同观点,在性学史上起到了既总其成又以新面目出现的特殊作用(《北宋文化史述论》,第 246 页)。劳思光认为,张氏对于"性"之理论,影响甚大,盖"性"观念之二分,始于张氏[《新编中国哲学史》(卷三上),第 137 页]。在张载的二重结构人性论中,天地之性将儒家人性论提到超越的本源层面,为人性善之根源提供依据;气质之性则合理说明现实层面万物的差异,为人性恶之来源提供充分根据;对天地之性与气质之性关系的论述,也已达到体用融通的程度。这不仅解决了儒家长期以来关于人性善恶问题的争论,而且将儒家人性论提到几乎可以与佛教媲美的高度。

一，内外合，（庸圣同，）此人心之所自来也。"①这里的有无一体，指的是性，内外结合指的是知觉，无论常人之心，还是圣人之心，都来源于性与知觉的结合。这就是说张载所谓的心包括道德之心和知觉之心两个层面。

第四讨论张载的心性关系。

张载从两个方面处理性、心之关系。一方面，从本体的角度而言，张载认为性对心有决定和导向作用。决定作用表现在：第一，从心的来源看，张载认为心产生于性与知觉的结合，这里性对心的决定作用不言而喻。张载还说"性，原也；心，派也"，②"不知以性成身"，③必不知"心所从来"。心是性派生的，性对心有决定作用。第二，从性与心二者的范围看，张载认为"性又大于心"。④这就是说，性比心的范围要宽泛。总之，张载认为性是本原，性高于心。第三，性对心还有导向作用。因人禀受气之薄厚清浊之不同而产生的"气质之性"，为现实人性的善恶提供理论依据，但它不是人的根源之性；来源于太虚本体的天地之性，为理想人性提供内在道德根据，此性乃是人之所以为人的真正所在，实现它，人方可称为人。这样，性就为心确立了道德原则和价值导向。另一方面，从道德修养，即工夫角度而言，张载特别强调心对性的能动作用和自觉意识。虽说"性者万物之一源，非

① 张载：《张载集》，第 63 页。

② 林乐昌：《张载佚书〈孟子说〉辑考》，《中国哲学史》，2003 年第 4 期。

③ 张载：《张载集》，第 25 页。

④ 张载：《张载集》，第 311 页。

有我之得私也","然天地之性人为贵",[1] 贵就贵在人的能动性和自觉性。心作为性与知觉的统一有两方面需要强调：就性而言，张载赋予心一种先天的道德属性；就知觉而言，张载强调人知觉的重要性。因为只有人能通过自己的活动来实现、完成天赋本性的要求。张载还说："心能尽性，'人能弘道'也；性不知检其心，'非道弘人'也。"[2] 这里强调心对性的能动作用，就是说在为学努力的过程中，心能够自觉省察和体悟性所赋予的本体论根据，并尽力实现弘扬天道的使命。当心完全实现了天地之性的要求，则达到了心性合一的程度。牟宗三认为，张载言心，有心理学的心，更有超越的道德本心，必见到它的主动性、纯一性与虚明性，方算是见到心。他说："心之知象固由物交之闻见而显，但滞于闻见与不滞于闻见，却是圣凡之关键。在这关键上，即有尽心知性之工夫在。……这不是知识的问题，乃是道德心灵是否能跃起之问题。"[3]

（二）再对程颢心性论概要

首先阐述性在程颢思想体系中的定位。

与张载从天道下放、心性上达的双向结构中界定性、心不同，程颢所谓的性是天理的自然流行，也是既包括人性又包括物性。就人性而言，则是天理对人的禀赋。他说："盖上天之载，无声无臭，其体则谓之易，其理则谓之道，其用则谓之神，其命于人

---

① 林乐昌：《张载佚书〈孟子说〉辑考》，《中国哲学史》，2003 年第 4 期。

② 张载：《张载集》，第 22 页。

③ 牟宗三：《心体与性体》（上），第 470 页。

则谓之性,率性则谓之道,修道则谓之教。"① 这就是说,天理在人身上的体现就是性。在程颢的人性论中有两个比较突出的方面需要指出:第一,程颢借用告子"生之谓性"的命题强调性与生之间的密切关系。他说:"'生之谓性',性即气,气即性,生之谓也。人生气禀,理有善恶,然不是性中元有此两物相对而生也。有自幼而善,有自幼而恶,是气禀有然也。善固性也,然恶亦不可不谓之性也。盖'生之谓性'、'人生而静'以上不容说,才说性时,便已不是性也。凡人说性,只是说'继之者善'也,孟子言人性善是也。"② "生之谓性"是告子提出的人性论的命题,其所谓的"生之谓性",重点强调人与动物所共有的自然属性的一面。程颢借用告子的"生之谓性",重点是将性与生连说,强调性是由本然的天命之性发育流行而自然呈现出来的状态,这种呈现既有饮食男女自然属性的一面,也有仁义礼智社会属性的一面。程颢在其自己的义理系统中认可了告子的"生之谓性"说,或者说,程颢通过他自己的诠释,已赋予了"生之谓性"以崭新的内容。③

---

① 程颢、程颐:《二程集》,第 4 页。

② 程颢、程颐:《二程集》,第 10 页。庞万里认为此句为程颢语(《二程哲学体系》,1992 年,第 347 页)。

③ 与程颢不同,张载则明确反对告子"生之谓性"之说,他说:"以生为性,既不通昼夜之道,且人与物等,故告子之妄不可不诋。"(《张载集》,第 22 页)张载认为,仅仅把人的生理和自然属性看作人的本性,即不懂得宇宙生生不息的创生之道,把人与物等量齐观,是不可取的。人要以天地之性作为人的本性,而决不能像告子那样完全把气性或物性作为人的本性。张载与程颢虽然对告子的命题持的是两种截然相反的观点,但从本质上而言,他们都看重人通过道德实践去实现天赋予人的本性。

在程颢看来,凡言"生"者必须连着"所生"来谈,故他说"人生而静以上不容说"。所谓的"不容说"指的是在人、物未生之时,天命之性无从呈现,"性"这一名称都无由确立。因此,我们只能就"已生"处言性,即在具体的"所生"中体察此天命之性。而既要就所生之物来谈性,势必要涉及"气"的问题,这里的"性即气,气即性"表达性与气的相即不离,即表示气外无性、性外无气。程颢认为本然之性只有通过气禀才可能被人们所领会,离此气禀也就谈不上本然之性,因而说性即是气,气即是性。程颢虽然没有直接将性划分成天地之性与气质之性,生之谓性与"人生而静以上"的划分已经隐含了天命之性和气质之性的二分,可以说,程颢认为本然之性就蕴含在气质之性之中。从本然的根源处说,性是天命之性,是具超越性的本体;从实然的经验世界说,本然之性是潜存在气质之中的。比起张载分解地讲,程颢是圆顿地讲。

第二,程颢认为性无善恶。程颢曾说过:"天下善恶皆天理,谓之恶者非本恶,但或过或不及便如此,如杨、墨之类。"[1] 程颢在这里不是要用善恶来指状天理之属性,而是认为理有无所不包的涵容性。在此意义上说,善恶皆天理是说善恶皆包括在天理之中。在程颢看来,"善"更具有一种原初性,所谓的恶,只是过与不及、善的缺失与偏颇而已。善、恶只代表着气之"精"或"杂"之不同,禀得中正精一之气,是为善;气有所偏有所杂,是为过或不及,就是恶。程颢认为性无所谓善恶,实际是说性超乎善恶之对待,善

---

[1] 程颢、程颐:《二程集》,第14页。

恶作为一价值判断，只是从本然之性中派生而来，非性之本身。其次，程颢对"心"的定位。程颢明确提出"心即理"的命题。这即是说，天理、性、心都是同一层面的概念。因为"心具天德"，此心便不是一个实体的心，而是具有与"天理"同等地位的本体意义的"心"。程颢说："曾子易箦之意，心是理，理是心，声为律，身为度也。"① 以曾子"易箦之意"引出"心即理"的命题，其意正显示了天理贯通于心灵、践行活动、人伦日用的整体意义。再次，程颢心性关系论。程颢的心性关系就是"心性本一"。"只心便是天，尽之便知性"是程颢"心性合一"思想最突出的表达。只心便是天，意味着人心就是天地之心，圣人能够完全实现天地之心的要求，所以天地之心就是圣人之心。他说："心具天德，心有不尽处，便是天德处未能尽，何缘知性知天？尽己心，则能尽人尽物，与天地参，赞化育。"② 圣人做到尽己之心，所以只心便是天。

（三）程颐心性思想概要

首先明确性在程颐思想体系中的定位。

"性即理"，是程颐对性的明确定位。他说："性即理也，所谓理，性是也。"③ 这意味着程颐将性提到了与理一样的高度来论证，性与理属同一个层面。其次，二重结构人性论

程颐说："性字不可一概论。'生之谓性'，止训所禀受也。'天命之谓性'，此言性之理也。今人言天性柔缓，天性刚急，俗言天

---

① 程颢、程颐：《二程集》，第 139 页。

② 程颢、程颐：《二程集》，第 78 页。

③ 程颢、程颐：《二程集》，第 292 页。

成，皆生来如此，此训所禀受也。若性之理也，则无不善，曰天者，自然之理也。"① 又说："性即是理，理则自尧、舜至于涂人，一也。才禀于气，气有清浊，禀其清者为贤，禀其浊者为愚。"② 这表明程颐用二重结构人性论解释人性善恶问题。人性不能一概而论在于，从本源的角度讲，理所赋予的人性都是一样的；但就现实层面而言，人受气禀的影响产生贤愚之分。在程颐看来，"生之谓性"是从气质之性的角度言性；而天命之性则是从天理的角度言性。这就是说，程颐接受了张载关于二重结构人性论的划分，③ 只是他将张载的"天地之性"与"气质之性"改为"天命之性"与"气质之性"。④

　　再对程颐的心性关系论作说明。

　　程颐的心性关系较为复杂，将不同前提下的"心性为一"与"心性为二"综合起来，才是程颐心性关系之全貌。大体而言，一方面，程颐与程颢有一些相似的话头，例如："在天为命，在人

---

① 程颢、程颐：《二程集》，第 313 页。
② 程颢、程颐：《二程集》，第 204 页。
③ 劳思光认为，伊川此种观点其实是自横渠分"天地之性"与"气质之性"而来［《新编中国哲学史》（卷三上），第 178 页］。
④ 二程继承张载关于二重结构人性论的划分，一方面对其作了表述上的调整，即依据《中庸》所谓"天命之谓性"把张载的"天地之性"改为"天命之性"，使其更具儒学特质，另一方面把性提升到本体的高度进行论证，使二重结构关系更为融通。之后，天命之性与气质之性成为后世理学家解释人性论的核心范畴，张、程完成了理学人性论的建构。朱熹认为气质之说，"起于张、程。……极有功于圣门，有补于后学……前此未曾有人说到此……故张、程之说立，则诸子之说泯矣。"（《朱子语类》，第 199—200 页）

为性,论其所主为心,其实只是一个道。"① 又如:"在天为命,在义为理,在人为性,主于身为心,其实一也。"②这似乎表明程颐主张"心性合一",但具体解析起来却并非如此。这句引文说明程颐认为,形上本体就其本身而言,是命;就其表现为价值判断而言,则在理;就其在人之禀受而言,则为性;就其如何禀受而言,则为心。这其实是说,心只是道表现的一个方面,并不是最高之主体。程颐又说:"心一也,有指体而言者,有指用而言者,惟观其所见如何耳。"③这又说明程颐是将心作体与用两层结构划分,一是形而上之性,即心之体;一是形而下之形,即知觉作用之心。《遗书》记载程颐与弟子的一段对话:

> 问:"心有限量否?"
>
> 曰:"论心之形,则安得无限量? ……以有限之形,有限之气,苟不通之以道,安得无限量? 孟子曰:'尽其心,知其性。'心即性也。在天为命,在人为性,论其所主为心,其实只是一个道。苟能通之以道,又岂有限量? 天下更无性外之物。"④

这里虽然提出"心即性"的命题,但是就此段而言,明确包涵两层意思:第一,就形气上来说心,心是有限量的。人如果不知自

---

① 程颢、程颐:《二程集》,第 204 页。

② 程颢、程颐:《二程集》,第 204 页。

③ 程颢、程颐:《二程集》,第 609 页。

④ 程颢、程颐:《二程集》,第 204 页。

省心灵之本原,便会拘于气性,滞于对象,障蔽性体之显现,心不能尽性,此时"心性为二"。第二,就心之本然上说心,心性合一。这就需要一个前提条件,即心必须能做到"通之以道",才可以无限量。《遗书》又载程颐与吕与叔的一段对话:

> 问:"尽己之谓忠,莫是尽诚否?"
>
> "既尽己,安有不诚?尽己则无所不尽。如孟子所谓尽心。"
>
> 曰:"尽心莫是我有恻隐羞恶如此之心,能尽得,便能知性否?"
>
> 曰:"何必如此数,只是尽心便了。才数着,便不尽。大抵禀于天曰性,而所主在心。才尽心即是知性,知性即是知天矣。"①

这就是说尽心是知性的前提,"心性合一"是在尽心工夫前提下实现的。

二、二程对张载心性关系之评说与借鉴

二程对张载心性关系的批评有两段较有代表性的文献记载:

> (程颢说:)"尝喻以心知天,犹居京师往长安,但知出西门便可到长安。此犹是言作两处。若要诚实,只在京师,

---

① 程颢、程颐:《二程集》,第 208 页。

便是到长安，更不可别求长安。只心便是天，尽之便知性，知性便知天，当处便认取，更不可外求。"①

　　正叔言："不当以体会为非心，以体会为非心，故有心小性大之说。圣人之神，与天为一，安得有二？至于不勉而中，不思而得，莫不在此。此心即与天地无异，不可小了它，不可将心滞在知识上，故反以心为小。"（时本注云："横渠云：'心御见闻，不弘于性。'"）②

　　程颢所说的"尝喻以心知天，犹居京师往长安"的例子正是其"心性本一"思想的最好表述。程颢以此为喻，在于批评张载将心性二分，然后通过一系列工夫去"知天"，过于周折。本来天理内在于心，心能包括世界上的万事万物，只要在心上反省内求，就可以认识和把握天理。在程颢看来，心性本一，不用在心之外，再去求一个所谓的"性"。程颢强调的是在当下的行为中领悟本心，天理天道已在胸中，而不是向心外去求索。程颢认为"耳目能视听而不能远者，气有限耳，心则无远近也。"③人的视觉听觉所得到的东西是有限的，而人们的"心"则是无限的，这里所谓的心就是"心即理"之心，是本然之心。人是天地万物的中心，人心是万物生机的集中表现。当然，程颢对张载心性关系

————————

① 程颢、程颐：《二程集》，第15页。
② 程颢、程颐：《二程集》，第22页。《程氏粹言》记载：子曰："体会必以心。谓体会非心，于是有心小性大之说。圣人之心，与天为一。或者滞心于智识之间，故自见其小耳。"（《二程集》，第1261页）
③ 程颢、程颐：《二程集》，第119页。

的批评，本身并不排斥其对张载在"天人合一"境界上所实现的心性合一的思想，但是，在程颢看来，这有可能使人对自我本心的体悟引导到向外求索的方向，所以，他特别强调"心即理"、"不可外求"等。相较于张载的心性关系论，程颢的显得更为简易。这再一次体现出他们思想的不同风格。

如果说，张载与程颢的心性关系论存在较大差异，那么，张载与程颐的心性关系论则更为相近，即心性合一都是在工夫的前提下实现的。在此，通过以上引文第二段的分析说明他们的相近之处。

程颐说的"不当以体会为非心，以体会为非心，故有心小性大之说"，主要是批评张载的"心小性大"之说。"心小性大"之说出自《张子语录》，张载说："尽天下之物，且未须道穷理，只是人寻常据所闻，有拘管局杀心，便以此为心，如此则耳目安能尽天下之物？尽耳目之才，如是而已。须知耳目外更有物，尽得物方去穷理，尽了心。性又大于心，方知得性便未说尽性，须有次叙，便去知得性，性即天也。"① 这主要体现张载修养工夫的次第，知性与尽性是两个层次，当心有局限不能尽性时，就是"性大心小"的表现。程颐反对张载的心小性大之说，他讲"不当以体会为非心"，在于批评张载将心、性分为二。这里看似是差别，细致分析却并不然。程颐接着说："圣人之神，与天为一，安得有二？"这明确地表示，只有圣人才做到了"合二为一"，也就是说心性合一是在工夫前提下才能实现。这与张载在"天人合一"

① 张载：《张载集》，第311页。

境界上所达到的心性合一恰好是一致的。张载一方面说"性大心小",另一方面特别强调破除心的局限性,他所谓的"性又大于心"的心是滞在见闻上的知觉之心,不是充分体现性之要求的道德本心,也就是说"心之尽性之功未至,则性大而心小"。[①]张载一再强调不能将心滞在见闻上,他说:"人本无心,因物为心,若只以闻见为心,但恐小却心。"[②]又说:"有无一,内外合,庸圣同。此人心之所自来也。若圣人则不专以闻见为心,故能不专以闻见为用。"[③]这与程颐所说的"此心即与天地无异,不可小了它,不可将心滞在知识上,故反以心为小。"(时本注云:"横渠云:'心御见闻,不弘于性。'")也是一致的。

注文中的引语来自张载《正蒙·大心篇》:"利者为神,滞者为物。是故风雷有象,不速于心,心御见闻,不弘于性。"[④]说的是心被见闻所限制,不能实现天性的要求。虽然,程颐的话是以批评的口吻说出,但是所表达的内涵却与张载的意思一致。为了破除心的局限,张载主张"大其心"。他说:"以有限之心,止可求有限之事;欲以致博大之事,则当以博大求之,知周乎万物而道济天下也。"[⑤]又说:"大其心则能体天下之物,物有未体,则心为有外。世人之心,止于闻见之狭。圣人尽性,不以见闻梏其心,其视天下无一物非我,孟子谓尽心则知性知天以此。天大无外,

---

① 唐君毅:《中国哲学原论·原教篇》,第81页。

② 张载:《张载集》,第333页。

③ 张载:《张载集》,第63页。

④ 张载:《张载集》,第23页。

⑤ 张载:《张载集》,第272页。

故有外之心不足以合天心。见闻之知，乃物交而知，非德性所知；德性所知，不萌于见闻。"① 人本一心，无所谓大小，"世人之心止于闻见之狭而不能尽，所以小也。圣人穷理尽性，不以见闻梏桎其心，故心大。心大而视天下之物，无一物非我分内，故能体天下之物而无外"。② "大其心"就是要充分扩展人的主体自觉性，以道德修养工夫为前提，内省感悟天赋予人的纯善本性；体物就是认识事物的本性和本质。也就是说只有做到大心才能够认识和体悟天下万物的本性。张载的"大其心"根本是要从"闻见之狭"中解脱出来。③ 这是因为世人之心受到见闻之知的局限，也受到私己的牵制。因为"惟于私己然后昏而不明"，④ 所以"人常脱去己身则自明"。⑤ "见闻之狭"与"私己"遮蔽了人们对事物的正确认识，道德修养工夫"大心"就成为能否"体天下之物"的至关重要的因素。程颐很赞同张载的"大心"说，他说："人须知自慊之道。自慊者，无不足也。若有所不足，则张子厚所谓'有外之心，不足以合天心'者也。"⑥ 天地本无心，人心就是天地心。有外之心则导致体用殊绝，天人殊途，圣人之心与天地万物合。

　　由上可知，张载、程颐都反对"见闻之狭"与"私己之累"，都主张通过修养工夫实现心性合一，心性合一的境界也就是圣

---

① 张载：《张载集》，第 24 页。

② 王植：《正蒙初义》，文渊阁四库全书影印本 697 册，第 534 页。

③ 牟宗三：《心体与性体》（上），第 458 页。

④ 张载：《张载集》，第 256 页。

⑤ 张载：《张载集》，第 285 页。

⑥ 程颢、程颐：《二程集》，第 130 页。

人的境界。

第二节　程颐对张载"知"论之继承与发展

一、张载"知"论

在心性思想中,张载提出了一对重要的哲理范畴,即"德性所知"与"见闻之知"。这就是张载心学思想中的知论。

事实上,张载的知论分见闻之知、德性所知、诚明所知三个层面。依靠"知觉"产生的知是知识层面的知,张载称之为"见闻之知";通过道德修养工夫,达到对天性的认识所得到的知是道德层面的知,张载称之为"德性所知";依靠对天性的深层体悟得来的知是超道德层面的知,张载称之为"诚明所知"。严格地说,后两种知不是一种知识,而是一种道德修养工夫,三层面的知有机地"统一于心"。

张载认为,闻见之知是人的感觉器官与外界事物结合得来的一种知识。他说"见闻之知,乃物交而知",[1]"人本无心,因物为心"。[2]张载进一步认为感性知识是"内外合"的结果。他说:"人谓己有知,由耳目有受也;人之有受,由内外之合也。"[3]这就是说感性知识是由耳目承接外物而产生的,也就是说见闻之知的产生是主体与客体相互结合的产物。张载肯定耳目见闻的重要性。他说:"闻见不足以尽物,然又须要他。耳目不得则是木石,

---

① 张载:《张载集》,第 24 页。

② 张载:《张载集》,第 333 页。

③ 张载:《张载集》,第 25 页。

要他便合得内外之道,若不闻不见又何验?"① "耳目虽为性累,
然合内外之德,知其为启之之要也。"② 这是说耳目有启发心思的
作用,如果没有耳目,人就会如同木石一样。耳目见闻是人可资
利用而与外部世界沟通的基本手段。

　　当然,张载也看到见闻之知的局限性。见闻之知是有限之
知,他说:"天之明莫大于日,故有目接之,不知其几万里之高
也;天之声莫大于雷霆,故有耳属之,莫知其几万里之远也;天
之不御莫大于太虚,故必知廓之,莫究其极也。"③ 这是张载对见
闻之知局限性很有见地的一段话。客观事物是无限的,而人的
耳闻目见则是有限的,人的耳目虽有合内外之功,但要穷尽天下
事物之理及天下事物之性,认识事物的本质及规律,却是做不到
的。另外,耳目是人身体的一部分,往往受私己的影响,使心受
其限制。"若只以见闻为心,但恐小却心。"④ 见闻之知不能完成
以心尽性知天的目标,所以必须突破见闻之知的局限,进入另一
种求知的路径——德性所知。

　　在张载的著作中没有对德性所知给予一个明确的定义,但
在他的论述中不难得出德性所知的含义。他说:"见闻之知,乃
物交而知,非德性所知;德性所知,不萌于见闻。"⑤ 王夫之解释
说:"德性之知,循理而及其原,廓然于天地万物大始之理,乃吾

① 张载:《张载集》,第 313 页。
② 张载:《张载集》,第 25 页。
③ 张载:《张载集》,第 25 页。
④ 张载:《张载集》,第 333 页。
⑤ 张载:《张载集》,第 24 页。

所得于天而即所得以自喻者也。""萌者,所从生之始也。见闻可以证于知已知之后,而知不因见闻而发。德性诚有而自喻。"①这是说德性所知不由见闻生出,德性根源于天性,是天赋予人性中的潜在善因。当然,先天的潜在并不等于其形成,而其形成却需要道德的因素。德性所知是与见闻之知不同的知。张载所谓的德性所知就是通过一定的修为方式,依靠道德的提升,彰显人性中固有的善性所获得的知。在道德工夫"尽心"、"大心"的基础上,才能完成"穷理"、"体物"的任务,所以张载把通过大心体物得来的这种知叫做德性所知。获得德性所知意味着"知"进入了一个新的阶段,如果用一个字来形容这种境界,可概括为"明"的境界。"明"天理并非达到与天理同一的境界,实现与天理同一还需要知的进一步提升,也就是要由"明"进入"诚",需要由德性所知进入诚明所知。

张载对"诚明所知"有明确的定义,他说"诚明所知乃天德良知",②良知是人性固有的纯善之性,诚明所知就是修炼成圣之人完全呈现出人性中固有的纯善之性所达到的状态。这种状态是"德盛仁熟之致,非智力能强也"。③就是说这种知又不同于德性所知,德性所知"犹可勉而至",④而诚明所知是"非思勉之能

---

① 王夫之:《张子正蒙注》,第 122 页。

② 张载:《张载集》,第 20 页。

③ 张载:《张载集》,第 218 页。

④ 张载:《张载集》,第 216 页。

强"，①"则必在熟"。②它的具体表现是"德盛仁熟"、"穷神知化"。显然，诚明所知比德性所知更高一个层次。

　　达到诚明所知的主要途径是在尽心的基础上做尽性的工夫。尽性是指以直觉思维彻悟宇宙万物的生成根源和造化原理，是贯通性命之源的工夫。张载说："无我而后大，大成性而后圣，圣位天德不可致知谓神。"③这就是说尽性要达到成性的状态，成性才能成圣。如果要尽性与天同一，就要做到"德熟"的程度："大可为也，大而化不可为也，在熟而已。"如果说"学思以穷理"，那么"存养以尽性"。④这就是说德性形成之后，还有一个熟的过程，熟后方能成圣。在张载的著作中"尽性"、"天德"、"圣"、"诚"这几个概念密切相关，甚至可以互通。他说："穷理尽性，则性天德，命天理。"⑤学问修养达到穷理尽性的地步，则人以天德为性，以天理为命。"性天德"亦即"诚"，他说："诚也，天德也。""圣者，至诚得天之谓。"⑥又说："大人成性则圣也化，化则纯是天德也。"⑦诚本是"天所以长久不已之道"，⑧人如果能穷理尽性达到与天同一的地步，就达到诚的境界，就成为圣人。

　　学术界一般都将张载知论认为是见闻之知、德性所知，而将

---

① 张载：《张载集》，第 17 页。
② 张载：《张载集》，第 216 页。
③ 张载：《张载集》，第 17 页。
④ 王夫之：《张子正蒙注》，第 96 页。
⑤ 张载：《张载集》，第 23 页。
⑥ 张载：《张载集》，第 9 页。
⑦ 张载：《张载集》，第 76 页。
⑧ 张载：《张载集》，第 21 页。

德性所知与诚明所知认为是同一范畴,[①] 而程宜山对德性所知与诚明所知的论证既中肯又有见地,其唯一不足在于没有涉及见闻之知与德性所知的关系。[②] 张载知论中的三知的关系是：第一,就见闻之知与德性所知的关系而言,见闻之知是"合内外"于耳目之内的知,是小知；德性所知虽不萌于见闻,但却是"合内外于耳目之外"[③] 的知,是大知。也就是说,二者分别是依知觉产生知识层面之知,和依性产生道德层面之知。此二者是两种路径,是两种不同的知,都"统一于心"。张载肯定耳目见闻具有"合内外"、"启之之要"之功,但也知道感性经验知识不足以完成天人合一的任务,因此更强调主体的道德自觉在实现天人合一过程中的作用。第二,就德性所知与诚明所知的关系而言,二者都是基于主体的道德自觉,但程度不同。德性所知是"明"的境界,是靠道德的修为和努力能够达到的一种境界,是道德层面的知。诚明所知是"诚"的境界,不能靠刻意努力去达成,只能在德性所知的基础之上,依靠"熟"而达到,是超道德层面的知,是知的最高境界。修炼成圣人就达到诚明境界,也就实现了天人合一。张载并未贬低耳目见闻的作用,而是更强调在达到圣人境界、实现天人合一的过程中,道德修养的重要性。因为本体是超验的,靠见闻和思虑、知觉和理性都无法实现对它的体认,必须借助道

---

① 张载的三层结构"知"论被程颐继承发展为两层结构"知"论,朱熹将这一对范畴继承下来,现代学者们对张载知论的误解有受程朱思想影响的缘故。

② 程宜山:《关于张载的"德性所知"与"诚明所知"》,《哲学研究》,1985 年第5 期。

③ 张载:《张载集》,第 25 页。

德的修为工夫和直观体认来完成。

二、程颐对张载"知"论之评说与继承

程颐继承了张载关于见闻之知与德性所知的提法，[1] 并将其作了微妙的改动。首先，他将"德性所知"变为"德性之知"，而且不再涉及诚明所知这个层面。由此将张载知论的三个层面转变为两个层面。其次，将"不萌于闻见"改成"不假闻见"。他说："闻见之知，非德性之知。物交物则知之，非内也，今之所谓博物多能者是也。德性之知，不假闻见。"[2] 这里虽然仅一字之差，却有细致的区别在其中：张载所说德性所知不由见闻生出，这里包含着借助见闻的可能性；程颐则几乎是说德性之知不需要借助见闻。这里涉及的仍然是见闻之知与德性之知的关系问题，这是一个较为复杂的问题。借用杜维明关于见闻之知与德性之知关系的理论可以说明张载、程颐对两种知识关系的不同理解。

他认为处理这一关系有以下方式：一、把德性之知与一般闻见之知区分开来以突出德性之知的特殊作用；二、把一般闻见之知和德性之知统合起来，让闻见之知在德性之知首出的前提下

---

[1] "闻见之知"的观念是相对于"德性之知"而成立的。把知分为"德性"与"闻见"两类是宋代儒家的新贡献。大略地说，这一划分始于张载，定于程颐，盛于王阳明，而泯于明清之际。参见余英时：《中国哲学辞典大全》，水牛出版社，1983年，第711页。

[2] 程颢、程颐：《二程集》，第317页。《程氏粹言》记载，子曰："见闻之知，乃物交而知，非德性所知。德性所知，不待于闻见。"（《二程集》，第1253页）又载，子曰："闻见之知非德性之知，德性所知，不假闻见。"（《二程集》，第1260页）

获得适当的位置。[①] 这种划分可以借用来对张载、程颐关于这一问题的争论作一说明。虽然张载、程颐都重视德性之知的重要性且在工夫论的前提下给闻见之知以适当的认可,但是,他们对见闻之知认可的程度以及见闻之知与德性之知的关系观点不同。从张载的角度而言,闻见之知在德性之知首出的前提下有比较重要的作用,见闻之知是通向德性之知的条件。从程颐的角度而言,一方面,如果没有工夫在闻见之知与德性之知之间起沟通作用,见闻只是见闻,是外在的经验知识,而德性之知是内在的道德知识,二者不是同一类知识,没有必然联系。另一方面,如果通过工夫的实际操练,见闻之知的起点皆可以引至德性之知的体会,这就是程颐后来所讲的格物致知。那么相较而言,程颐的知识论"更具有道德主义的特征,却缺少张载那样的丰富性"。[②] 韦政通认为:"德性之知与闻见之知要讨论的问题,是'知'的不同性质和闻见之知与道德实践的关系,以及闻见之知在道德实践中的地位问题。横渠把这个问题提出来,从影响来看,似乎比气质之性说更有功于圣门。"[③] 总之,见闻之知与德性之知是张载首先提出,程颐继承了这对范畴,并作了改动,发展出自己的心知之学。这既表明二者对知论建构的不同理解,同时也表明宋代理学知论的最终完成。朱熹将这一用法继承下来,汇合成为理学体系中的重要范畴之一。

---

① 杜维明:《论儒家的"体知"——德性之知的涵义》,杜维明著,郭齐勇、郑文龙编:《杜维明文集》,武汉出版社,2002 年,第 345 页。

② 蒙培元:《理学范畴系统》,第 377 页。

③ 韦政通:《中国思想史》,第 767 页。

第三节　程颐对张载"命遇"之评说
及二者"义命"思想之会通

一、程颐对张载"命遇"之评说

程颐对张载"命遇"之论的评说有一段代表性的材料：

> 问："命与遇何异？"（张横渠云："行同报异，犹难语命，语遇可也。"）先生曰："人遇不遇，即是命也。"曰："长平之战，四十万人死，岂命一乎？"曰："是亦命也。只遇着白起，便是命当如此。又况赵卒皆一国之人。使是五湖四海之人，同时而死，亦是常事。"又问："或当刑而王，或为相而饿死，或先贵后贱，或先贱后贵，此之类皆命乎？"曰："莫非命也。既曰命，便有此不同，不足怪也。"①

这段话是针对张载"性通极于无，气其一物尔；命禀同于性，遇乃适然焉。人一己百，人十己千，然有不至，犹难语性，可以言气；行同报异，犹难语命，可以言遇"②而言的。对比张载与程颐

---

① 程颢、程颐：《二程集》，第 203 页。

② 张载：《张载集》，第 64 页。《程氏粹言》记载：张子曰："性通极于无，气其一物尔。命同禀于性，遇其适然尔。力行不至，难以语性，可以言气；行同报异，难以语命，可以言遇也。"或问："命与遇异乎？"子曰："遇不遇即命也。"曰："长平死者四十万，其命齐乎？"子曰："遇白起则命也。有如四海九州之人，同日而死也，则亦常事尔。世之人以为是骇然耳，所见少也。"（《二程集》，第 1254 页）

的观点，我们可以看出，张载是从"命"与"遇"两个方面阐释命运观，而程颐则只是从"命"之一字阐释命运观，反对命遇之二分。这就是说，张载认为，在人的生命历程中，存在的一种必然性就是命，然而在这种必然性中有"行同报异"的种种差别，不能称作是命，只能算作是遇。而程颐不赞成这种说法，他认为人的一切遭遇与差别都包含在命中。这反映出张载、程颐对命运观的不同看法。

　　与张载的思想体系相对应，张载的命运观也分为两个层面，即命与遇。张载之所以这样解释命运观在于，命是表征人、物之根源的纯善本性，而遇则是表征世俗吉凶险胜之范畴。朱熹曾对张载的命、遇作过这样的解释："横渠言遇，命是天命，遇是人事。"[1] 这一诠释符合张载本意。在张载看来，命是由天地之性下贯而赋予天、地、人、物的，是天所赋予人之使命，其展开过程不能以世之吉凶观念来衡量，只能以其顺应天命的方式去实现。而所谓"遇"是与有形迹之气相联系的，"遇"是不能脱离时运而存在的人、物的际遇。外围世界的任何变化，都有可能影响到人、物境遇的吉凶祸福。张载将人物之具体境遇界定为"遇"，从而使得"命"范畴提升为纯乎自天而定的形而上概念。命自天而定，因而天命的意义在于天道运化与人道的契合，境遇对于人的祸福无涉于天命对于人的作用，人于天命无吉凶悔吝之别。人只有顺受其天命才能尽到天所赋予人的使命，而不管天命的展开对于人之"遇"的吉凶如何。换句话说，张载的命、遇之分在

---

[1] 黎靖德编：《朱子语类》，第 3335 页。

于说明，对于所"遇"，人没法去掌控，而对于所"命"，人却可以通过自己的道德修养尽可能地去实现。

　　与程颐思想体系相对应，程颐认为命就是天理（天道）的下放，理、命合一。他说："穷理，尽性，至命，一事也。才穷理便尽性，尽性便至命。因指柱曰：'"此木可以为柱，理也；其曲直者，性也；其所以曲直者，命也。理，性，命，一而已。"'"①理经由天命落实为性，性就成为具超越义的道德本体。它虽然是潜在的，然而是完满的、绝对的。"理也，性也，命也，三者未尝有异。穷理则尽性，尽性则知天命矣。天命犹天道也，以其用而言之则谓之命，命者造化之谓也。"②程颐认天命和天道是一个层面，而命就是天命（天道）在功用层面的体现，所谓的命是造化。这就是说在程颐看来，张载所说的遇不遇都是命之造化的结果，所以不需要命、遇的二分。那么程颐实现天赋使命的方式，就是惟有奉顺事天，诚敬从之，顺应大化流行，即所谓"天所赋为命，物所受为性。保合太和乃利贞。"③程颐认为，天命具普遍性，既是超越的、客观的，又是内在的、自主自为的，所以，通过人的自觉努力，人可以实现天命所赋。

　　张载、程颐对命之界定代表了理学中两种不同的命运观，即一是双重内涵，一是单一内涵。④但是，这并不意味着他们之间是对立的。张载、程颐对命运观之所以界定不同，是因为他们的

① 程颢、程颐：《二程集》，第 410 页。
② 程颢、程颐：《二程集》，第 274 页。
③ 程颢、程颐：《二程集》，第 698 页。
④ 崔大华：《儒学引论》，第 615—616 页。

本体论思想的建构不同，而在强调人的主体性与道德自觉性方面，在实现天命所赋的使命方面却是极其一致的。张载、程颐的这一思想当然是继承儒学传统而来。儒家的命运观，既有《论语》中所说的"死生有命，富贵在天"，讲命运客观性的一面；又有《孟子》"尽人事，顺天命"，在承认命运客观性的同时，强调尽最大可能性发挥人的主体性的一面。《中庸》提出了"天命之谓性"的命题，将性、命连接起来，"天命之谓性"，是说天赋予万事万物以"本性"，是万物之所以成为万物的根据；紧接着就提出"修道之谓教"，此则是强调人对天命赋予所负有的担当使命。儒家认为，人不能最终决定自己的性，因为天下万事万物的性都是天定的，但人可以在尽人事的前提下，顺天命，实现天命赋予人的使命。张载、程颐对命运观的阐释是在继承儒家传统的前提下进行的。

二、张载、程颐"义命"思想之会通

张载、程颐的"义命"思想是会通的，都认为"义"重于"命"。张载强调"义"是"求在我者"，是可以通过道德修养工夫获得的。张载"义命"论的哲理基础是"义命合一存乎理"。这一命题意思是说，合宜与天命结合，便是理。"义者，谓合宜也，以合宜推之，仁、礼、信，皆合宜之事。"① 张载认为，命的根源在于天或天道，人对命运的追求是归结于理的。而所谓理，亦即"道德性命之理"，这是张载"义命"论的根据。张载借用《孟

---

① 张载：《张载集》，第 287 页。

子·尽心上》中所谓的"求则得之,舍则失之,是求有益于得也,求在我者也。求之有道,得之有命,是求无益于得也,求在外者也"来阐发他对"义命"之重视。张载说:"富贵贫贱者皆命也。今有人均为勤苦,有富贵者,有终身穷饿者,其富贵者只是幸会也。求而有不得,则是求无益于得也。道义则不可言命,是求在我者也。"① 张载认为富贵贫贱都属于命,人们都勤奋努力,有的人获得富贵,有的人终身贫寒,其中获得富贵的人也只是幸会而已。努力追求但却没有得到,这是"求无益于得"的方面。而道义却不可以说成是命,这是"求在我者"的方面。这是说有一种命是"求"而不能"得"的,是不可控的,如富、贵、贫、贱都是命,这些都是人力所不能左右的,人对之无可奈何,可遇而不可求,其得失不由人自己决定而是由外界因素决定。道义不是这种命,而是另一种根源于天的道德性命,是"求"而能"得"之命。张载又说:"气之不可变者,独死生修夭而已。故论死生则曰'有命',以言其气也。"② 死生寿夭是由人的气质决定的,不可强求,所以说"有命"。他又说:"富贵之得不得,天也,至于道德,则在己求之而无不得也。"③ 事业成功,富贵显达是人人追求的,但能否实现取决于"天命",其中许多事属于"所乘所遇",非人力能及。而道德性命则完全在人为,求者必得。所以,正确的人生态度应当是为学由己,努力求道从义。程颐比张载更进一步,他甚至主张"惟义无命"。他说:"贤者惟知义而已,命在

① 张载:《张载集》,第 374 页。
② 张载:《张载集》,第 23 页。
③ 张载:《张载集》,第 280 页。

其中。"①"圣人则更不论利害，惟看义当为不当为，便是命在其中也。"② 这些都说明，圣贤从正义（使命）的角度只考虑自己该不该去做，而不会去算计利害得失，这种表现就已经将命包含在义之中。程颐也借用孟子的话来阐发自己的思想，他说："'求之有道，得之有命'，是求无益于得，言求得不济事。此言犹只为中人言之，若为中人以上而言，却只道求之有道，非道则不求，更不消言命也。"③ 又说："如言'求之有道，得之有命'，是求无益于得，知命之不可求，故自处以不求。若贤者则求之以道，得之以义，不必言命。"④ 这里都在强调，命之说是因人而异的，而圣贤只在乎道义，不在乎所谓的命。他又说："圣人言命，盖为中人以上者设，非为上知者言也。中人以上，于得丧之际，不能不惑，故有命之说，然后能安。若上智之人，更不言命，惟安于义；借使求则得之，然非义则不求，此乐天者之事也。上智之人安于义，中人以上安于命，乃若闻命而不能安之者，又其每下者也。"（孟子曰："求之有道，得之有命。"求之须有道，奈何得之须有命！）⑤ 程颐认为圣人有命这么一说，大概是为中等资质的人设立的，而不是为上等资质的人来说的。中等资质的人，在遇到得失问题的时候，仍然会引发很多困惑，所以有命这么一说，才能做到心安。如果是上智之人，不会去讲命，只会安心于义；假如说"求

① 程颢、程颐：《二程集》，第 18 页。
② 程颢、程颐：《二程集》，第 176 页。
③ 程颢、程颐：《二程集》，第 32 页。
④ 程颢、程颐：《二程集》，第 18 页。
⑤ 程颢、程颐：《二程集》，第 194 页。

则得之"，且一定会做到非义之事则不求，这是圣贤之事。因此，上智之人安于义，中人以上有命这么一说才能安，还有的人即使有命这么一说也不能安的，那是比中人资质更低的人。在程颐看来，所谓的命，不同的人看法不同，对圣贤而言，无所谓命，只安于义，中等资质的人是有命之说才能安，中人以下有命之说也不能安命。因此，在程颐看来儒者的目标是成圣成贤，应该只在乎"义"，而无所谓"命"，即事尽天理，就是实现天命的最好方法。

张载、程颐都强调"以义易命"。张载说："德不胜气，性命于气；德胜其气，性命于德。穷理尽性，则性天德，命天理，气之不可变者，独死生修夭而已。"①这里的德指人的道德根据（天地之性），气指由气禀所决定的各种气质（气质之性），这是说，如果一个人的道德修养工夫不能胜过其气质，则人的性与命都由气质决定，其人性表现为气质之性；如果道德修养工夫胜过其气质，则人的性与命都由其道德决定。朱熹对张载的"德气关系"作过这样的解释，他说："张子只是说性与气皆从上面流下来。自家之德，若不能有以胜其气，则只是承当得他那所赋之气。若是德有以胜其气，则我之所以受其赋予者皆是德。故穷理尽性，则我之所受，皆天之德；其所以赋予我者，皆天之理。气之不可变者，惟死生修夭而已。盖死生修夭，富贵贫贱，这却还他气。至'义之于君臣，仁之于父子'，所谓'命也，有性焉，君子不谓命也'，这个却须由我，不由他了。"②就是强

---

① 张载：《张载集》，第 23 页。

② 黎靖德编：《朱子语类》，第 3308 页。

调通过道德修养工夫去克服天生气禀之偏杂；如果工夫修养胜过气禀，则人的层次就达到纯是天德的境界，这时人除了死生修夭、富贵贫贱不由自己决定（仍由气禀决定），其他都由自己的道德决定。程颐比张载更进一步，他认为主体的自觉性不但可以提升道德，甚至可以延长寿命。他说："'知天命'，是达天理也。'必受命'，是得其应也。命者是天之所赋与，如命令之命。天之报应，皆如影响，得其报者是常理也；不得其报者，非常理也。然而细推之，则须有报应，但人以狭浅之见求之，便谓差互。天命不可易也，然有可易者，惟有德者能之。如修养之引年，世祚之祈天永命，常人之至于圣贤，皆此道也。"[1] 这就是说在人的道德修养工夫的努力下，是否可以成为圣贤、是否可以延长寿命等都在改变的范围之内。

总而言之，张载、程颐的"义命"思想，强化了儒学传统命运观中对人的主体性的重视。"判定命之必然性就存在于人自身之中，自觉的人生实践本身……就是对这种必然性的最确当的回应。"[2] 张载、程颐对"义命"的解说，凸显了他们对人的道德实践的重视。徐复观说："道德而归之于命，则此道德乃超出于人力之上，脱离一切人事中利害打算的干扰，而以一种非人力所能抗拒的力量影响到人的身上，人自然会对之发生无可推委闪避的责任感和信心。"[3] "在惟义所在的理学境界中……只有自觉的人

---

① 程颢、程颐：《二程集》，第 161 页。

② 崔大华：《儒学引论》，第 633—634 页。

③ 徐复观：《有关中国思想史上一个基题的考察——释〈论语〉"五十而知天命"》，《中国学术精神》，华东师范大学出版社，2004 年，第 23 页。

生实践、自觉的伦理道德的践履而带来的随遇而安的充实感和最终的慰藉感。"[1] 这样,人一生都不会再有失落感,生命由此而得到安顿。这正是儒家的特色。

---

① 崔大华:《儒学引论》,第 633 页。

第七章　二程对张载《西铭》之表彰与诠释

第一节　张载《西铭》释义

《西铭》(原名《订顽》),是张载从京师辞官之后回到横渠镇讲学时,为弟子们写的座右铭,也可以说是为"有求道之志"的学者而作的立志文章。原本挂在学堂窗户的西边,与挂在东边的《砭愚》相对称。后来,程颐认为这样的命名容易引起争端,就将《砭愚》改为《东铭》,将《订顽》改为《西铭》。①范育编《正蒙》时,又将《西铭》与《东铭》一并收入《乾称篇》,作为其首尾两章。朱熹为了表彰《西铭》,又将其从《乾称篇》单列出来,并作了《西铭解》。

　　张载作《西铭》的主要目的是为了教育启示弟子们立志求道。他说:"《订顽》之作,只为学者而言,是所以订顽。天地更分甚父母?只欲学者心于天道,若语道则不须如是言。"②为了让弟子们易于理解和记忆,在文中,张载大量运用比喻的手法来说明道理,其良苦用心就是引导启发初学者"心于天道"。

---

① 《程氏外书》记载:"横渠学堂双牖,右书《订顽》,左书《砭愚》。伊川曰:'是起争端。'改之曰《东铭》、《西铭》。"(《二程集》,第418页)
② 张载:《张载集》,第313页。

　　《西铭》一文仅 253 字,但却包含极其丰富的意蕴,可以说是张载整体思想的一个浓缩,包含了其宇宙论思想、社会政治思想、工夫论思想、人生观、生死观等等。张载用极其凝练的笔法将自己的思想浓缩在这短短的二百多字中,难怪程颢非常感慨地赞叹说:“《西铭》某得此意,只是须得他子厚有如此笔力,他人无缘做得。孟子以后,未有人及此。得此文字,省多少言语。”[1]朱熹同时代的学者认为“近世士人尊横渠《西铭》过于六经。”[2]为什么这么短短的一篇文字会蕴含如此巨大的魅力? 这需要从《西铭》本文说起。原文如下:

　　　　乾称父,坤称母;予兹藐焉,乃混然中处。故天地之塞,吾其体;天地之帅,吾其性。民吾同胞,物吾与也。大君者,吾父母宗子;其大臣,宗子之家相也。尊高年,所以长其长;慈孤弱,所以幼其幼。圣其合德,贤其秀也。凡天下疲癃残疾、茕独鳏寡,皆吾兄弟之颠连而无告者也。于时保之,子之翼也;乐且不忧,纯乎孝者也。违曰悖德,害仁曰贼;济恶者不才,其践形,唯肖者也。知化则善述其事,穷神则善继其志。不愧屋漏为无忝,存心养性为匪懈。恶旨酒,崇伯子之顾养;育英才,颍封人之锡类。不弛劳而底豫,舜其功也;无所逃而待烹,申生其恭也。体其受而归全者,参乎! 勇于从而顺令者,伯奇也。富贵福泽,将厚吾之生也;贫贱忧戚,庸玉女于

① 程颢、程颐:《二程集》,第 39 页。
② 朱熹:《记林黄中辨易西铭》,《朱子文集》,第 3408 页。

成也。存，吾顺事，没，吾宁也。[①]

依据朱熹《西铭解》[②]翻译成白话文，大体意思如下：在宇宙这个大家庭中，天，呈现出阳刚至健的乾道，就像家庭中的父亲一样；地，呈现出阴柔至顺的坤道，就像家庭中的母亲一样；我们人类作为宇宙中的一员，看起来很藐小，与万物混合无间地共同生活在宇宙中。天地父母赋予我们人类以形体；统帅天地万物以成其变化的，就是我们人的天然本性。（所以在宇宙间，人类作为万物之灵，应该承当起实现天地之性的任务。）所有的人类都是我们的同胞兄弟，万物（与人类同出于天地）是人类的同伴。在这样的大家庭中，大君（皇帝）就如同天地父母的宗子；大臣犹如宗子的管家。我们应该尊敬所有的老人，如尊敬自家的老人一样；我们应该善待所有的孩子，如善待自家的孩子一样。所谓的圣人，是指同胞中与天地之德相合的人；贤人的才德过于常人，是兄弟中优秀的人。那些年老多病的、身有残疾的、孤独无靠的、无妇无夫的人，都是我们同胞兄弟中困苦而无以求助之人。敬畏天命而能及时地保育兄弟们，犹如子女敬对乾坤父母达到极致一样。乐于保育兄弟而不为己忧，是对乾坤父母最纯粹的孝顺。若违背了乾坤父母的意旨，谓之"悖德"，损害自己仁德的人，谓之"贼"；助长凶恶的人是乾坤父母的不材之子，谓之"不才"，能够尽人之天性，与天地相似而不违者，谓之"肖"。圣人乃是天之孝子，能够把握天地变化之道，善于继述乾坤父母

---

① 张载：《张载集》，第 62—63 页。

② 朱熹：《西铭解》，《朱子全书》（第十三册），第 141—147 页。

的事迹，其所行就是天地之事；能够体悟天地神明之德，善于继承乾坤父母的志愿，就是能秉承天地之心。即便在屋漏隐僻独处之处也能对得起天地神明、无愧无怍，这就无辱于乾坤父母；时时存仁心、养天性，这便是事天奉天无所懈怠。崇伯之子大禹，是通过避开美酒，来照顾赡养乾坤父母的；颍谷守疆界的颍考叔，是经由点化英才、培育英才，而将恩德施与其同类的。不松懈、一直努力而为，使父母达到欢悦，这便是舜对天地父母所做出的贡献；顺从父命，不逃它处，以待烹戮，这是太子申生所以"恭"的表现。临终时，将从父母那里得来的身体完整地归还给乾坤父母的是曾参；勇于听从、以顺父命的是伯奇。（这些人都是竭诚履行天地赋予人使命的典范。）富贵福泽的环境，是乾坤父母所赐，用以使我们的生活丰厚；贫贱忧戚的境遇，是乾坤父母给予的磨练，将成就我们的德性。这样，活着的时候，我将安心地践履乾坤父母所赋予我的责任（使命）；死去的时候，我将毫无遗憾、安详地离开这个世界。

　　通观这篇文字，我们可以看到，张载运用了大量的儒家经典——四书、五经中的词语，包括人物、故事等，几乎每句都有典故。朱熹说："张子此篇，大抵皆古人说话集来。"[1] 观其文字，确实如此。程颢之所以赞叹张载的笔力，就在于张载能够娴熟地运用儒家经典中的典故并将其凝练，虽是集古人之语，却完美精练地表达了自己的思想。

　　首句"乾称父，坤称母；予兹藐焉，乃混然中处"是从宇宙观

---

① 黎靖德编：《朱子语类》，第3312页。

的视角说明人在宇宙中所处的地位。此句来源于《易传》："乾，天也，故称乎父。坤，地也，故称乎母。"从《易传》的角度看，整个宇宙中，天与地是世界万物（包括人在内）的总父母。父天母地，是宇宙间阴阳创生的象征，它们具有无限的生化潜能以及无上的生生之德。朱熹说："天，阳也，以至健而位乎上，父道也；地，阴也，以至顺而位乎下，母道也。人禀气于天，赋形于地，以藐然之身，混合无间而位乎中，子道也。"[1] 说明天、地、人三才在宇宙中的地位。"'混然中处'，言混合无间，盖此身便是从天地来。"[2] 父天能够大生，母地能够广生，作为父天母地的"子女"，宇宙万物就源源不断被生化出来。天地遂造就出繁纭复杂的大千世界，于是，天、地、人、物相连为一体，相互内在，构成一个无限宏大的、有机生存的生命共同体。而此一共同体，即是一个万象无限开放、互相连通、永恒流转、永葆鲜活的有机大宇宙。《西铭》首句正是从这种大的宇宙意识为基本出发点，它反映了张载以天道出发、天人贯通的宇宙论哲学。《西铭》其"全部理论便建立在对于这一宇宙实在的真切认识之上"，[3] 这不但为人类社会的存在奠定了宇宙论的根据，而且是对佛教否定现实世界的一种有力反驳。

　　"故天地之塞，吾其体；天地之帅，吾其性"，此句语脉出于《孟子·公孙丑上》："我善养吾浩然之气。……以直养而无害，则塞乎天地之间。"又曰："夫志，气之帅也。气，体之充也。"朱

---

[1] 朱熹：《西铭解》，《朱子全书》（第十三册），第 141 页。

[2] 黎靖德编：《朱子语类》，第 3312 页。

[3] 余英时：《朱熹的历史世界》，生活·读书·新知三联书店，2004 年，第 151 页。

熹说："'塞'与'帅'字,皆张子用字之妙处。塞,乃《孟子》'塞天地之间';体,乃《孟子》'气体之充'者;有一豪不满不足之处,则非塞矣。帅,即'志,气之帅',而有主宰之意。此《西铭》借用孟子论'浩然之气'处。若不是此二句为之关纽,则下文言'同胞',言'兄弟'等句,在他人中物,皆与我初何干涉?"[①]人存在的环境不仅仅是一个相对狭小的人类社会,而是整个天地宇宙,从宇宙中寻找人类的价值本原,这是儒家思想的一个基本观念。《西铭》的一个中心论旨便是要让人(主要是学者,即士)发扬自己在这个大宇宙中的担当精神。这与范仲淹"以天下为己任"的思想是一脉相承的。所以朱熹认为:"'吾其体,吾其性',有我去承当之意。"[②]人由天地创生,是万物之灵,灵就灵在人能够秉承天地之性,能自觉承担并实现天地之性的使命。所以,此句张载意在强调人在宇宙间所起的作用与所承当的使命。

"民吾同胞,物吾与也。"此句讲明人处在现实社会中,对待人与物应有的态度。其句语脉来源于《礼记·礼运》"以天下为一家,以中国为一人"与《孟子·尽心上》"亲亲而仁民,仁民而爱物"。在张载看来,天人关系无非是血缘宗法关系的泛化。从这一观点出发,宇宙间的一切无不与人自身休戚相关,人自己的每一作为无不与乾坤、天地息息相通,一切道德活动都是个体应当自觉承担的义务。由己及人,由人及物,用天地一样的胸怀将世间万物包容、观照,这是人类应有的情怀。张载的"民胞物与"反映了张载"天人合一"、"物我同体"的思想。

---

① 黎靖德编:《朱子语类》,第3316页。
② 黎靖德编:《朱子语类》,第3312页。

"大君者，吾父母宗子；其大臣，宗子之家相也。尊高年，所以长其长；慈孤弱，所以幼吾幼。圣其合德，贤其秀也。凡天下疲癃残疾、茕独鳏寡，皆吾兄弟之颠连而无告者也。"此句语脉主要来自于《礼记·礼运》"人不独亲其亲，不独子其子，使老有所终，壮有所用，幼有所长，矜寡孤独废疾者，皆有所养"。中国古代是一个宗法家族社会，其特点是：家庭以至家族与国家在组织结构上具有同构性、共同性。在结构上，家庭是国家的缩影，而国家则是家庭（家族）的扩大，故此孟子说"天下之本在国，国之本在家，家之本在身"。张载所构想的理想社会正是按照中国传统的思维模式构建的。大君指帝王，张载将其比喻成天地父母的宗子，宗子就是古代宗法制中享有继承权的嫡长子。把君主看成这个大家庭的长子，大臣是宗子家中的管家，疲癃残疾者是同胞中的弱者。人应当按照孝悌仁爱的原则，将社会上所有的人都看成同出于天地父母的同胞，做到尊卑有等，长幼有序，强弱相扶，和谐相处，各司其职，共同处理好社会上的一切关系，完成天地父母所赋予的使命。这段文字是张载对自己认为的理想社会的一种完整表述，也是对儒家"以孝治天下"、"亲亲尊尊"的社会伦理观念的一个精彩概括。

"于时保之，子之翼也；乐且不忧，纯乎孝者也。违曰悖德，害仁曰贼；济恶者不才，其践形，唯肖者也"。此句中"于时保之"出于《诗经·周颂》"畏天之威，于时保之"。"于时"可以理解为"于是"，这里的"之"可引申指天命，意思是敬天而得到天的护佑。人类作为天的子女，应当尊敬（翼：恭敬）天，而所达至的就是："守身以敬亲而事天，则悦亲而乐天，无小大之异也。"① 这里对孝的赞扬，是与乐而不忧相连的，显然"孝"是生命情态的原始动力，而"纯孝"则把"悦亲"和"乐天"贯通，也是对亲亲感通达于天的揭示。宗法制度的核心是孝道，所以，张载在《西铭》中，将各种美德用"纯乎孝者"的方式作了形象地表达。朱熹解释说："以父母比乾坤。主意不是说孝，只是以人所易晓者，明其所难晓者耳。"②

"知化则善述其事，穷神则善继其志。"此句语脉出自《周易·系辞》"穷神知化，德之盛也"与《中庸》"夫孝者，善继人之志，善述人之事者也"。张载将其巧妙结合，表达了人作为万物之灵，应该秉承天地之志，完成天地之使命。朱熹解释得更为详细，他说："如知得恁地便生，知得恁地便死，知得恁地便消，知得恁地便长，此皆是继天地之志。随地恁地进退消息盈虚，与时偕行，小而言之，饥食渴饮，出作入息；大而言之，君臣便有义，父子便有仁，此都是述天地之事。"③

"不愧屋漏为无忝，存心养性为匪懈。"此句语脉大体出于《诗经》和《孟子》。《诗·大雅·抑》："相在尔室，尚不愧于屋漏。"又《诗·小雅·小宛》："夙兴夜寐，无忝尔所生。"以及《诗·大雅·蒸民》的"夙夜匪解"，《孟子·尽心上》："存其心，养其性，所以事天也。"屋漏，指室内西北角隐僻处，这个方向为古时开窗受光通烟之处，同时是祭祀、陈尸或安罩神主的地方；忝是羞辱的意思；存心养性是要通过工夫修养心性；"匪"同

---

① 王夫之：《张子正蒙注》，第 317 页。
② 黎靖德编：《朱子语类》，第 3314 页。
③ 黎靖德编：《朱子语类》，第 3661 页。

"非","解"通"懈"。这是对祭礼的引申说明,即要通过工夫(包括礼仪)的操练,"止恶于几微,存诚于不息……以敬亲之身而即以昭事上帝矣"。[①]亲亲的感通性要达至神明,这要在"存心养性"的陶养和涵泳中,即在工夫的操持中来达到。朱熹认为:"'于时保之'以下,是做工夫处。"[②]这段是张载指导学者通过工夫修养来完成天地赋予人的使命。

"恶旨酒,崇伯子之顾养;育英才,颖封人之锡类。不弛劳而底豫,舜其功也;无所逃而待烹,申生其恭也。体其受而归全者,参乎!勇于从而顺令者,伯奇也。"此句的"恶旨酒",出自《孟子·离娄下》:"禹恶酒而好善言。"这是以禹的"顾养"为例,表达了通过亲亲(父子关系)的感通方式达到与天相通。"颖封人"即颖考叔,其典故来自《左传》"郑伯克段于鄢","颖考叔,纯孝也,爱其母,施及庄公。《诗》曰:'孝子不匮,永锡尔类。'其是之谓乎!""锡类"意思是把恩德赐给亲亲之外的他人,是亲亲的外展,这是对颖考叔纯孝的赞美。舜的"底豫"(由不欢到欢乐)之功出自《孟子·离娄上》"舜尽事亲之道,而瞽瞍底豫。瞽瞍底豫,而天下化。"化天下之力量来自于亲亲之和乐,这是亲亲之感通性的诉求,也是伦理与政治的统一。申生之典故源于《礼记·檀弓上》:"晋献公将杀其世子申生……'申生受赐而死。'再拜稽首,乃卒。是以为恭世子。""归全",出自《礼记·祭义》:"曾子闻诸夫子曰:'天之所生,地之所养,无人为大。父母全而生之,子全而归之,可谓孝矣。不亏其体,不辱其身,可谓

---

① 王夫之:《张子正蒙注》,第317页。

② 黎靖德编:《朱子语类》,第3313页。

全矣。'"能够一生保护好自己的身体,并完好的归还于亲(天),这也是孝之亲亲的期望。这里不只包括肉体,也有伦理的承担(不辱天赋使命)。伯奇的典故出自《诗经·小雅·小弁》申培公之题解:"吉甫娶后妻,生子曰伯邦。乃谮伯奇于吉甫,放之于野。伯奇清朝履霜,自伤无罪见逐,乃援琴而鼓之。宣王出游,吉甫从之,伯奇乃作歌以言,感之于宣王,王闻之曰:此孝子之辞也。吉甫乃求伯奇于野而感悟,遂射杀后妻。"[1] 伯奇乃周朝大夫吉甫的儿子,这个例子是对顺从亲亲法则的肯定。朱熹说:"圣人之于天地,如孝子之于父母。"[2] 做天地父母的孝子,就应该将修养工夫指向圣人这一目标。这些例子都从不同角度诠释了孝子事天地如侍父母,是孝之极致的典范。朱熹认为张载"不是说孝,是将孝来形容这仁;事亲底道理,便是事天底样子"。[3]

　　"富贵福泽,将厚吾之生也;贫贱忧戚,庸玉女于成也。"《孟子·告子下》中孟子说:"天将降大任于是人也,必先苦其心志,劳其筋骨,饿其体肤,空乏其身,行拂乱其所为,所以动心忍性,曾益其所不能。"人不应在厄运面前低头,而应当将人生的苦难当成磨炼自己的机会。张载在《西铭》中,发挥的正是这样一种思想。"富贵福泽"是老天对我的厚爱,人应当珍惜这种"幸运",不可辜负了天地的厚爱;"贫贱忧戚"是老天对我的考验和锻炼,人应当在困境中"增益其所不能"。"玉女"出自《诗·大雅·民劳》"王欲玉女",即"玉汝";庸,常的意思。贫贱忧戚是"玉汝

---

① 王先谦:《诗三家义集疏》,中华书局,1987年,第697页。

② 黎靖德编:《朱子语类》,第3320页。

③ 黎靖德编:《朱子语类》,第3319页。

于成"，即上天给你提供成长的机会，促使你得到成功。在这样的心境下，贫贱忧戚成为走向成功的必经之路，从而不再抱怨，不再畏惧，而是勇于前行。

"存，吾顺事；没，吾宁也。"《论语·颜渊》有"死生有命，富贵在天"，《孟子·尽心上》有"莫非命也，顺受其正"。当我们生的时候，哪怕只有一息尚存，就要按照"顺事"的原则尽自己对宇宙（包括社会）的各种责任和义务，这样，当生命终结的时候，便按照"没宁"的原则安然接受，既不畏惧，也不回避。这样的过程中，是在完成了人自己对家、国、天下义务之后的一种心灵的平静、安祥和满足，这已经超越了肉体生命的限制而达到精神的永存。达到了这种境界，人就不需要成佛或者长生，也可以实现"安身立命"的终极追求。终极问题必然要涉及生死问题。儒家不像佛教那样在人世之外预设一个理想的彼岸世界，让人们通过苦行修炼，在来世获得终极的报偿；也不像道教那样一门心思追求肉体的长生，以无限延长个体的生命，去脱离死亡。儒家的落脚点就在今生今世，张载从儒家的"亲亲而仁民，仁民而爱物"的思想出发，破除自我与他人、他物的界限，达到人我无间、天人合一的境界。"我"作为有限的存在，由于融入了生生不息的宇宙之中，并且完成了上天赋予我的使命，这样，在现实生活中就超越生死苦乐，达到超然的自由境界。在这里，儒家伦理精神的内涵扩充到一个由己及人、由人及物、浸润极广的范围，立于这种境界上的儒者，由于精神的觉醒，会感受到生命价值获得了随遇皆是的实现，人生总有可欣慰的安顿。这样，儒学建立了不同于佛老而可以与之抗衡的生死观。以"生顺死安"、两无所憾作为安身立命之本,解决了人的终极关怀问题。这就是中国士大夫千百年来所追求的"理想"境界。

《西铭》全篇都贯穿着比喻的思维,可以说《西铭》所包含的胸襟之广阔,气势之恢宏,境界之崇高,语言之凝练,超过了千古贤哲。张载的《西铭》之所以被后学代代传颂,就因为它为中国士大夫提供了一个理想的精神家园,还有极大的可诠释空间。

第二节　二程对《西铭》之表彰与阐发

如果说二程对张载《正蒙》的有些思想不予认同、表示批评,那么,二程对《西铭》的态度却是非常认可、极表赞扬。二程不仅十分推崇《西铭》,而且程颢以"仁体'、"仁孝之理"诠释《西铭》,程颐则以"理一而分殊"表彰《西铭》;后又以《西铭》与《大学》开示学者。二程对《西铭》的高度评价,也引发其弟子们对《西铭》大义的讨论和阐发。

一、二程对《西铭》之表彰

首先,二程称赞张载的文笔与功绩,认为《西铭》是继《孟子》之后,最能表达儒家思想的文章。程颢认为《西铭》是"孟子以后,未有人及此。得此文字,省多少言语。"① 又说:"《订顽》之言,极纯无杂,秦、汉以来学者所未到。"② 程颢认为,张载笔力雄厚,用毫无夹杂的凝练的语言,阐释出儒家的核心思想。孟子之后,还没有人能够写出如《西铭》这样的作品,可见其评价

① 程颢、程颐:《二程集》,第39页。
② 程颢、程颐:《二程集》,第22页。

之高。他认为："孟子而后，却只有《原道》一篇，其间语固多病，然要之大意尽近理。若《西铭》，则是《原道》之宗祖也。《原道》却只说到道，元未到得《西铭》意思。据子厚之文，醇然无出此文也，自《孟子》后，盖未见此书。"① 在程颢看来，唐代韩愈作《原道》虽早，但没有表达出张载《西铭》所包涵的意蕴，所以他认为《西铭》是张载文章中最精粹的文字。程颐也认为《西铭》是"横渠文之粹者也。……横渠道尽高，言尽醇，自孟子后儒者，都无他见识。"② 表达了与程颢一样的意思。前文提到《西铭》原名《订顽》，是程颐将《订顽》改为《西铭》，一直沿用至今。

　　其次，继张载之后，二程是最早以《西铭》来启发教育弟子的。《程氏外书》记载："游酢得《西铭》诵之，即涣然不逆于心，曰：'此《中庸》之理也，能求于语言之外者也。'"③ 游酢，字定夫，"程门四先生"之一，当他得到《西铭》诵读的时候，即受到启发，心胸开阔，领悟《西铭》所蕴含的意思。《外书》又载：李朴请教，先生曰："当养浩然之气。"又问，曰："观张子厚所作《西铭》，能养浩然之气者也。"④ 这是程门用张载《西铭》启发学者存

① 程颢、程颐：《二程集》，第 37 页。

② 程颢、程颐：《二程集》，第 196 页。《程氏粹言》记载：子曰："《订顽》言纯而意备，仁之体也；充而尽之，圣人之事也。子厚之识，孟子之后，一人而已耳。"（《二程集》。第 1203 页）

③ 程颢、程颐：《二程集》，第 397 页。关于这则材料，《外书》另一处记载略有不同："游酢于《西铭》，读之已能不逆于心，言语之外，别立得这个义理，便道中庸矣。"（《二程集》，第 403 页）《程氏粹言》记载：游酢得《西铭》诵之，则涣然于心，曰："此《中庸》之理也。"能求于语言之外也（《二程集》，第 1237 页）。

④ 程颢、程颐：《二程集》，第 411 页。

养"浩然"道德之气的一个例子。另外,据《外书》记载,尹焞初师程颐时,程颐以《西铭》教育之,尹焞说"某才十七八岁,见苏季明教授。时某亦习举业,苏曰:'子修举业,得状元及第便是了也。'……日去见苏,乃指先生见伊川。后半年,方得《大学》、《西铭》看。"[1] 对于此事,朱熹在与弟子的讨论中有以下评说:

(弟子)问:"尹彦明见程子后,半年方得《大学》、《西铭》看,此意如何?"(朱熹)曰:"也是教他自就切己处思量,自看平时个是不是,未欲便把那书与之读。"曰:"如此,则末后以此二书并授之,还是以尹子已得此意?还是以二书互相发故?"曰:"他好把《西铭》与学者看。他也是要教他知,天地间有个道理恁地开阔。"[2]

二、二程对《西铭》之阐发

二程除了对《西铭》推重与表彰之外,更重要的是在推广《西铭》的过程中,对其中的思想进行了阐释与发挥。

(一)程颢对《西铭》仁学思想的阐发

程颢阐释《西铭》,重在突显仁学思想,他所提点的"浑然与物同体"之说,为从"万物同体"的角度理解《西铭》提供了一种视角。

为了展示张、程在仁学思想方面的关系,这里需要介绍张载对儒学核心范畴——"仁"的建构。张载对"仁"给予极高重视,并将其放在天道背景下进行论证。余敦康说:"把儒家之仁提到

---

① 程颢、程颐:《二程集》,第437页。

② 黎靖德编:《朱子语类》,第3229页。

本体论的高度进行论证,以太虚作为仁之原,用仁来界定天。这是张载对理学所作出的最大的理论贡献。"[1] 除了前文已经引用过的一些材料之外,这里还有阐释仁学思想非常具有代表性的一则材料:张载说:"天体物不遗,犹仁体事无不在也。"[2] 其意是说"仁心即天心,仁德即天道。"[3] 对于张载的这句话,朱熹与弟子反复进行了讨论,朱熹说:"横渠谓'天体物而不遗,犹仁体事而无不在也'。此数句,是从赤心片片说出来,荀、杨岂能到!"[4] 弟子赵共父问:"'天体物而不遗,犹仁体事而无不在也',以见物物各有天理,事事皆有仁?"朱熹曰:"然。天体在物上,仁体在事上,犹言天体于物,仁体于事。本是言物以天为体,事以仁为体。缘须着从上说,故如此下语。"弟子又问"仁体事而无不在"。朱熹曰:"只是未理会得'仁'字。若理会得这一字了,则到处都理会得。今未理会得时,只是于他处上下文有些相贯底,便理会得;到别处上下文隔远处,便难理会。今且须记取做个话头,久后自然晓得。或于事上见得,或看读别文义,却自知得。"[5] 在朱熹看来,张载的这句话是从赤心片片中自然呈现,荀子、杨雄都说不出这样的话头。理解这句话的关键在"仁"字,"仁"字就是个话头。朱熹认为张载拈出"仁"字这个话头,是儒家思想的精髓,也是参悟的捷径。张载在《西铭》中所表达的"民胞

---

① 余敦康:《内圣外王的贯通——北宋易学的现代阐释》,第 301 页。

② 张载:《张载集》,第 13 页。

③ 牟宗三:《心体与性体》(上),第 459 页。

④ 黎靖德编:《朱子语类》,第 3299 页。

⑤ 黎靖德编:《朱子语类》,第 3300—3301 页。

物与"情怀是对仁学思想的进一步扩展与延伸。由于《西铭》恰当地彰显了孔孟仁学的真实意蕴，所以，程颢称赞《西铭》是"孟子以后，未有人及此"。程颢正是深刻地感悟到张载《西铭》包含的仁学意蕴，所以极力称赞《西铭》。程颢认为《西铭》"要之仁孝之理备于此，须臾而不于此，则便不仁不孝也"。[①] 又说："《订顽》立心，便达得天德。"[②] 认为《西铭》树立了宏阔的仁爱之心，以此修养就能够实现天德。

在张载仁学思想的基础上，程颢明确将儒家仁学思想提到本体的高度进行论证。程颢认为"民胞物与"讲得就是"仁之体"，他说："《订顽》一篇，意极完备，乃仁之体也。学者其体此意，令有诸己，其地位已高。到此地位，自别有见处，不可穷高极远，恐于道无补也。"程颢认为"民吾同胞，物吾与也"的宇宙关爱就是仁，它并不高远，就在每个人的心中。在《识仁篇》中程颢提出"仁者，浑然与物同体"的说法，并认为"《订顽》意思，乃备言此体"。他认为学者的入手工夫就是"先识仁"。所谓的仁，是浑然与万物同体的一种状态，这样的"仁"是全德，是义、礼、知、信四德之总汇（并非五德之首，更不是五德之一）。程颢的仁在这里有本体的地位，所谓的识仁，也就是体认本体。"本体"是绝对的存在，不能以描述性的词语来界定它。本体赋予人的"本心"是圆满自足的，人只须返归自己的本然之性，就实现了天德，也就达到天人合一的境界，能体会到真正的大乐。但是

---

① 程颢、程颐：《二程集》，第39页。《程氏粹言》记载：子曰："仁孝之理，备于《西铭》之言。学者斯须不在，是即与仁孝远矣。"（《二程集》，第1179页）

② 程颢、程颐：《二程集》，第77页。

如果不能体悟本体赋予人的本然之性,就会人、物对待,彼此隔膜,体会不到儒家所说的真正之乐。程颢认为张载的《订顽》对此仁体及其实现,进行了充分说明。以《订顽》所指导的方式存养此仁,是最好的方法。[1] 这样就把"仁"提升到"天地万物一体为仁"的本体境界。在《二程遗书》中,还有几处程颢论证其仁学思想的极好例子:他说:"仁者无对,放之东海而准,放之西海而准,放之南海而准,放之北海而准。"[2] 仁是本体,所以"仁者无对"。程颢认为,人之所以为人,在于人性体现了天理。从宇宙论说,仁是天道,而天道即是人道,天之仁的实现最终要由人之仁来完成,因为只有人才能觉悟到"仁",并推己及人,在实践中体现天道的使命。程颢又举了"不仁"的例子说明什么是"万物一体",他说:

> 医书言手足痿痹为不仁,此言最善名状。仁者,以天地万物为一体,莫非己也。认得为己,何所不至? 若不有诸己,自不与己相干。如手足不仁,气已不贯,皆不属己。故"博施济众",乃圣之功用。仁至难言,故止曰:"己欲立而立人,己欲达而达人,能近取譬,可谓仁之方也已。"欲令如是观仁,可以得仁之体。[3]

---

[1] 郭晓东认为:"明道'仁者浑然与物同体'之说显然是受到了横渠的影响。从境界上说,'仁者浑然与物同体'与'民胞物与'可以认为确实是完全一致的"(《识仁与定性》,第112页)。

[2] 程颢、程颐:《二程集》,第120页。

[3] 程颢、程颐:《二程集》,第15页。

程颢用手足屡瘰来比喻"不仁"的现象是再形象不过了。手足因麻木而不知痛痒，这时手足就没有知觉了；天地万物和人的关系，正如手足和身体的关系。人和万物都源自天道，人与万物是同体的，万物就是人自家的手足，所以人对万物不能无关痛痒，而是要施之于生命的关爱，普遍的关怀，如此去体会仁德，可以达到万物一体的境界。他又说：

> 若夫至仁，则天地为一身，而天地之间，品物万形为四肢百体。夫人岂有视四肢百体而不爱者哉？圣人，仁之至也，独能体是心而已，曷尝支离多端而求之自外乎？故"能近取譬"者，仲尼所以示子贡以为仁之方也。医书有以手足风顽谓之四体不仁，为其疾痛不以累其心故也。夫手足在我，而疾痛不与知焉，非不仁而何？世之忍心无恩者，其自弃亦若是而已。①

仁者以天地万物为自己的一身之体，万物就犹如人自己的四肢百体，与己息息相关。圣人达到仁的极致，所以能体会到万物一体的境界。天地之仁，就是吾心之仁（不需外求），如果手足疼痛觉得和自己无关，就是不仁的表现。人之仁心即是天地之心，天地"生"之大德最终要由人来完成。仁心内外贯通，普照万物。

　　从张载到程颢，对儒家仁学思想的论证，确实做到了"仁之提纲性已十分挺立"。② 杨国荣也认为，宋儒这种民胞物与的观

---

① 程颢、程颐：《二程集》，第 74 页。
② 牟宗三：《心体与性体》（中），第 15 页。

念无疑又使儒家的仁道原则获得更为宽广的内涵。仁道原则与博爱观念的融合,使儒家的人文精神与暴力原则重新脱钩,并由此取得较为纯化的形态。就这方面而言,宋明儒学的仁道观念确实显得更为醇厚。从民胞物与到万物一体,理学的价值取向确实获得了新的内涵。①

（二）程颐对《西铭》的维护与发挥

与程颢不同,程颐对《西铭》的阐发是从"理一分殊"的角度出发的。程颐对《西铭》用"理一分殊"进行阐释,来自于弟子杨时的质疑。朱熹说:"《西铭》本不曾说'理一分殊',因人疑后,方说此一句。"② 这里的"本不曾说",是指《西铭》并未直接提出"理一分殊"这一命题,是因为有人质疑,程颐说出此命题。据《伊川年谱》记载,哲宗绍圣三年（1096）,因杨时怀疑《西铭》"言体而不及用",便写信向程颐求教,程颐为消除杨时之疑,而以"理一分殊"阐释《西铭》,二人对此进行了讨论。程颐的答书曰:

> 横渠立言,诚有过者,乃在《正蒙》。《西铭》之为书,推理以存义,扩前圣所未发,与孟子性善养气之论同功。（二者亦前圣所未发。）岂墨氏之比哉?《西铭》明理一而分殊,墨氏则二本而无分。（老幼及人,理一也。爱无差等,本二也。）分殊之蔽,私胜而失仁;无分之罪,兼爱而无义。分立而推理一,以止私胜之流,仁之方也。无别而迷兼爱,至于无父之极,

---

① 杨国荣:《善的历程》,华东师范大学出版社,2009年,第252—255页。
② 黎靖德编:《朱子语类》,第3229页。

义之贼也。子比而同之,过矣。且谓言体而不及用。彼欲使人推而行之,本为用也,反谓不及,不亦异乎?　①

这段话表明,程颐认为张载有过处在《正蒙》,《西铭》不但无过,而且发挥出前圣所没有发挥的内容,应该与孟子的性善、养气之论同样有功。针对杨时的疑问,程颐认为《西铭》揭示的是"理一而分殊"的道理,而墨氏是"二本而无分"。在程颐看来,过分地强调"分殊"就会导致"私胜而伤仁",过分地强调"无分",即"理一",就会导致"兼爱而无义"。从"分殊"中体"私胜"之流弊,这是为仁之方,否则,没有分别而过分强调"兼爱',就会导致"无父"之流弊,就会损害"义"。张载没有明确提出"理一分

---

① 程颢、程颐:《二程集》,第 609 页。《程氏粹言》记载:子厚为二铭,以启学者,其一曰《订顽》,《订顽》曰云云。杨子问:"《西铭》深发圣人之微意,然言体而不及用,恐其流至于兼爱。后世有圣贤,以推本而论,未免归过于横渠。夫子盍为一言,推明其用乎?"子曰:"横渠立言诚有过,乃在《正蒙》,至若《订顽》,明理以存义,扩前圣所未发,与孟子性善养气之论同功,岂墨氏之比哉?《西铭》理一而分殊,墨氏则爱合而无分。分殊之蔽,私胜而失仁;无分之罪,兼爱而无义。分立而推理一,以止私胜之流,仁之方也。无别而迷兼爱,至于无父之极,义斯亡也。子比而同之,过矣。夫彼欲使人推而行之,本为用也。反谓不及用,不亦异乎?"杨子曰:"时也昔从明道,即授以此书,于是始知为学之大方,固将终身服之,岂敢疑其失于墨氏比也?然其书,以民为同胞,鳏寡孤独为兄弟,非明者默识,焉知理一无分之殊哉?故恐其流至于兼爱,非谓其言之发与墨氏同。夫惟理一而分殊,故圣人称物,远近亲疏各当其分,所以施之,其心一焉,所谓平施也。昔意《西铭》有平施之心,无称物之义,疑其辞有未达也。今夫子开谕,学者当无惑矣。"(《二程集》,第 1202—1203 页)

殊”的命题,但在他的思想中却处处包含着这一思想。[①] 在《西铭》中,总体上也蕴含着这一思想。所以程颐用“理一分殊”概括张载《西铭》,与张载思想并不违背。程颐认为张载的《西铭》不仅很好地说明了“理一”,即“仁体”,而且欲“使人推而行之”,非但不是“不及用”,而是本身就体现了“用”。因此,在程颐看来,《西铭》所揭示的“理一而分殊”本身就是体用兼举的,杨时将其与墨氏相比,显然是不合适的。

　　从程颐的答书中可以看出,杨时的主要疑问在于说张载之《西铭》“言体而不及用”,如此会出现像墨子“兼爱”那样的流弊。平心而论,杨时的疑问是有来源的,因为张载并不避讳“兼爱”之说。他说:“性者万物之一源,非有我之得私也。惟大人为能尽其道,是故立必俱立,知必周知,爱必兼爱,成不独成。”[②] 那么,杨时的批评也就不是无的放矢。这里关键是要明确张载的兼爱与墨子的兼爱是否内涵一致。张载曾明确批评过墨家的思想,他说:“夷子谓‘爱无差等’,非也;谓‘施由亲始’,则施爱固由亲始矣。孟子之说,辟其无差等也,无差等即夷子之二本也。‘彼有取焉耳’,谓‘赤子匍匐将入井非赤子之罪也’,所取

---

① 就张载本人的思想而言,他曾说:“游气纷扰,合而成质者,生人物之万殊;其阴阳两端循环不已者,立天地之大义。”(《太和篇》)“阴阳之气,散则万殊,人莫知其一也;合则混然,人不见其殊也。”(《乾称篇》)这是论述宇宙本体的理一分殊。“‘礼仪三百,威仪三千’,无一物而非仁也。”(《天道篇》)这是论述价值本体的理一分殊。“仁道有本,近譬诸身,推以及人,乃其方也。”(《至当篇》)这是论述为仁之方的理一分殊。参见余敦康:《内圣外王的贯通——北宋易学的现代阐释》,第360页。

② 张载:《张载集》,第21页。

者在此。"① 这就是说，张载是在万物同体的意义上说爱必兼爱，与墨家的"爱无差等"实质并不一样。朱熹说："孟子所谓'亲亲而仁民，仁民而爱物'，其等差自然如此。"② 儒家的伦理社会是按照"爱有差等"的原则建立的，是在人各有分的基础上建立秩序，张载秉承儒家传统，当然是在强调"人各有分"的基础上追求兼爱。因此，张载虽然使用墨家"兼爱"一语，但内涵却与墨子有根本的区别。

程颐本人也认为杨墨之流并非完全错误，只是走向了极端，即无父无君，以至于遭到批评。他说："杨子为我亦是义，墨子兼爱则是仁，惟差之毫厘，缪以千里，直至无父无君，如此之甚。"③ 兼爱的实质与弊端是"无分"，即没有伦理原则，其极端就是无父无君。程颐用理一分殊的观点来诠释儒家的仁爱观念，一方面使"分"的差等原则不至于产生私的弊端，另一方面使"理一"的仁爱原则不至于产生无父无君的流弊。程颐之论表明，兼爱与仁爱的差别不在于爱之心的公与私、爱之情的广或狭，而在其源头处的性质不同。在程颐看来"民吾同胞，物吾与也"的伦理判断是建立在"理一"的宇宙本体论基础之上的，而墨家却缺少这一哲学基础。儒家实际上不赞同抽象的平等，他们站在差异立场上追求和谐、共存，这也是儒家礼的根本精神。

"理一分殊"是程颐对《西铭》意蕴的一种再发掘。其由最

---

① 张载：《张载集》，第 311 页。
② 黎靖德编：《朱子语类》，第 3312—3313 页。
③ 程颢、程颐：《二程集》，第 171 页。

初对《西铭》的阐释进而演变成一个重要论题，成为程颐解说伦理原则的一个重要方法。此后，朱熹诠释《西铭》，继承了程颐"理一分殊"的方法；更为重要的是，经过朱熹的努力，"理一分殊"不仅成了重要的哲学命题，而且也成为理学家构建哲学体系的重要方法论。

　　总而言之，千百年来，中国的学者们之所以对张载《西铭》赞不绝口，就在于他对传统儒学思想进行了最经典、最通俗的概括和阐释，而二程对《西铭》的表彰与阐发对其传播与发展起了很重要的作用。

第八章　张载、二程对佛教之批评及其"圣贤气象"

第一节　张载、二程对佛教之批评

一、张载对佛教之批判

张载、二程道学思想体系的建构与批判佛教是同步进行的，批判佛教与建构思想体系是他们共同的使命。张、程思想（尤其是张载的思想）对治佛教的色彩很强烈，前边已有所涉及，在此专论。

在三教融合的背景下，如果说在一些概念、范畴、命题的使用方面，很难对儒、释、道作出严格区分的话，那么，三教的精神方向与基本立场则是区分它们的最显著标志。到了宋代，虽然以禅宗为代表的佛教表现出很明显的入世倾向（创立了人间佛教），但就精神方向而言，却仍然不离传统佛教的舍离此岸世界、进入彼岸世界的终极目的。而儒家的精神方向全在于肯定此岸的现实世界，在儒家看来，天、地、人所构成的宇宙是最完美的实体，今生今世价值的实现是最完美、最终的追求，这正是佛教与儒家的本质区别。所以不管二者使用的概念有多么相同，所做工夫有多么相似，是儒是佛的关键就看二者的精神方向如何。张载、二程都认为，佛教与儒学在终极追求上是对立的。张载说：

"道一而已，此是则彼非，此非则彼是，固不当同日而语。"[1] 与前辈儒者对佛教的批判不同，张、程批佛多在形而上的层面进行，这种批判更为深入，也更中要害。以下从宇宙论、生死观、体用观、价值观等方面，简要概述张载对佛教的批判。

（一）对佛教宇宙论的批判

佛教世界观的理论基础是"缘起性空"说，所谓缘起是指天地万物是"因缘和合"的结果，世界的存在只是现象上的存在，即是"假有"，如果因缘变化，事物就会随之发生转变，因此，世界万物都会随着因缘的变化而变化，所以都没有自性，是谓"性空"。这就否定了客观世界的真实存在。如《金刚经》云"凡所有相，皆是虚妄"，认为现实世界的一切现象都是虚幻不实的。宗密在《华严原人论·直显真源第三》云："心体既显，自觉一切皆是虚妄，本来空寂。"当修炼达到本心呈现的时候，就会看到世间的存在都是虚妄，那么，唯一的真实只有真如。这也就是佛教否定现实世界的理论根源。在张载看来，佛教这种"以心法起灭天地"[2] 的做法本身是不正确的。

张载用"虚无即气"这一命题批判佛教的宇宙观。"虚空即气则无无"是对佛教"世界幻妄"批评的有力论证。张载反复说："太虚不能无气，气不能不聚而为万物，万物不能不散而为太虚。循是出入，是皆不得已而然也。然则圣人尽道其间，兼体而不累者，存神其至矣。彼语寂灭者往而不反，徇生执有者物而不化，

---

① 张载：《张载集》，第 65 页。

② 张载：《张载集》，第 26 页。

二者虽有间矣,以言乎失道则均焉。"① "知虚空即气,则有无、隐显、神化、性命通一无二,顾聚散、出入、形不形,能推本所从来,则深于《易》者也。……若谓万象为太虚中所见之物,则物与虚不相资……陷于浮屠以山河大地为见病之说。"② "气之聚散于太虚,犹冰凝释于水,知太虚即气,则无无。"③ 这些都是说即便是虚空、太空也充满着气,"空"(佛教所谓的"虚幻")也是气存在的一种形式而已,宇宙间无所谓绝对的"空"。圣人生活在大宇宙中,尽心完成自己应尽的使命,这才是应有的人生态度。通过这样的论证,张载肯定宇宙万物的真实存在,认为天道是宇宙间一切存在的最后根据,从而驳斥佛教的理论。

张载从幽明、造化等方面也对佛教的宇宙论予以批判。张载说:"盈天地之间者,法象而已;文理之察,非离不相睹也。方其形也,有以知幽之因;方其不形也,有以知明之故。"④ "气聚则离明得施而有形,气不聚则离明不得施而无形。方其聚也,安得不谓之客? 方其散也,安得遽谓之无? 故圣人仰观俯察,但云'知幽明之故',不云'知有无之故'。"⑤ 以天地见幽明变化,否定佛教的"虚妄"宇宙观。张载又说:"圣人之意莫先乎要识造化,既识造化,然后其理可穷。彼惟不识造化,以为幻妄也。"⑥ 通

---

① 张载:《张载集》,第7页。
② 张载:《张载集》,第8页。
③ 张载:《张载集》,第8页。
④ 张载:《张载集》,第182页。
⑤ 张载:《张载集》,第182页。
⑥ 张载:《张载集》,第206页。

过先识造化以至于穷理,肯定现实世界的真实性;批判佛教因不识造化而产生幻妄的思想。

（二）对佛教生死观的批判

张载通过对鬼神概念的阐释来批评佛教的生死观。佛教视人生为苦海,想要摆脱苦海,就必须通过修行,舍离此岸世界,进入彼岸世界,即涅槃境界。张载对佛教的生死观进行批判,他说:"浮屠明鬼,谓有识之死受生循环,遂厌苦求免,可谓知鬼乎? 以人生为妄见,可谓知人乎? 天人一物,辄生取舍,可谓知天乎? 孔孟所谓天,彼所谓道。惑者指游魂为变为轮回,未之思也。大学当先知天德,知天德则知圣人,知鬼神。今浮屠极论要归,必谓死生转流,非得道不免,谓之悟道可乎? 悟则有义有命,均死生,一天人,惟知昼夜,通阴阳,体之不二。"① 在张载看来,如果真正体悟了"道",就会明白死生、天人、昼夜、阴阳统统都是天道的表现。如果真正体悟了"道",就不会为自己的生死流转而苦苦经营,而是要主动承担起"道"（天）所赋予人的使命,在今生今世好好作为。

（三）对佛教体用观、价值观的批评②

张载说:"释氏语实际,乃知道者所谓诚也,天德也。其语到实际,则以人生为幻妄,以有为为疣赘,以世界为阴浊,遂厌而

---

① 张载:《张载集》,第 64 页。

② 张载对佛教的批判不止于此,他还对佛教的以下方面进行批判:一、工夫方面的批评:"学者有息时,一如木偶人,牵搐则动,舍之则息,一日而万生万死。学者有息时,亦与死无异,是心死也,身虽生,身亦物也。天下之物多矣,学者本以道为生,道息则死也,终是伪物,当以木偶人为譬以自戒。（转下页）

不有,遗而弗存。就使得之,乃诚而恶明者也。儒者则因明致诚,因诚致明,故天人合一。"① 在本体及其超越性这一层面上,张载对佛教是肯定的,但涉及功用即价值层面时,儒与佛又成为"二本殊归"的关系了。儒家是诚明一致,所以坚持天人合一;佛教则是"诚而恶明",因而也就成为体用两截了。这又说明,张载不仅准确地把握了佛教的本体论视角及其立场,而且对其本体的内涵以及儒与佛在价值观上的分歧也有着准确的认识。因此,他不仅可以根据天道本体与其发用流行的关系阐明儒家诚明一致、天人合一的道理,而且还根据这一原则批评佛教对现实人生的厌而不有。

二、二程对佛教之进一步批评

与张载相比,二程对佛教的批判范围更广,程度更深。首先,继张载之后,二程对佛家的宇宙论作了进一步批判。程颢说:"禅学者总是强生事,至如山河大地之说,是他山河大地,又干你何事? 至如孔子,道如日星之明,犹患门人未能尽晓,故曰'予欲无言'。如颜子,则便默识,其他未免疑问,故曰'小子何述',又

（接上页）知息为大不善,因设恶譬如此,只欲不息。"(《张载集》,第267—268页）二、生死成坏方面的批评:"万物生死成坏,均为有知。"(《张载集》,第320页）三、对佛教致人于小人的批评:"释氏锱铢天地,可谓至大;然不尝为大,则为事不得,若畀之一钱则必乱矣。至如言四句偈等,其先必日人所恐惧,不可思议,及在后则亦是小人所共知者事。今所谓死,虽奴隶灶间岂不知皆是空! 彼实是小人所为,后有文士学之,增饰其间,或引入《易》中之意,或更引他书文之,故其书亦有文者,实无所依取。"(《张载集》,第248—249页）
① 张载:《张载集》,第65页。

曰:'天何言哉? 四时行焉,百物生焉,'可谓明白矣。"① 程颢这段话,明确表达了他以自然界为人和万物根源的思想。自然界发育流行,创生万物,这一过程是"既无始亦无终"的。而佛学以自然界为幻象是"强生事",山河大地恒存,不因你而有,也不因你而无,所以程颢反对禅学的"山河大地皆幻"之说。《遗书》记载:

> 或问:"《维摩诘》云:'火中生莲花',是可谓希有。在欲而行禅,希有亦如是,此岂非儒者事?"子曰:"此所以与儒者异也。人伦者,天理也。彼将其妻子当作何等物看,望望然以为累者,文王不如是也。有生者,必有死;有始者,必有终;此所以为常也。为释氏者,以成坏为无常,是独不知无常乃所以为常也。今夫人生百年者常也,一有百年而不死者,非所谓常也。释氏推其私智所及而言之,至以天地为妄,何其陋也! 张子厚尤所切齿者此耳。"②

此段除了涉及对佛教绝弃人伦、以亲亲为累和佛教生死观的批判之外,主要是对佛教"以天地为幻妄"的宇宙观进行批判。在这一方面,程颐极其认可张载对佛教的批评。二程认为,佛教之所以将自然万物视为幻妄,就在于不理解成坏、生死乃是自然万物本有之相,而把"成"理解为"住",把"坏"理解为"空"。所谓"彼其言成住坏空,曰成坏则可,住与空则非也。如小儿既生,

---

① 程颢、程颐:《二程集》,第 1 页。
② 程颢、程颐:《二程集》,第 394 页。

亦日日长行,元不曾住,是他本理只是一个消长盈亏耳,更没别事"。① 在佛教的语境中,"住"即静止、凝住,"空"即无实。二程认为成坏、盛衰是事相本有之理,但"住"、"空"不是事相本有之理。因为,万物一直经历着消长盈亏,哪有什么"住"?万物时刻在变化,"成坏"亦是实际存在之相,因此也不能说是"空"。那么,佛教为何以事相为"住"为"空"呢? 二程说:"释氏言成住坏空,便是不知道。只有成坏,无住空。且如草木初生既成,生尽便枯坏也。他以谓如木之生,生长既足却自住,然后却渐渐毁坏。天下之物,无有住者。婴儿一生,长一日便是减一日,何尝得住? 然而气体日渐长大,长的自长,减的自减,自不相干也。"② 在二程看来,自然界万事万物犹如时刻在生长的婴儿,消长盈亏是一个自然状态。在二程看来,佛教将世间万物断定为"幻妄"是不正确的,原因在于佛教不懂得"成"、"坏"是世间万物的"常",而不是"无常";佛教执著于事物"成坏"的偶然性,认定"成"、"坏"难以把握、不可捉摸,并由此断定自然万物为"幻妄"。

其次,二程对佛教人性论进行了批评。《遗书》载"伯淳先生尝语韩持国曰:'如说妄说幻为不好底性,则请别寻一个好底性来,换了此不好底性着。道即性也。若道外寻性,性外寻道,便不是。圣贤论天德,盖谓自家元是天然完全自足之物。若无所污坏,即当直而行之;若小有污坏,即敬以治之,使复如旧。所以能

① 程颢、程颐:《二程集》,第 35 页。
② 程颢、程颐:《二程集》,第 195—196 页。

使如旧者,盖为自家本质元是完足之物。'"① 韩持国与程颢是好
友,他学禅三十年,而程颢却不信禅。程颢对韩持国说的这番话
是以儒家观点对人性的来源给予说明。人性来源于天道,本身就
是完满自足的,如从道外求性,便是错误。程颢依据《中庸》"天
命之谓性,率性之谓道,修道之谓教"的思想进行了发挥,从而批
判佛教以万象皆空否认人性之真实,以人性为妄的说法。

　　再次,二程对佛教的生死观也进行了批判。程颢把儒家与佛
教对待生死的观点进行了比较,从而指出:"佛学只是以生死恐
动人。可怪二千年来,无一人觉此,是被他恐动也。圣贤以生死
为本分事,无可惧,故不论死生。佛之学为怕死生,故只管说不
休。下俗之人固多惧,易以利动。至如禅学者,虽自曰异此,然
要之只是此个意见,皆利心也。"② 这是说,佛教以生死的理论打
动人,佛教把生死的事情看得很重要,所以在理论方面不断地发
挥。一般学佛的人对死表现出惧怕,出于私己(自我超脱)之心
去学佛。而儒家把生死看作生命分内的事,并不惧怕,所以不特
别讨论生死的问题。总之,学禅者大都是怀有私利(自我超脱)
之心。程颐在批判佛教生死观时,也有同样言论,他说:"释氏之
学,又不可道他不知,亦尽极乎高深,然要之卒归乎自私自利之
规模。何以言之? 天地之间,有生便有死,有乐便有哀。释氏所
在便须觅一个纤奸打讹处,言免死生,齐烦恼,卒归乎自私。"③ 程
颐认为佛教也有极高深的方面,只是为求自身得道,而抛弃社会

---

① 程颢、程颐:《二程集》,第 1 页。
② 程颢、程颐:《二程集》,第 3 页。
③ 程颢、程颐:《二程集》,第 152 页。

责任的做法，最终是自私自利的缘故。佛教把人的生老病死看成是痛苦的事，为断绝生死烦恼，脱离苦难，达到涅槃境界，需要抛家舍业，入庙修持，这从本质上说都是自私自利的表现。对于儒者而言，不讨论生死，绝不是不注重人在俗世人生中的意义，恰恰相反，儒家注重以彰显俗世人生之价值以处理死的问题。换言之，儒家不屑谈论的是生命之死后的状态，而对生命的现实过程则特别关注。佛家则是执著于生命结束后的状态，并由这种执著转变为对生的价值（包括责任）的轻视甚至否定。

第四，二程对佛教有体无用进行了批评。程颢说："释氏说道，譬之以管窥天，只务直上去，惟见一偏，不见四旁，故皆不能处事。圣人之道，则如在平野之中，四方莫不见。"[1] 程颢用"以管窥天"作比喻，对佛教有体不及用作了批评。又说："彼释氏之学，于'敬以直内'则有之矣，'义以方外'则未之有也，故滞固者入于枯槁，疏通者归于肆恣，此佛之教所以为隘也。"[2] 儒家有"敬以直内"和"义以方外"之说，要求修之于心，形诸于外，即以修身为本，而至齐家治国平天下。而佛学则不然，只有"敬以直内"，没有"义以方外"，这都表现出佛教的局限性。程颐说："《中庸》之说，其本至于'无声无臭'，其用至于'礼仪三百，威仪三千'。自'礼仪三百，威仪三千'，复归于'无声无臭'，此言圣人心要处。与佛家之言相反，尽教说无形迹，无色，其实不过无声无臭，必竟有甚见处？大抵语论间不难见。如人论黄金曰黄色，此人必是不识金。若是识金者，更不言，设或言时，别自有道理。张子

---

[1] 程颢、程颐：《二程集》，第138页。

[2] 程颢、程颐：《二程集》，第74页。

厚尝谓佛如大富贫子。横渠论此一事甚当。"① 程颐对佛教有体无用思想的批判,认为张载曾把佛教比作"大富贫子"很恰当。此句中"张子厚尝谓佛如大富贫子"之语在《张载集》中有相似的一段表达,张载说"今闻说到中道,无去处,不守定,又上面更求,则过中也,过则犹不及也。不以学为行,室则有奥而不居,反之他而求位,犹此也。是处不守定,则终复狂乱。"② 是张载对其所主张的修养工夫的一个表述。这种只注重向上面一截用功,而忽视人伦日用中的切实工夫,自身有神奥之室而不居,反去他处寻求,这种"重体不重用"的做法涉及了对佛教的批判。

最后,二程对佛教违背儒家伦理进行了批判。程颢说:"其术大概且是绝伦类,世上不容有此理。又其言待要出世,出那里去? 又其迹须要出家,然则家者,不过君臣、父子、夫妇、兄弟,处此等事,皆以为寄寓,故其为忠孝仁义者,皆以为不得已尔。……今彼言世纲者,只为些秉彝又殄灭不得,故当忠孝仁义之际,皆处于不得已,直欲和这些秉彝都消杀得尽,然后以为至道也。然而毕竟消杀不得。如人之有耳目口鼻,既有此气,则须有此识;所见者色,所闻者声,所食者味。人之有喜怒哀乐者,亦其性之自然,今强曰必尽绝,为得天真,是所谓丧天真也。"③程颐说:"释氏之学,更不消对圣人之学比较,要之必不同,便可置之。今穷其说,未必能穷得他,比至穷得,自家已化而为释氏矣。今且以迹上观之。佛逃父出家,便绝人伦,只为自家独处于

① 程颢、程颐:《二程集》,第307页。
② 张载:《张载集》,第266—267页。
③ 程颢、程颐:《二程集》,第24页。

山林，人乡里岂容有此物？大率以所贱所轻施于人，此不惟非圣人之心，亦不可为君子之心。释氏自己不为君臣父子夫妇之道，而谓他人不能如是，容人为之而已不为，别做一等人，若以此率人，是绝类也。至如言理性，亦只是为死生，其情本怖死爱生，是利也。"[1] 又说："释氏有出家出世之说。家本不可出，却为他不父其父，不母其母，自逃去固可也。至于世，则怎生出得？既道出世，除是不戴皇天，不履后土始得，然又却渴饮而饥食，戴天而履地。"[2] 二程在高度肯定儒家伦理纲常的前提下，对佛教违背人伦、放弃社会责任与义务的做法给予强烈批判。当然，二程对佛教的批判也不止于此，另外还有在对待"闻见"的态度、"屏事不问"、"率人为贱"等方面也作了批评，此不赘述。

　　总之，张载与二程对佛教存在的消极因素从形而上的高度进行了批评，这对于儒学的复兴及其与佛老的抗衡都起到积极的作用。

第二节　张、程之"圣贤气象"

一、学以成圣的共同目标

　　"致学而可以成圣"是张载、二程共同致力的修为目标。他们一方面从理论上对这一目标进行论证，提出了修养工夫与圣贤之论；另一方面又通过自身的道德实践在体证圣贤这一目标。

　　张载、二程对工夫非常重视，都提出自己的工夫路径，这在

---

[1] 程颢、程颐：《二程集》，第 149 页。

[2] 程颢、程颐：《二程集》，第 195 页。

前文已有多处论述，不再重复。这里要补充的是与工夫对应的目标—圣贤之论。张载把道德修养工夫的实践过程分为三个阶段，即学者阶段、大人阶段、圣人阶段。他说："由学者至颜子一节，由颜子至仲尼一节，是至难进也。二节犹二关。"① 这里的颜子是大人的代表，而仲尼是圣人的代表，达到大人的境界与达到圣人的境界都是很不容易的事情，故谓之"至难进"，而大人、圣人二节也谓之"二关"。大人阶段可用"精义入神"描述，圣人阶段可用"穷神知化"概括。程颢虽然不强调修为的阶段性，但并不代表他不重视工夫。② 他将为学的表现分为圣人之学与贤人之学，他说："《易》之《乾》卦言圣人之学，《坤》卦言贤人之学。"③

　　张载、二程对圣贤差别与圣贤气象有精到的评说。张载说：

① 张载：《张载集》，第 278 页。

② 以往对程颢工夫论的认识存在误区，以为"不须致纤毫之力"就可以成为圣贤，这是对程颢工夫论的误读。《遗书》载："持国尝论克己复礼，以谓克却不是道。伯淳言：'克便是克之道。'持国又言：'道则不须克。'伯淳言：'道则不消克，却不是持国事。在圣人，则无事可克；今日持国，须克得己便然后复礼。'"（《二程集》，第 28 页）这里说得很明白，"无事可克"是圣人的事情，韩持国还没有达到这个程度，所以还须作克己的工夫。刘蕺山引顾宪成之语认为，学者极喜举程子"识仁"，但昔人是全提，后人是半提。"'仁者浑然与物同体，义礼知信皆仁也'，此全提也；后人只说得'浑然与物同体'，而遗却下句，此半提也。'识得此理，以诚敬存之，不须防检，不须穷索'，此全提也；后人只说得'不须'两句，而遗却上句，此半提也。"（《宋元学案·明道学案》，第 658 页）也就是说学者误读程颢是因为"半提"的缘故。温伟耀也强调："悟"可以是"顿悟"，但"修"一定是"渐修"（《成圣之道——北宋二程修养功夫论研究》，第 51 页）。这些都说明程颢绝对是重视工夫的。

③ 程颢、程颐：《二程集》，第 20 页。

"大与圣难于分别，大以上之事……其心与真仲尼须自觉有殊。"[1] 说明贤人与圣人的境界有差别。程颢也有一段话描述圣贤气象之不同，他说："仲尼，元气也；颜子，春生也；孟子，并秋杀尽见。……仲尼，天地也；颜子，和风庆云也；孟子，泰山岩岩之气象也。……仲尼无迹，颜子微有迹，孟子其迹著。"[2] 以孔子、颜子、孟子三位圣贤为代表，呈现三种不同境界与气象。圣人的典范是孔子，贤人的典范是颜子，次于颜子的则是孟子。程颐也认为："孔、孟之分，只是要别个圣人贤人。如孟子若为孔子事业，则尽做得。只是难似圣人。譬如剪彩以为花，花则无不似处，只是无他造化功。"[3] 这是说，贤人与圣人所作之事相同，但"心"达到的程度却存在差别。张、程圣贤之论为学者提供了目标与典范。

　　张、程之间的相互品评，说明学为圣贤是他们自身追求的目标，也是其评价他人的标准和依据。[4] 从二程对张载的评价来看，可以概括为三点。一是二程认为张载有"知人"之才。知人是一件很难的事情，二程曾说"人不易知"，[5] 但张载通过观察人的言语，便可以判断一个人。程颐说"昔横渠尝以此观人，未尝不中……后来其弟戬亦学他如此，观人皆不中，此安可学？"[6]

---

① 张载：《张载集》，第 77 页。

② 程颢、程颐：《二程集》，第 76 页。

③ 程颢、程颐：《二程集》，第 44 页。

④ 吕思勉认为，宋儒好以圣贤气象论人（《理学纲要》，第 60 页）。

⑤ 程颢、程颐：《二程集》，第 116 页。

⑥ 程颢、程颐：《二程集》，第 263 页。

程颐认为"藻鉴人物,自是人才有通悟处,学不得也。张子厚善鉴裁。"① 这是说张载具备"通悟"潜质,善于鉴裁人物。二是二程认为张载才学过人,能够独立开创自己的理论体系。程颢说"子厚则高才",② 又说:"张子厚、邵尧夫,善自开大者也。"③ 程颐也说:"横渠道尽高,言尽醇,自孟子后儒者,都无他见识。"④ 三是二程对张载丝毫不惑于异端表示钦佩。程颢说:"某接人多矣,不杂者三人:张子厚、邵尧夫、司马君实。"⑤ 程颐也说:"世之信道笃而不惑异端者,洛之尧夫、秦之子厚而已。"⑥ 据《二程集》记载,神宗曾经向程颢问起张载、邢恕之学问,程颢奏云:"张载臣所畏,邢恕从臣游。"⑦ 通过二程对张载的评价我们可以看到张载具备很高的道德素养。另外,在二程看来,如果以圣人标准对照,张载没有达到"熟"的程度。《程氏外书》记载:"张横渠著《正蒙》时,处处置笔砚,得意即书。伯淳云:'子厚却如此不熟。'"⑧ 又载:"横渠尝言:'吾十五年学个恭而安不成。'明道曰:

---

① 程颢、程颐:《二程集》,第 186 页
② 程颢、程颐:《二程集》,第 38 页。
③ 程颢、程颐:《二程集》,第 60 页。"子曰:'子厚、尧夫之学,善自开大者也。尧夫细行或不谨,而其卷舒运用亦熟矣。'"(《二程集》,第 1233 页）
④ 程颢、程颐:《二程集》,第 196 页。
⑤ 程颢、程颐:《二程集》,第 21 页。
⑥ 程颢、程颐:《二程集》,第 70 页。"子曰:'世之博闻强识者众矣,其终未有不入于禅学者。特立不惑,子厚、尧夫而已,然其说之流,亦未免于有弊也。'"(《二程集》,第 1241 页）
⑦ 程颢、程颐:《二程集》,第 443 页。
⑧ 程颢、程颐:《二程集》,第 427 页。

'可知是学不成,有多少病在。'"①这说明二程以圣人为标准来衡量,张载未达到"熟"(圣)的程度。从张载对二程的评价来看,也可以看出张载是以圣贤标准来评价二程。张载说:"学者不可谓少年,自缓便是四十五十。二程从十四岁时便锐然欲学圣人,今尽及四十未能及颜闵之徒。小程可如颜子,然恐未如颜子之无我。"②这是说二程从小立志学以成圣,但到四十多岁的时候只及颜子之类。程颐可以与颜子相比,但还没有做到颜子的"无我"境界。《遗书》又载:子厚谓:"昔尝谓伯淳优于正叔,今见之果然;其救世之志甚诚切,亦于今日天下之事尽记得熟。"③这些说明张载也是以圣人标准评判二程的。从这些评判中,我们可以看出张、程都达到了大贤的境界。

二、张载、二程之气象

张载在范仲淹的引导下,寻找名教之乐;二程在周敦颐的教导下,"寻孔颜乐处",经过多年的不断探索与修炼,他们确实找到了儒家所谓的乐处,实现了自己追求的目标。张载曾说:"学至于乐则自不已,故进也。"④程颢有诗云:"云淡风轻近午天,望花随柳过前川。旁人不识予心乐,将谓偷闲学少年。"⑤"闲来无事不从容,睡觉东窗日已红。万物静观皆自得,四时佳兴与人同。

---

① 程颢、程颐:《二程集》,第 424 页。

② 张载:《张载集》,第 280 页。

③ 程颢、程颐:《二程集》,第 115 页。

④ 张载:《张载集》,第 282 页。

⑤ 程颢、程颐:《二程集》,第 476 页。

道通天地有形外，思入风云变态中。富贵不淫贫贱乐，男儿到此是豪雄。"①《遗书》记载程颐语："某自十七八读《论语》，当时已晓文义，读之愈久，但觉意味深长。《论语》，有读了后全无事者，有读了后其中得一两句喜者，有读了后知好之者，有读了后不知手之舞之足之蹈之者。"② 这些都表现出张载、二程真正找到了名教之乐、孔颜之乐。

　　与名教之乐相对应，张、程都具有了大贤气象。《遗书》记载："周茂叔窗前草不除去，问之，云：'与自家意思一般'。"（子厚观驴鸣，亦谓如此。）③ 又载："张子厚闻生皇子，喜甚；见饿莩者，食便不美。"④ 由此可见，张载有着博大的济世情怀，确实能够与万物为一体。吕思勉认为，理学家中，规模阔大，制行坚卓，实无如张子者。张子之学，合天地万物为一体，而归结于仁。⑤ 是真能以民胞物与为怀者。游酢也说："子厚学成德尊，识者谓与孟子为比。"⑥ 张九成曾言："明道书窗前有茂草覆砌，或劝之芟，曰：'不可。欲常见造物生意。'又置盆池，畜小鱼数尾，时时观之。或问其故，曰：'欲观万物自得意。'草之与鱼，人所共见，唯明道见草则知生意，见鱼则知自得意，此岂流俗之见可同日而语！"⑦ 程颢书窗前台阶上的小草，因生命力旺盛而格外茂密，以

① 程颢、程颐：《二程集》，第 482 页。

② 程颢、程颐：《二程集》，第 261 页。

③ 程颢、程颐：《二程集》，第 60 页。

④ 程颢、程颐：《二程集》，第 60 页。

⑤ 吕思勉：《理学纲要》，第 60、68 页。

⑥ 程颢、程颐：《二程集》，第 334 页。

⑦ 黄宗羲、全祖望：《宋元学案·明道学案》，第 699 页。

致将台阶覆盖得严严实实。有人劝程颢除掉这些草,程颢不同意,说是为了经常观照、体认到造物的盎然生机。后来,又在院子里建造了一个盆子一般大小的水池,在其中蓄养了几尾小鱼,不时来此驻足,观赏、体认鱼儿怡然自适的勃然生意。在程颢的情怀中,能真切地感受到人与物的休戚相关、彼此感通。《外书》载:"朱公掞来见明道于汝,归谓人曰:'光庭在春风中坐了一个月'。"[①] 以程颢的学问、人品、人格境界,学者遂断定程颢近乎颜子。程颐编管涪州时身处患难贫贱之中,《外书》载:"伊川归自涪州,气貌容色髭发皆胜平昔。门人问何以得此,先生曰:'学之力也。'"[②] 此皆达到贤者气象者。陈亮说:"世以孟子比横渠,而谓二程为颜子。"[③] 姑且不论这一比喻是否恰当,但由此我们可以判断,张、程所达到的大贤境界是世人所公认的。

　　在儒学复兴和与佛道抗衡的过程中,儒家学者是否能够通过实践自身理论而修证成大德大贤是至关重要的环节,这直接涉及理学思想在现实生活中的效力以及影响。张载与二程不但在理论方面,而且在实践中为儒家"学以成圣"的目标做出了最好的诠释。[④] 由于自身修养的高度,他们得到学者们的敬仰,从学弟子众多,从而形成两大学派,在学术领域产生重大影响。这为以后理学取得正统地位奠定了深厚的基础。

---

① 程颢、程颐:《二程集》,第 429 页。

② 程颢、程颐:《二程集》,第 430 页。

③ 陈亮:《陈亮集》,中华书局,1987 年,第 252 页。

④ 周敦颐已是从工夫体验到本体的人物,虽然受佛道影响,但已有气象:"百物先天地,无形本寂寥,能为万象主,不逐四时凋。"(《宋元学案·濂溪学案》,第 637 页)邵雍亦曾言"学不至于乐,不可谓之学。"(《观物外篇·下》)

结 语

对关洛学派思想关系的研究，如果就宏观而言，应该包括两个方面：一是历史的考察，主要涉及两学派人物（包括张载、二程和他们的弟子）之间的生平交往、学术交流、思想传播等；二是逻辑的考察，重在对学派思想本身及其关系的分析与梳理，主要包括哲学家思想互动、学说的特点、学说内在的继承与发展、各自完成的道学任务等。如果以这样的模式全面铺开，则涉及的内容太多、范围太大，不是一本著作所能完成。毫无疑问，关洛学派思想关系的核心内容是张载与二程的思想关系，所以，本文选择了最为重要的部分——张程思想来呈现关洛学派的关系。将张载、二程思想的交点连接起来，就成为本文论述的主要内容，这样就使得文章问题更突出、论域更集中。

以张载的身前与身后为界，将关洛关系分为两个阶段。在第一阶段，张载与二程既有学术交往也有思想互动。"京师论易"是他们共致道学的开始，这次论学中所隐含的三个问题，预示着他们的学术走向。张载与程颢对定性问题的讨论显示出他们在修为工夫方面所遇到的棘手问题，对此的探索不但有助于他们克服工夫论方面的难题，而且有助于他们工夫理论的形成。张载与程颐对"虚无即气"的讨论则显示出张载本体论思想大约在熙宁三年（1070）初就已经形成，而对于"勿忘勿助"的讨论则推进了他们在工夫论方面的继续探索。对"穷理尽性以至于命"的讨论则再次显示出张、程工夫论的差异与特点。这些内容说明：就工夫论而言，张、程对工夫的反复讨论，不但反映他们是从探索工夫着手建构理学体系，而且显示他们创立了两种风格各异的工夫路径。就本体论而言，则表明张载本体论思想的成熟比二程要早一步。另外，张载与二程涉及对"政术"的论述，说明他们是关心政治的，是以"道学"兼"政术"、怀抱社会民生的大儒，而非一般的俗儒。在第二阶段，张载去世，关洛关系则转变为二程对张载思想的借鉴吸收、总结批评。这一阶段，二程对张载思想的核心内容进行批评与继承，不断推进理学体系走向完善与深化。本文对以往研究中涉及的主要问题给予重新梳理与论述。首先，对二程如何从批评张载的太虚本体思想发展出"天理"本体思想作了深入细致的分析，既肯定了张载在理学本体论建构中所做出的贡献，又展现了二程在完成理学本体论任务中所做出的不同贡献。其次，在心性论方面，既阐释了程颢、程颐心性思想不同于张载之处，又重点分析了程颐对张载心性思想传承与发展的一面。再次，张载《西铭》受到二程极力地表彰与发挥，他们不但以此阐发自己的思想，而且以此来教育弟子。在二程的大力宣扬与推动下，《西铭》成为后世能与"六经"并驾齐驱的经典文献，成为理学家共同的精神家园。概括而言，张载与二程思想关系的特点在于"汇而不同，异而相通"，这正反映出他们作为理学奠基者的特色与风格。

如果将张载与二程的思想放在理学建构的整体过程中来观

察,那么,张载、程颢、程颐的思想有一种层层递进的关系。正如唐君毅所说,张载的终点正是二程的起点。[①] 在第一阶段的论学中,张载的探索积极主动,每一次关键的论题都是张载先提出,之后征求二程的意见,二程以回复的形式表达自己的观点。从文献来看,张载的观点与思想比较明确系统,二程的思想则比较零散。在第二阶段中,洛学处于创立初期,程颢承担着主要的创建任务,而程颐只起辅助作用。在此期间,二程做出的最大理论贡献就是在张载"太虚"本体论的基础上,建立了绝对抽象纯粹的"天理"本体思想,理学本体论的建构基本成熟。程颢去世后,程颐承担起继续发展道学的任务。在本体论方面,程颐继续阐释"天理"观,并发展出"理一分殊"与"体用一源,显微无间"的理论作为处理本体与现象之间的主要原则,从而使得本体论思想变得更为周密细致。在工夫论方面,程颐从对"勿忘勿助"的探讨发展出"主敬"之说,从"穷理尽性"发展出"格物致知",最后概括形成他的"涵养须用敬,进学则在致知"的工夫论。在心性论方面,他继承了张载关于二重人性结构的划分与"闻见之知"与"德性之知"的理论,并作了进一步发展。在这一过程中,程颐的思想显示出与程颢的诸多不同之处。其异于其兄的地方,与其说是差异,毋宁说是对张载与程颢思想的进一步发展。

张载思想体系规模宏阔,不仅创立了一系列新的理学范畴,如虚气关系、天地之性与气质之性、见闻之知与德性所知、民胞物与等,而且对儒家核心内容,如仁、礼、天人合一等思想进行了

① 唐君毅说:"程子之学无论其自觉不自觉,吾人皆可说之为乃以横渠之学之所终,为其学之所始。"(《中国哲学原论·原教篇》,2005年,第82页)

新的诠释,将其提高到了本体论的高度。张载对《正蒙》曾经有
这样的评价:"吾之作是书也,譬之枯株,根本枝叶,莫不悉备,
充荣之者,其在人功而已。又如晬盘示儿,百物具在,顾取者如
何尔。"[①] 这就是说张载对于自己在理论方面的建构有着清醒的
认识,如果将理学体系比成一棵繁茂的大树,那么张载认为他已
经将树的枝干构筑起来,也就是说已经将理学的框架建立起来,
余下的任务则是如何让理学体系这棵大树的枝叶更丰茂。二程
不如张载那样重视宇宙论问题,但是二程对人生论哲学的探索
与挖掘却比张载更深入细密。二程不管是批评抑或赞扬张载,
在很大程度上,二程的思想都是接着张载的思想继续发展。从
张载到二程,理学建构的主要问题,不管是从广度还是从深度上
都一一展现出来,欠缺的只是精致化。由于张、程的努力和贡献,
到了南宋,朱熹最终将北宋四子——周敦颐、张载、程颢、程颐的
思想进行了融贯汇通,从而形成了完备成熟的理学体系。朱熹对
张载、二程思想的继承与发展是多方面的,而且已是水乳交融,
难以细分。就大体而言,主要集中在以下三方面:首先,宇宙论
哲学方面,朱熹在消化吸收二程"天理"观、周敦颐"太极"观、
张载"气化"思想的基础上,用"理气关系"的命题清晰地解决
了宇宙本体论与宇宙生成论之关系问题。其次,心性论方面,朱
熹继承了张载、程颐的二重人性论思想,并以程颐的"性即理"
与张载的"心统性情"阐释其心性理论,从而完成了心性思想的
统合任务。再次,工夫论方面,朱熹的"主敬以立其本,穷理以

---

① 张载:《张载集》,第3页。

进其知"大体继承程颐的"涵养须用敬,进学则在致知"而来,这与张载以"变化气质"与"虚心相表里"为主的修养工夫有很大不同。但在一些具体的修为方法上,例如,承认见闻之知在认知方面的作用,对读书、穷理的重视等方面仍有相近相通之处。朱熹与张载、程颐思想都表现出"合内外"的特点,即从内、外两方面做工夫。这就既给闻见之知以适当的地位,又为德性之知的高扬提供了依据。另外,朱熹对佛教进行了批判,而且继二程之后极力维护与推崇《西铭》。这样,关洛思想在朱熹的诠释下,又汇入博大精深的闽学体系。

最后需要强调的是,由于笔者视域不够开阔,理论功底不够深厚,所以对哲学问题的解析不够透彻;加之宏观驾驭问题的能力与微观处理问题的能力都显得不足,导致对问题本身的解决不够周密。文中难免错误,敬请方家批评指正!

参考文献

一、文献

［宋］周敦颐：《周敦颐集》，中华书局，2009 年。

［宋］张载：《张载集》，章锡琛点校，中华书局，1978 年。

［宋］张载：《张子全书》，林乐昌编校，西北大学出版社，2015 年。

［宋］程颢、程颐：《二程集》，王孝鱼点校，中华书局，2004 年。

［宋］朱熹：《伊洛渊源录》（《朱子全书》），上海古籍出版社、安徽教育出版社，2002 年。

［宋］朱熹、吕祖谦：《近思录》（《朱子全书》），上海古籍出版社、安徽教育出版社，2002 年。

［宋］朱熹：《四书章句集注》（《朱子全书》），上海古籍出版社、安徽教育出版社，2002 年。

［宋］黎靖德编：《朱子语类》（《朱子全书》），上海古籍出版社、安徽教育出版社，2002 年。

［宋］陈淳：《北溪字义》，熊国祯点校，中华书局，1983 年。

［明］冯从吾：《关学编》（附续编），中华书局，1987 年。

［清］黄宗羲编撰，全祖望补修：《宋元学案》（《黄宗羲全

集》），浙江古籍出版社，2006 年。

　　［清］王夫之：《张子正蒙注》，中华书局，1975 年。

　　［清］王植：《正蒙初义》（文渊阁四库全书本），台湾商务印书馆，1983 年。

　　［清］王梓材、冯云濠：《宋元学案补遗》，中华书局，2012 年。

二、著作

　　（一）专著类

蔡方鹿：《程颢程颐与中国文化》，贵州人民出版社，1996 年。

陈俊民：《张载哲学思想及关学学派》，人民出版社，1986 年。

程宜山：《张载哲学的系统分析》，学林出版社，1989 年。

程鹰：《伊洛学派及其教育思想》，教育科学出版社，1993 年。

丁为祥：《虚气相即——张载哲学体系及其定位》，人民出版社，2000 年。

　　葛荣晋等编：《张载关学与实学》，西安地图出版社，2000 年。

龚杰：《张载评传》，南京大学出版社，1996 年。

郭晓东：《识仁与定性》，复旦大学出版社，2006 年。

　　河南社科院哲学所主编：《二程思想研究文集》，河南人民出版社，1986 年。

　　河南哲学学会编：《洛学与传统文化》，求实出版社，1989 年。

姜国柱：《张载的哲学思想》，辽宁人民出版社，1982 年。

卢连章：《二程学谱》，中州古籍出版社，1988 年。

卢连章：《程颢程颐评传》，南京大学出版社，2001 年。

潘富恩，徐余庆：《程颢程颐理学思想研究》，复旦大学出版社，1987年。

庞万里:《二程哲学体系》,北京航空航天大学出版社,1992年。

陕西省哲学学会编:《气化之道——张载哲学新论》,陕西人民教育出版社,1991年。

温伟耀:《成圣之道——北宋二程修养功夫论研究》,河南大学出版社,2004年。

徐洪兴:《旷世大儒——二程》,河北人民出版社,2000年。

徐远和:《洛学源流》,齐鲁书社,1987年。

杨立华:《气本与神化》,北京大学出版社,2008年。

赵吉惠等编:《张载关学与南冥学研究》,社会科学文献出版社,2004年。

赵金昭主编:《二程洛学与实学研究》,学苑出版社,2005年。

张岱年:《张岱年全集》(第三卷),河北人民出版社,1996年。

朱建明:《张载思想研究》,文津出版社,1990年。

[美]葛艾儒:《张载的思想（1020—1077）》,罗立刚译,上海古籍出版社,2010年。

[英]葛瑞汉:《中国的两位思想家:二程兄弟的新儒学》,程德祥译,大象出版社,2000年。

（二）其他类

陈来:《宋明理学》,华东师范大学出版社,2004年。

陈来:《朱子哲学研究》,华东师范大学出版社,2000年。

陈鼓应:《周易今注今译》,商务印书馆,2005年。

陈荣捷:《近思录详注集评》,华东师范大学出版社,2007年。

陈植锷:《北宋文化史述论》,中国社会科学出版社,1992年。

陈钟凡:《两宋思想述评》,东方出版社,1996年。

崔大华:《儒学引论》,人民出版社,2001年。

侯外庐等编:《宋明理学史》,人民出版社,1984年。

劳思光:《新编中国哲学史》,广西师范大学出版社,2005年。

梁绍辉:《周敦颐评传》,南京大学出版社,2000年。

梁绍辉:《濂溪学研究》,湖南大学出版社,2005年。

吕思勉:《理学纲要》,商务印书馆,2015年。

牟宗三:《中国哲学十九讲》,上海古籍出版社,1997年。

牟宗三:《心体与性体》,上海古籍出版社,1999年。

牟宗三:《宋明理学的问题与发展》,华东师范大学出版社,2004年。

蒙培元:《理学范畴系统》,人民出版社,1989年。

漆侠:《宋学的发展和演变》,河北人民出版社,2002年。

钱穆:《宋明理学概述》,台北学生书局,1977年。

钱穆:《朱子新学案》,九州出版社,2016年。

钱穆:《中国学术思想史论丛》(五),安徽教育出版社,2004年。

束景南:《朱子大传》,华东师范大学出版社,2003年。

唐君毅:《中国哲学原论·原教篇》,中国社会科学出版社,2006年。

汤用彤:《魏晋玄学论稿》,上海古籍出版社,2001年。

田浩:《朱熹的思维世界》,陕西师范大学出版社,2002年。

韦政通:《中国思想史》,上海书店出版社,2003年。

徐复观：《中国思想史论集》，上海书店出版社，2004年。

徐洪兴：《思想的转型——理学发生过程研究》，上海人民出版社，1996年。

杨国荣：《善的历程》，华东师范大学出版社，2009年。

余敦康：《内圣外王的贯通——北宋易学的现代阐释》，学林出版社，1997年。

余敦康：《汉宋易学解读》，华夏出版社，2006年。

于浩编：《宋明理学家年谱》，北京图书馆出版社，2005年。

余英时：《朱熹的历史世界——宋代士大夫政治文化研究》，生活·读书·新知三联书店，2004年。

张立文：《宋明理学研究》，人民出版社，2002年。

朱伯崑：《易学哲学史》，华夏出版社，1995年。

三、论文

（一）期刊论文

常裕、孙尧奎：《张载心性理论对张伯端内丹学说的影响》，《山西大学学报》（哲学社会科学版），1999年第3期。

陈俊民：《张载〈正蒙〉逻辑范畴结构论》，《陕西师范大学学报》（哲学社会科学版），1984年第3期。

程宜山：《关于张载的"德性所知"与"诚明所知"》，《哲学研究》，1985年第4期。

成中英，杨柱才：《二程本体哲学的根源与架构》，《南昌大学学报》（哲学社会科学版），2003年第1期。

丁为祥：《张载虚气观解读》，《中国哲学史》，2001年第2期。

丁为祥:《张载太虚三解》,《孔子研究》, 2002 年第 6 期。

姜国柱:《"关学"与"洛学"》,《哲学研究》, 1982 年第 9 期。

姜国柱:《洛学的产生及其思想渊源》,《中州学刊》, 1984 年第 2 期。

姜锡东:《北宋五子的理学体系问题》,《文史哲》, 2007 年第 5 期。

金春峰:《中国哲学之与"两个世界"》,《湖南大学学报》(哲学社会科学版), 2006 年第 3 期。

金春峰:《宋明理学若干特性的再认识》,《陕西师范大学学报》(哲学社会科学版), 2008 年第 4 期。

康中乾:《论张载"气"范畴的逻辑矛盾——兼论关学衰落的理论根源》,《人文杂志》, 1992 年第 2 期。

李存山:《"先识造化"与"先识仁"——从关学与洛学的异同看中国传统哲学的特质及其转型》,《人文杂志》, 1989 年第 5 期。

李承贵:《认知与误读——宋代儒士佛教思想论略》,《现代哲学》, 2003 年第 3 期。

李锦全:《从洛学与关学的比较看二程思想的地位》,《哲学研究》, 1988 年第 2 期。

李景林:《二程心性论之异同与儒学精神》,《中州学刊》, 1991 年第 3 期。

李景林:《孟子的"辟杨墨"与儒家仁爱观念的理论内涵》,《哲学研究》, 2009 年第 2 期。

李祥俊:《仁学本体论的建构——北宋诸儒仁论特质阐释》,

《中国哲学史》，2006年第3期。

林乐昌：《张载对儒家人性论的重构》，《哲学研究》，2000年第5期。

林乐昌：《张载答范育书三通与关学学风之特质》，《中国哲学史》，2002年第1期。

林乐昌：《张载佚书〈孟子说〉辑考》，《中国哲学史》，2003年第4期。

林乐昌：《张载"心统性情"说的基本意涵和历史定位》，《哲学研究》，2003年第12期。

林乐昌：《20世纪张载哲学研究的主要趋向反思》，《哲学研究》，2004年第12期。

林乐昌：《张载成性论及其哲理基础研究》，《中国哲学史》，2005年第1期。

林乐昌：《张载理观探微》，《中国哲学史》，2005年第8期。

林乐昌：《张载礼学论纲》，《哲学研究》，2007年第12期。

林乐昌：《张载两层结构的宇宙论哲学探微》，《中国哲学史》，2008年第4期。

刘学智：《关于张载哲学研究的几点思考》，《哲学研究》，1991年第12期。

汤勤福：《太虚非气：张载"太虚"与"气"之关系新说》，《南开学报》（哲学社会科学版），2000年第3期。

汤一介：《论"天人合一"》，《中国哲学史》，2005年第2期。

屠承先：《张载的本体功夫思想及其影响》，《浙江大学学报》（人文社会科学版），1999年第5期。

屠承先:《程颢、程颐本体功夫思想之比较》,《浙江大学学报》(人文社会科学版),2000 年第 5 期。

向世陵:《张载"合两"成性义释》,《哲学研究》,2005 年第 2 期。

徐洪兴:《"太虚无形,气之本体"——略论张载的宇宙本体论及其成因和意义》,《复旦学报》(社会科学版),2005 年第 3 期。

徐洪兴:《论二程思想之异同》,《复旦学报》(社会科学版),2006 年第 5 期。

杨立华:《张载哲学中的感与性》,《中国哲学史》,2005 年第 2 期。

叶文英:《张载"性"论四题》,《江西社会科学》,2006 年第 3 期。

余敦康:《张载哲学探索的主题及其出入佛老的原因》,《中国哲学史》,1996 年第 1 期。

王新春:《仁与天理通而为一视域的程颢易学》,《周易研究》,2006 年第 6 期。

（二）学位论文

胡元玲:《张载易学与道学研究》,博士学位论文,北京大学,2004 年。

李仁群:《两宋理学与道家思想》,博士学位论文,复旦大学,2004 年。

肖发荣:《论朱熹对张载思想的继承与发展》,博士学位论文,陕西师范大学,2007 年。

谢寒枫：《程颢哲学研究》，博士学位论文，中国社会科学院研究生院，2002 年。

王帆：《张载哲学体系》，博士学位论文，山东大学，2007 年。

后　记

　　《张载与二程的学术交往》将要在中华书局付梓，我的心里倍感欣喜。想起十几年前，我和恩师林乐昌先生说过的那句话——在中华书局出书是我的理想，而今，这个理想终于实现了。

　　本书定名为《张载与二程的学术交往》，几经变化。2007年，我博士论文的选题是"关洛学派关系研究"。按照当时的规划，准备将其分成三编来写：第一编集中梳理张载在世时与二程的生平交往与学术互动；第二编集中论述张载去世后，二程对张载思想的批评与借鉴；第三编主要分析张载去世后，张门弟子从学二程后的思想互动。2010年，预答辩之时，第一编初稿已经完成，第二编初稿还在写作中，第三编除了收集的材料，仍未动笔。为了按时交稿又要文题相符，只好在主标题之后加入副标题，因此，博士论文的题目就变成了《关洛学派思想关系研究——以张载二程为主》。2012年，在恩师林乐昌先生的推荐下，台湾花木兰文化出版社向我约稿，2013年，我的博士论文在台湾出版，当时的书名是《关洛学派思想关系研究——以张载、二程为主》。去年我开始对书稿作进一步修改和重新校对，并更名为《张载与二程思想关系研究》，今年在中华书局出版之际，恩师建议我将书名改为《张载与二程的学术交往研究》，后来中华书局领导建议去掉"研究"二字，书名最终确定为《张载与二程的学术交往》。

从博士论文写作到完成，再到在中华书局出版，已经过去十多年的时间，这么多年来，是恩师的指导与培养，让我跨入中国哲学的大门；是恩师的不断提携和督促，让我在学术的道路上不断成长。我资质愚钝，遇到好导师，是我一生中的幸运。初入师门，恩师引导我们走得就是做学问的正路。林老师要求我们端正学习态度，要肯下笨功夫；接着要求我们认真阅读古典文献，培养问题意识；然后是带领我们进入课题团队，直接接触学术前沿。由于林老师指导路径正确，方法得当，我在学业上少走了很多弯路。恩师做学问不浮躁、不功利，只按照自己的节奏，踏实笃定地完成每一项工作。这使我认识到真正经得起时间考验的论著都是不为外扰、投入其中、潜心研究的结果。恩师对论著写作的要求极其严谨，他的论著在出刊之前，至少十易其稿。他为学术而学术的精神令我由衷地钦佩，也成为我学习的榜样。恩师论著的理论深度，表述的清晰度，打磨的精细度，我虽未至，但心向往之。在我书稿写作、修改、校对的过程中，我一直在向恩师看齐。

书稿付梓的过程中，中华书局领导对书名提了修改建议，责编王璇女士付出了很多辛苦，在此表达真挚的谢意。

横渠书院的王政军院长是个有情怀的人，他的大力支持，是此书在中华书局出版的重要外援。我的学生李丹妹、诺敏、宏格尔·珠拉、徐灿阳、张鑫蕊利用他们宝贵的课余时间帮我校对书稿，在此一并感谢！

我才疏学浅，论著难免有误，敬请前辈时贤批判指正。

张金兰 谨识

2019.12.15